치유 설교학

설교와 장애

캐시 블랙 지음 | 이승진 옮김

기독교문서선교회

기독교문서선교회(Christian Literature Crusade: 약칭 CLC)는
1941년 영국 콜체스터에서 켄 아담스에 의해 시작되었으며
국제 본부는 영국의 쉐필드에 있습니다.
현재 약 650여명의 선교사들이 59개 나라에서 180개의 본부를 두고,
이동도서차량 40대를 이용하여 문서 보급에 힘쓰고 있으며
이메일 주문을 통해 130여국으로 책을 공급하고 있습니다.
CLC는 청교도적 복음주의 신학과 신앙을 선포하는
국제적, 초교파적, 비영리 문서선교기관으로서, 하나님의 뜻에 합당한 책을 만들고
이 책을 통해 단 한 영혼이라도 구원되길 소망하며
이를 위해 주님이 오시는 그날까지 최선을 다할 것입니다.

A Healing Homiletic
Preaching and disability

by
Kathy Black

translated by
Seung-Jin Lee

Copyright © 1996 by Abingdon Press

Originally published in English under the title as
A Healing Homiletic: Preaching and disability by Kathy Black
Published by Abingdon Press.
201 Eighth Avenue South, Nashville, TN 37202-0801, USA.

All rights reserved.

Korean Edition
Copyright © 2008 by Christian Literature Crusade
Seoul, Korea

목차

CONTENTS

저자서문 _ 80
감사의 글 _ 12
역자서문 _ 14
서론 _ 16

제1부 _ 25

제1장 치유와 신정론 _ 27

1. 천사인가 악마인가, 아니면 축복인가 저주인가? _ 29
2. 하나님의 뜻 _ 31
   1) 죄에 대한 하나님의 징계 _ 32
   2) 믿음의 연단 _ 35
   3) 성품을 계발할 수 있는 절호의 기회 _ 36
   4) 하나님의 권능을 증거함 _ 38
   5) 구속적 고난 _ 40
   6) 하나님의 신비로운 전능하심 _ 43
3. 상호의존의 신학 _ 45

제2장 해석의 위험 _ 57

1. 간격 메우기 _ 58
   1) 의학적인 기준: 지금과 그때 _ 60
   2) 병, 질환, 그리고 질병 _ 62
   3) 치료와 치유 _ 65
2. 은유적인 해석 _ 69

제2부 _ 73

제3장 시각장애 _ 75

1. 시각장애인 _ 77
본문: 요한복음 9:1-41 _ 79
   (1) 주해 _ 81
   (2) 전통적인 설교 _ 93
   (3) 치유 설교 _ 95
본문: 마가복음 10:46-52 _ 96
   (1) 주해 _ 97
   (2) 전통적인 설교 _ 104
   (3) 치유 설교 _ 105

제4장 청각장애와 청력상실 _ 107

1. 청각장애와 청력상실 _ 108
본문: 마가복음 7:31-37 _ 112
   (1) 주해 _ 113
   (2) 전통적인 설교 _ 119
   (3) 치유 설교 _ 123

제5장 중풍병 _ 125

1. 중풍병 _ 126
본문: 마가복음 2:1-12 _ 130
   (1) 주해 _ 131
   (2) 전통적인 설교 _ 140
   (3) 치유 설교 _ 142

제6장 나병과 만성질환 _ 147

1. 제의적인 정결규례 _ 148
2. 성경시대의 나병 _ 152
본문: 마가복음 1:40-45 _ 155
　(1) 주해 _ 155
　(2) 전통적인 설교 _ 161
　(3) 치유 설교 _ 163
본문: 누가복음 17:11-19 _ 165
　(1) 주해 _ 165
　(2) 전통적인 설교 _ 170
　(3) 치유 설교 _ 171
3. 만성질환 _ 173
본문: 마가복음 5:25-34 _ 176
　(1) 주해 _ 176
　(2) 전통적인 설교 _ 182
　(3) 치유 설교 _ 183

제7장 정신질환 _ 185

1. 성경시대의 귀신들림 _ 186
2. 정신질환 _ 189
본문: 누가복음 8:26-39 _ 192
　(1) 주해 _ 193
　(2) 전통적인 설교 _ 202
　(3) 치유 설교 _ 204

제8장 치유 설교학 _ 207

미주 _ 215

저자서문

나는 이 책의 내용에 대해서 아주 오랜 기간 고민해 왔다. 어렸을 때부터 설교학자가 된 지금까지 매주일 교회에 출석해오면서 수많은 설교 메시지를 들어보았다. 그런데 성경의 여러 치유 이야기에 관한 설교를 들을 때면 왠지 모를 불편함이 느껴지곤 한다. 바로 이러한 불편함이 내가 이 책에서 풀어보려는 과제이며, 이 책을 저술하게 된 동기이다.

나는 여러 장애인들과 함께 사역해 오면서 이들이 자기와 비슷한 장애를 가진 성경의 인물들에 관한 설교에 대해서 어떻게 반응하는지가 궁금했다. 대학 재학 중 나는 미연합감리교여선교회(United Methodist Women) 회원들과 함께 시각 장애인들에게 자활(自活) 기술을 가르친 적이 있었다. 또 대학 졸업반 때는 뇌성마비센터(Cerebral Palsy Center)에서 오락 치료(recreational therapy) 사역에 관여하였으며, 뉴저지맹인위원회(the Commission on the Blind of New Jersey) 소속으로 농아유치원에서 교사로도 사역하였다. 그 유치원에 속한 농아 대부분의 난청(귀먹음, deafness)과 시력상실의 원인은 풍진(rubella epidemics) 때문이었다. 내 여동생은 유아 때 사망했는데, 당시 우리 가족은 임신 당시 엄마가 풍진 바이러스에 노출되었기 때문이라고 생각했다. 만일 그 동생이 살아 있었다면 우리 가족의 삶은 어떻게 달라졌을까 하는 생각을 해 본다. 그리고 그런 안타까운 마음 때문에 대학을 진학할 때 이 분야에 관심을 가지게 되었다.

대학을 졸업하고 장애인들을 돌보는 일을 시작하던 첫 주에 나는 기초수화반(basic sign language class) 수업을 들었고, 덕분에 장애아동들과 기본적인 의사소통은 무리 없이 나눌 수 있었다. 당시 나는 로비라고 불리는 한 소년과 함께 지내게 되었다. 그는 부신백질이영양증(adrenoleukodystrophy, ALD, 초장쇄지방산〈very-long chain fatty acid, VLCFA〉이 모든 체조직, 특히 신경계와 부신에 축적되는 대사장애)을 앓고 있었다. ALD에 대한 효과적인 치료물질을 계발한 실화에 근거하여 제작된 영화 '로렌조 오일'(Lorenzo's Oil)은 이 질병에 대한 일반인들의 관심을 불러일으켰다. 하지만 불행히도 로비는 로렌조의 부모들이 이 질병의 진행을 멈추는 데 효과적인 약물을 추출해 내기 전에 그만 사망하였다. 대학을 졸업한 다음 나는 다시 신학교에 입학하였다. 내가 속한 교단에서 준회원 목사로 안수 받던 날은 공교롭게도 내가 직접 장례식을 처음 집례하던 날이었다. 그 장례식은 바로 여덟 살의 나이에 생을 마친 로비의 장례식이었다. 로비의 삶은 그 이후 나의 삶과 사역에 상당한 영향을 미쳤다.

당시 농아유치원에 다니는 모든 아이들과 그 가족들은 여러 신앙공동체로부터의 위로와 지원이 필요했다. 그런데도 심각한 문제는 대부분의 교회나 담임 교역자들은 이들에게 무슨 말을 해야 하고, 또 무엇을 도와주어야 하는지를 잘 알지 못했다. 주일학교나 탁아소 프로그램은 장애를 가진 아이들에게 별 도움이 되지 못했다. 그 결과 주일날 아침에는 신앙공동체 가족들이 둘로 나뉘는 일이 벌어졌다. 일부 부모들은 자기 자녀들을 교회나 주일학교로 데리고 오지만, 장애아동의 부모들은 교회에 나오지 않고 장애 아이들과 함께 그냥 집에 머물렀다. 이들에게 하나님과 신앙에 대한 질문이 생길 때, 또 교회의 도움이 절실히 필요할 때, 교회는 이들에게 꼭 필요한 도움을 전혀 베풀지 못했다.

신학교에 다니는 동안 나는 워싱턴디씨(Washington D. C.)에 위치한 농아 학생들을 위한 인문대학인 갈라우뎃대학교(Gallaudet University)에서 수화에 관한 과목들을 더 배웠다. 목회자로서 앞으로 교회에서 여러 장애인들을 만날텐데 만일 내가 수화를 모른다면 청각장애인(혹은 농아인, 聾啞人)들과의 장벽은 항상 문제가 될 것이라는 생각 때문이었다.

신학교를 졸업한 다음에 나는 갈라우뎃 대학교의 교목으로, 그리고 워싱턴농아연합감리교회(Washington United Methodist Church of the

Deaf)의 부목사로 사역을 시작하였다. 그로부터 몇 년 후 다시 파사데나(Pasadena, Maryland)에 위치한 마고시농아연합감리교회(the Magothy United Methodist Church of the Deaf)의 담임목사로 부임하였으며, 그 이듬해 워싱턴에 있는 웨슬리신학대학원(Wesley Theological Seminary)에서 농아사역에 관한 강의를 시작하였다.

그동안 본인이 겪은 이 모든 경험들이 이 책에 녹아들어 있다. 하지만 이 책에서 염두에 두고 있는 목표를 완수하도록 나를 재촉한 것은 바로 내 자신의 장애였다. 나는 여덟 살 때부터 일시적인 의식 상실의 일종인 기절 발작(fainting spells)을 겪어왔다. 이 재발성 증세는 이후로 더 잦아졌고 어떤 때는 이 증세가 보통 때보다 더 오래 지속되면서, 결국 최소한 일주일 단위로 반복되었다. 이 책에 관한 예비 자료 조사를 시작하던 때부터 탈고하게 된 시점까지도 이런 증세는 더 잦아졌고 처음에는 몇 분간 지속되다가 나중에는 몇 시간 계속될 정도로 증세가 악화되었다. 나중에 나는 이 증세가 기절 발작이 아니라 잠깐 동안의 이완마비(flaccid paralysis)라는 것도 알게 되었다. 이 증세가 나타나는 동안에는 전혀 말할 수도 없고, 눈을 뜰 수도 없으며, 또 어떤 근육도 자유롭게 움직일 수 없지만, 의식만큼은 여전히 깨어 있다. 그래서 소리를 들을 수도 있고 감각도 살아 있다.

이런 장애 때문에 나는 사회적 낙인(social stigma)의 문제나 이질적인 존재에 대한 사람들의 반응, 접근성, 의존성, 독립성, 그리고 상호의존성의 문제에 대해서 더 많이 생각하게 되었다. 또 이런 경험을 계기로 일상생활에서 일관성을 기대하기 어려운 장애인들이 내일을 미리 계획하는 것이 얼마나 어려운 일인지에 대해서도 이해하게 되었다. 가장 중요한 변화는 나의 장애를 위로하려고, 주변의 사람들이 나에게 던진 모든 말들에 대해서 좀 더 신중히 생각해 볼 수 있게 되었다. "이 일을 계기로 하나님께서 분명 당신에게 무언가를 가르치고 계십니다", "다음 주에 당신을 볼티모어에 있는 은사치유자에게로 데리고 갈까 합니다", "당신의 상태는 의학적으로 매우 드문 경우입니다. 의학자들이 당신의 사례로부터 많은 것을 배울 수 있겠습니다", "조금만 참고 지나면 당신은 분명 좋아질 것입니다."

이런 말을 깊이 생각하는 중에, 나는 대부분의 이런 위로가 나에게 불쾌하게 들렸던 이유가, 신학적인 토대 때문이라는 것을 깨닫게 되었다. 그리고 오랜 세월 동안 성경의 치유에 관한 이야기들이 해석되고 설교로 전달되는 과정을 거치면서, 이러한 온전치 못한 신학적 입장들은 우리가 살고 있는 오늘날의 사회 속에 뿌리내려 자라고 있다. 이 책은 치유에 관한 성경 본문을, 그 본문에 등장하여 예수로부터 치유를 받았던 인물들처럼 장애를 가진 사람들의 관점에서 새롭게 조명하면서, 오늘날 장애를 가진 사람의 생애에 치유가 어떤 의미를 주는지에 대해서 다루고 있다.

감사의 글

먼저 로비 백켄슨(Robbie Backenson)과 농아유치원에 다녔던 아이들에게 깊은 감사를 전하고 싶다. 또 갈라우뎃 대학교의 농아 학생들과 워싱턴 농아연합감리교회의 교인들, 그리고 마고시농아연합감리교회의 교인들에게도 감사의 말을 전하고 싶다. 이들과 함께 보냈던 시간이 내 인생의 방향을 극적으로 바꾸어 놓았다. 이들이 나에게 가르쳐준 모든 것들에 대해서 나는 큰 빚을 지고 있다.

이 책의 원고를 읽고서 훌륭한 통찰을 제공해 준 헬렌 베텐바우(Helen Betenbaugh)와 빌 클레멘츠(Bill Clements), 잭 쿠간(Jack Coogan), 캐들린 그레이더(Kathleen Greider), 마저리 수하키(Marjorie Suchocki), 그리고 조셉 웹(Joseph Webb)에게도 감사의 뜻을 전하고 싶다. 또 오스트레일리아에서 후한 환대를 제공해 준 줄리에 리스(Julie Rees)와 자기 아들의 여정을 나와 함께 나누면서 그에 관한 이야기를 이 책에 싣도록 허락해 준 메레다이스 벨로우스 목사(Rev. Meredyth Bellows)에게도 감사의 뜻을 전한다.

수업 시간을 통해서 이 책의 자료들을 함께 점검하는 과정에 성실하게 동참해 준 클래어몬트 신학대학원 학생들에게도 고마움을 전한다. 그 중에 어떤 학생들은 지체 장애는 사회적인 수치와 결부되어 있거나, 또는 장애의 문제를 오직 신유의 치료만으로 해결될 수 있다고 믿는 문화나 공동체에 속한 경우도 있었다. 그럼에도 불구하고 이들은 새로운 신학적 통찰과 복음서의 치유 기사에 대한 새로운 설교 전략에 대해서 열린 자세를 보여준 점에 감사의 뜻을 전한다.

  장애를 지닌 사람으로서 나는 마저리 수하키와 캐들린 그레이더, 제인 헤클스(Jane Heckles), 그리고 조안과 짐 스웬슨(Joan and Jim Swenson)으로부터 어떻게 상호의존적인 공동체 안에서 치유가 경험될 수 있는지를 배웠다. 또 비록 멀리 떨어져 있지만 이다 손튼(Ida Thornton)과 마리 크라우스(Mary Kraus), 수잔 모리슨(Susan Morrison), 산드라 할레(Sandra Hale), 제니 스파(Janie Spahr), 그리고 에드위나 헌터(Edwina Hunter)의 사랑을 통해서도 치유를 경험하였다. 또 훌륭한 의사 선생님이신 주딧 무어(Judith Moore) 박사님은, 내 삶에 고립이라는 장벽을 무너뜨리고 다가오셔서 내가 가진 재능을 온전히 발휘할 수 있도록 도와주셨으며, 치유를 전혀 기대할 수 없는 상황에서도 계속해서 치유를 베풀어 주고 계신다.

역자서문

한국의 목회자들이 가장 자주 설교하는 본문 말씀이 바로 복음서이며, 복음서에는 여러 편의 치유 내러티브들이 실려 있다. 복음서의 치유 내러티브들은 "하나님의 능력에 의한 치유"라는 믿음과 열망을 가지고 있는 청중들을 향하여 교회 안에서 자주 설교되곤 한다. 하지만 문제는 때로는 질병에 대한 올바른 인식의 부족 때문에, 또는 본문에 대한 문자적인 해석 때문에 예수께서 여러 병자를 고치신 본문에 대한 설교가 본문의 의도와 달리 오히려 역효과를 초래할 수 있다는 점이다. 이에 대한 가장 대표적인 사례가, 치유 예배나 치유 설교에서 질병의 원인을 일방적으로 죄에서 찾으면서 "질병으로부터 고침 받고자 한다면 먼저 죄 문제를 해결해야 한다!"는 식의 설교이다. 그러나 이 책에서 저자가 누누이 강조하는 것처럼 죄악 때문에 질병이 생기는 경우가 아주 없는 것은 아니지만, 일반적으로는 질병과 죄를 단순논리로 직결시켜서는 안된다. 이는 오히려 당사자들에게는 고통을 더욱 가중시키는 것이나 다름없다.

저자 자신도 설교학자인 동시에 종종 심각한 마비 증세를 겪는 환자로서 기존 교회가 여러 질병을 앓고 있는 환자들을 위한 치유 설교가, 때로는 얼마나 부정적인 결과를 가져오는지를 경험하면서 그 대안으로 본서를 저술하였다. 저자가 특히 강조하는 것은, 복음서의 치유 내러티브에 언급된 질병을 앓는 환자들과 이들에 대한 예수님의 치유 사역을 설교할 때, 그 질병과 유사한 질병을 앓고 있는 오늘의 청중들에게 종교적인 굴레를 씌우는 방향으로 설교하지 말라는 것이다. 이는 본문을 문자적으로 해석하거나 잘못 해석할 때 나타나는 전형적인 해석학적 오류인 셈이다.

　복음서의 치유 내러티브를 올바로 설교하기 위해서는, 복음서에 등장하는 질병에 대한 의학적인 지식과 아울러 그 질병이 예수님 당시 종교 사회에서는 어떤 의미를 지니고 있었는지, 그리고 그 본문을 현대의 상황으로 끌고 와서 설교할 때 본문에 언급된 질병을 어느 정도까지 현대적인 의학 지식과 직접 연결시켜서 설명할 수 있는지, 또 치유 내러티브 중에서 문자적 해석이 아니라 신학적인 차원으로 해석해야 하는 부분은 어느 부분인지에 대한 통합적인 관점이 필요하다.

　독자들의 입장에 따라서는 설교를 염두에 두고 복음서의 치유 내러티브를 해석해가는 저자의 관점에 일부 동의하지 못하는 부분이 있을 수 있을 것이다. 하지만 역자(譯者)는 본서를 통해서 독자들이 복음서 치유 내러티브에 대한 다양한 해석 입장들을 확인하는 가운데, 치유 내러티브에 대한 해석 관점의 폭을 넓혀보는 것만으로도, 본서의 가치는 충분하다는 입장을 가지고 본서를 번역하였다. 특히 거라사 광인(눅 8:26-39)에 대한 해석에서 저자는, 이 거라사 광인의 정신 질환의 원인을 당시 팔레스타인을 식민지로 지배하고 있던 로마 군대로부터 이 거라사 광인이 이전에 받았을 여러 학대와 폭정에서 찾으면서, 그와 유사한 현대적인 사례로서 일제강점기 동안에 한국인들이 일본군으로부터 받았을 학대와 폭정을 지적하고 있다. 이 부분에서 역자는 설교자로서 약자의 입장과 처지를 깊게 이해하려는 저자의 열정에 큰 감동을 받았다. 본서를 통해서 복음서를 가장 자주 설교하는 한국 교회 설교자들이 복음서에 묘사된 질병과 비슷한 질병을 가지고 있는 환자들의 아픔과 고민을 더 잘 이해하고, 또 설교자와 전혀 다른 생각을 가지고 있는 청중에게 더욱 가까이 다가가서 하나님의 말씀을 잘 전달하는 데 작은 도움이 되기를 바라면서 일독을 권한다.

실천신학대학원 교수
이승진 識

서론

지난 해 봄에는 시그라는 한 청년이 죽었다. 그의 나이는 24세로 감리교 목회자의 아들이었다. 시그는 간질병을 가지고 태어났는데, 그 간질은 완전히 치유는 되지 않더라도 최소한 약물치료로 어느 정도 통제가 가능한 경우였다. 그는 (연합감리교가 아닌) 어떤 교회에 출석하기 시작했는데 그곳 교인들은 시그를 따뜻하게 맞아주었고 점차 그 공동체 안에서 한 가족으로 받아들여졌다. 그런데 이 교회 목회자는 만일 시그에게 충분한 믿음이 있다면 간질에서 **고침**을 받을 것이라고 설교하였다. 그 설교를 듣고 난 다음 시그는 자기가 얼마나 분명한 믿음을 가지고 있는지를 증명해볼 심산으로 그동안 복용해온 약물치료를 중단하고 말았다. 그리고 얼마 못되어 시그는 심각한 발작증세를 보이다가 그만 죽고 말았다. 그의 모친이 말한 것처럼 시그는 종교를 너무 남용하였다.

지난 몇 년 동안 나는 복음서의 치유 기적 사건에 관한 설교가 시그처럼 여러 장애를 가진 사람들에게 어떤 영향을 미치는지에 대해서 계속 탐구해왔다. 그가 들었던 메시지는 분명 그의 문제에 아무런 도움이나 **치유**를 가져다주지 못했다.

"치유"(healing)는 매우 복잡한 용어로서 과거 역사 속 여러 신앙 공동체 안에서 매우 다양한 의미로 사용되었다. 성경시대로부터 오늘날까지 치유는(치료가 아닌) 놀라운 기적의 증거로 인용되곤 한다. 신약성경에 등장하는 군중들은 치유가 일어나는 기적적인 사건들을 직접 목격하였고, 예수의 권능이 분명 하나님 때문에 나타난 것이라는 움직일 수 없는 증거를 목격하였다.

하지만 오늘날 우리는 "치유"에 대해서 복합적인 견해를 가지고 있다. 물론 우리는 질병으로 고통당하는 사람들에게 당장이라도 치유를 베푸실 수 있는 하나님의 능력에 대해서 확신하고 싶어 한다. 그렇지만 또 다른 한편으로 치유라는 단어는, 사람들의 이목을 단지 치유 사건에만 집중시키면서 자신들의 능력을 과시하거나 또는 재물에 대한 욕심으로 다른 사람들의 고통을 이용하려는 심령술사들이나 치유은사자들과 결부되는 것에 대해서는 경계한다. 교회가 시작된 이후로 지금까지 치유 사역이 목회의 일부로 지속되어왔음도 무시할 수 없다. 사람이 있는 곳이면 어디든 여러 유형의 고통이 있기 마련이고 고통이 있는 곳에는 치유에 대한 필요와 갈망도 함께 공존한다. 하지만 문제는 무엇이 올바른 "치유"인가? 하는 것이다. 치유와 치료의 차이점은 무엇인가? 1세기 유대인들이 살던 팔레스타인의 상황에서 치유는 무슨 의미를 갖고 있었는가? 또 초대 기독교가 발전했던 헬레니즘 문화권에서 치유는 무슨 의미로 받아들여졌는가? 당시 예수의 치유 사건은 여러 병자들에게 어떤 영향을 미쳤을까?

이와 마찬가지로 중요한 것은 성경의 치유 사건에 관한 본문과 오늘날의 상황 사이를 연결시키는 연결고리이다. 2천 년 전의 치유 사건이 오늘 우리에게 의미하는 바는 무엇인가? 복음서에 기록된 치유 본문들에 대한 오늘날의 설교를 뒷받침하는 신학적인 토대는 무엇인가? 이런 본문에 대한 설교가 오늘날 그와 유사한 장애를 가진 환자들에게 미치는 효과와 파장은 어떠한가?

이 책에서 다루고자 하는 것들이 바로 이런 질문들이다. 치유에 관한 본문을 설교하는 설교자의 설교 자세와 방식은, 설교를 들은 평신도들이 그런 장애를 가진 사람들을 대할 때의 태도와 그 저변에 깔린 신학적 확신에 영향을 준다. 이런 본문에 대한 해석 입장 역시 오늘날 대부분의 교회가 교회 안에서 장애인에 대하여 배타적인 태도를 취하는 것과 결코 무관치 않다.

성경에 기록된 치유 사건에 대한 본문들은, 예수께서 고쳐주신 사람들을 모든 억압으로부터 자유롭게 해 주는 사건으로 선포할 의도로 기록되었다. 비록 이들은 질병과 장애 때문에 작게는 예배 공동체로부터 그리고 더 나아가서 당시 사회로부터 배척당했다. 그러나 이들을 고치신 예수의 행동 덕분에 이들은 가정과 사회, 그리고 종교의 영역에서 다시금 온전한 지체로 받아들여졌다. 그래서 복음서에서 치유는 환자가 속한 공동체와의 재결합을 의미하기 때문에 결국 치유는 고립으로부터의 해방이나 마찬가지이다.

그럼에도 불구하고 이런 본문에 대한 전통적인 설교는 장애인들을 해방시키기보다는 오히려 억압하는 결과를 가져왔다. 설교자가 이런 결과를 의도하였든 의도하지 않았든 관계없이, 결과를 놓고 보자면 배척과 고립으로 특징지을 수 있다. 예수의 치유 사건에 내포된 자유하는 효력은 여러 세기를 거치면서 이 본문이 해석되고 설교되는 과정에서 점차 희미해졌다. 복음서의 치유사건에 관한 본문의 설교에 동원되는 신학과 언어가, 처음 이 본문에서 의도했던 것과 정반대 방향으로 장애인들에게 영향을 준 셈이다.

보수주의 신학과 자유주의 신학 양 진영 모두 장애인들에 대한 차별과 억압에 대한 책임으로부터 자유로울 수 없다. 복음서의 치유 사건에 관한 본문을 이해함에 있어서 먼저 보수주의자들의 입장은 치유를 "치료"의 입장에서 접근하는 경향이 강하다. 이들은 치유 본문을 문자적으로 받아들이기 때문에, 오늘날 장애를 가진 사람들 역시 하나님과의 올바른 관계의 회복을 위해서 즉 "온전함"으로 회복되기 위해서 물리적으로 "치료"를 받아야 한다고 본다. 또 설교적인 강조점 역시 치료자로서의 예수를 높임과 동시에 치유가 필요한 사람의 비천한 상태를 강조한다. 이런 설교에서 암시하는 바는 만일 누군가가 앞을 보지 못하거나 농아인(聾啞人)이거나 또는 마비증세를 앓고 있거나 귀신들려서 치유가 필요한 상태에 있다면, 그 사람은 현재 죄 가운데 있는 것이 분명하며 그에게는 하나님의 구원이 필요한 상태이거나 또는 그 사람의 신앙은 치유에 도달할만큼 그리 충분하지 않기 때문에 먼저 회개가 필요하다는 것이다.

자유주의자들은 치유 문제에 대해서 좀 더 심리적인 입장을 취하거나 또는 치유 사역 자체를 인정하지 않는다. 이들은 복음서의 치유에 관한 본문을 은유적인 관점에서 해석하거나, 또는 치유 문제 자체는 제쳐놓고 이런 사건을 기록한 저자의 본래 의도나 또는 복음서의 특정한 지점에 이 본문이 포함된 이유나, 복음서를 저술할 때 저자가 염두에 두었던 전체적인 목표에 이 이야기가 기여하는 공헌과 같은 다른 문제들에 더 깊은 관심을 가진다.[1]

이 두 입장 중에 어느 경우에서든 성경 본문에서 고침을 받는 당사자는 자기 인생의 주인공이나 동인(動因)으로 존중받지 못한다. 우리는 이들을 단지 또 다른 요점을 이끌어 내는 사례거리로 간주하는 경향이 강하다. 치유 사건을 담은 본문에 대한 이런 접근 방식의 문제는 오늘날 장애를 가진 사람들 역시 자신들도 주체로 인정받지 못하고 실물 교육을 위한 사례로 취급당하는 느낌을 받는다는 것이다. 건강관리 프로그램이나 교육, 고용, 사회복지와 같은 이 모든 사회 근간의 제도들은, 장애인들을 사회에 공헌할 수 있는 주체로 보기보다는 통제가 필요한 대상으로 바라보는 경향이 강하다.

신앙 공동체 역시 이런 경향에서 자유롭지 못하다. 장애를 가진 사람들은 자신들이 동시대의 신앙 공동체로부터도 계속 평가되고 배제된다는 느낌을 갖고 있다. 일부 사람들은 장애인들을 죄인이나 형편없는 믿음의 소유자로 여긴다. 그래서 신체가 "온전치 못한" 사람들은 결국 예배에 함께 참석하기에 부적합할 정도로 "거룩"하지 못한 사람들이라는 것이다. 또 다른 사람들이 생각하기에 "장애인들은" 단지 눈에 보이지도 않는다. 이들에 대해서 전혀 신경조차 쓰고 있지 않는 것이다. 이렇게 장애인들은 철저히 무시당하거나 존재하지 않는 사람들로 잊혀졌으며, 교회 안에는 왜 이들의 존재가 보이지 않는지에 대해서조차도 전혀 생각해 보지 않는다.

계단과 같은 물리적인 장애물이나 또는 수화 통역가의 부재 문제 때문에 장애인들이 교회에 정착하는 데 어려움을 느끼긴 하지만, 이러한 문제점들을 인식하고 가능한 해결책을 제시하는 책들도 계속 발간되고 있다. 하지만 이 책은 설교에서 치유에 관한 본문을 설교하고 해석하는 과정에서 심화되는 신학적 편견과 이들에 대한 태도상의 문제점에 집중하고 있다. 이 책의 목적은 성경에 기록된 치유에 관한 본문들을 장애를 가진 사람의 관점에서 접근하고 해석해보는 것이다. 그래서 본문 해석 과정에서는 성경에 등장하는 각각의 장애인들과 오늘날의 장애인들이 자신의 권리를 그대로 주장하는 주체로 다뤄진다.

이 책의 1부에서는 그 다음 2부에서 전개하는 해석에 대한 배경적인 논의를 제공한다. 먼저 1장은 장애인들과 하나님과의 상호 관계에 대한 다양한 신학적인 입장들이 소개된다. 여기에서 나는 장애나 불구가 하나님의 뜻이라는 입장에 이의를 제기하면서, 그 대안으로 상호의존의 신학을 제안한다. 그 다음 2장에서는 복음서의 치유 내러티브에 대한 문자적 해석과 은유적인 해석의 두 가지 보편적인 입장에 관하여 다룬다. 1세기의 의학적인 가치기준과 질병이나 질환에 대한 당시의 인식, 그리고 치유와 치료의 차이점에 대한 이해로부터 설교자는 과거와 현재의 간격을 어떻게 연결시켜야 하는지에 대한 통찰을 얻을 수 있다.

2부에서는 복음서의 치유에 관한 특정 본문들을 자세히 다룬다. 물론 치유에 관한 본문은 사도행전과 서신서뿐만 아니라 구약성경에서도 찾아볼 수 있지만, 이 책의 2부는 복음서에 기록된 치유 본문에 집중하고자 한다. 복음서의 치유 본문은 그 분량도 많고 또 주제도 다양하다. 그래서 이 책의 성격과 취지에 집중하기 위해서 나는 복음서의 치유 본문들 중에서 특별히 개정공동성서일과(the Revised Common Lectionary)에 실린 본문만을 다루기로 하였다. 이 성서일과에 실린 복음서의 치유 본문들의 출처로는 세 개의 누가복음 본문과 한 개의 요한복음 본문이 있고, 나머지 본문들은 주로 마가복음에서 인용한 것들이다.

복음서의 치유 본문들을 다룸에 있어서 나는 이 본문들을 몇 개의 장으로 구분하였다. 먼저 3장에서는 소경에 관한 두 개의 본문을 다룰 것이다. 하나는 요한복음 9:1-41의 날 때부터 소경으로 태어난 사람에 관한 본문(사순절-A 해)과 마가복음 10:46-52의 바디메오에 관한 본문(오순절 이후-B 해)이다. 4장에서는 마가복음 7:31-37의 귀먹고 어눌한 자를 고치시는 **"에**

바다" 본문(오순절 이후-B 해)에 집중할 것이다. 5장은 마가복음 2:1-12의 중풍병자에 관한 본문(주현절-B 해)을 집중적으로 분석할 것이다. 6장은 제의적인 불결의 문제와 관련된 세 본문으로서 마가복음 1:40-45의 나환자 치유에 관한 본문(주현절-B 해)과 누가복음 17:11-19의 10명의 나환자 치유에 관한 본문(오순절 이후-C 해), 그리고 마가복음 5:25-34의 혈루병을 앓은 여인의 치유에 관한 본문(오순절이후-B 해)을 다룰 것이다. 마지막으로 7장은 누가복음 8:26-39로 거라사 지방에서 귀신들려 무덤에서 지냈던 사람의 치유에 관한 본문(오순절 이후-C 해)으로 마무리할 것이다. 누가복음 8:26-39에 언급된 남자는 종종 "거라사 광인"이라고 불리곤 하지만, 이 남자는 아마도 일종의 정신질환을 앓았던 것으로 추정된다.

각 장은 먼저 오늘날의 장애와 유사한 질병을 앓고 있던 사람들에 대해서 서술할 것이다. 그 다음에는 치유 사건의 본문에 대한 최근 학자들의 견해뿐만 아니라 이 본문을 연구하기 위하여 활용했던 전통적인 해석학에 대해서도 언급할 것이다. 그 다음에는 20세기에 이 본문을 어떻게 설교했는지를 살펴보고 그 단점에 대해서 비평하면서 **치유** 설교학에 기초하여 이 본문을 올바로 설교할 수 있는 대안도 제시할 것이다.

다음 장으로 진행하기 전에 장애를 지닌 사람들을 지칭하기 위하여 본인이 선택한 용어와 관련하여 한 마디 덧붙이고자 한다. 이와 관련하여 적절한 용어를 선택하기가 쉽지 않다. 장애인들을 어떤 용어로 지칭하는 것이 우리에게 편한지에 관계없이, 장애를 가진 사람들 스스로가 자신들이 불려지기를 원하는 용어를 자신들이 직접 선택할 수 있는 권리가 있음을 먼저 인정해야 한다. 우리 사회에서는 장애를 가진 사람들을 가리켜서 "신체적 장애가 있는 사람들"(the handicapped)이나 "불구자"(혹은 무능력자, the disabled), 혹은 "지체 장애인"(persons with handicapping conditions)이라고 부르는 것이 통념이지만 나는 이런 용어를 사용하지 않으려고 한다. 경마나 골프 경기에서 "핸디캡"(handicap)이란 용어는 여러 선수들 간의 경기력을 고르게 하기 위하여 우세한 경쟁자에게 부과하는 불리한 조건을 암시하지만, 장애인에게 "핸디캡"이란 용어를 적용하면 이와 다른 의미를 갖게 된다. 예전에 엘리자베스 구빈법(Elizabethan Poor Laws) 하에서는 장애인들에게는 합법적인 거지의 신분으로 모자를 손에 들고 적선을 요청하는 것이 허용되었다. 또한 "불구자"란 표현은 집단일 수도 있겠지만 결국 주체가 아닌 대상을 암시하면서, 그 대상이 할 수 있는 것보다는 할 수 없는 것이 무엇인지를 더욱 부각시키는 용어이다.

최근에는 신체적으로 도전 받는 자(physically challenged)나 다른 능력을 가진 자(differently abled)와 같이 장애인들의 입장을 존중함직한 여러 용어들이 등장하였다. 이런 용어들은 신체적인 제약을 가지고 있는 사람들의 능력을 좀 더 긍정적으로 인식하려는 시도를 담고 있다. 그래서 이런 용어들은 최근에 널리 쓰이기도 하고, 어떤 사람들이나 단체들은 이런 용어를 더욱 선호하기도 한다. 내가 속한 교단에 장애가 있는 목회자들은 자신들을 지칭하는데 "신체적으로 도전 받는 자"라는 용어를 사용하여 미연합감리교장애인목회자협의회(The United Methodist Association of Physically Challenged Ministers)로 부르고 있다. 그런데 사회적인 입장에서 보면 최근에 등장한 용어들은 약간 오해의 소지가 있다. 그리고 미국에서 새로운 인권법을 개정하는데 관여하는 사람들은 "미국장애인법"(Americans with Disabilities Act, ADA)이란 용어를 사용하고 있으며, 정치적인 차원에서 장애인들의 권익을 위해서 일하는 많은 사람들도 "장애인"(persons with disabilities)이란 용어를 사용하는 까닭에 본인 역시 이 책에서 주로 이 **용어**를 그대로 사용할 것이다. 장애인이란 용어나 또는 다른 어떤 특정 용어에 대한 선호와 관련하여 세심한 논의가 필요한 이유가 있다. 장애인들의 정당한 권익을 위해서는 정치적이고 종교적인 영향력을 집약시킬 수 있도록 공동체를 하나의 우산 아래로 결집시켜야 함에도 불구하고 새로운 용어들이 많이 등장하면서 오히려 공동체가 나뉘기 때문이다. 이런 가운데 "장애인" 10개년 계획과 미국장애인법과 같은 프로젝트에서 사용된 장애인이란 용어는 장애인과 관련하여 엄청날 정도로 다양한 공동체들을 하나의 기치 아래 통합하기 위한 시도였다.

그리고 내가 이 용어를 택한 것은 내 자신을 위해서이기도 하다. 나는 숨겨진 장애를 가지고 있다. 이 장애는 대부분의 시간에 다른 사람들 눈에도 잘 띄지 않으며, 알고 있는 주변의 몇몇 사람들도 나를 그저 육체적인 "핸디캡"을 가지고 있는 사람이나 또는 "다른 능력을 가진 자"나 "신체적으로 도전 받는 자"로만 이해해 주고 있다. 하지만 나에게는 매우 다양한 방식으로 나를 억압하는 기능 장애(dysfunction)가 있다는 사실은 분명 부인할 수 없다. 내 자신의 장애를 인정하고 또 이 장애 때문에 공동체 안에서 다른 이들과 함께 공유했던 일상적인 경험들 덕분에 나는 다른 이들과 서로 깊은 유대를 맺고 있다는 확신을 갖게 되었다. 공동체의 고민과 문제를 인식하고 여기에 함께 참여하는 것은 매우 중요하다. 내가 가진 장애가 나의 참 모습, 혹은 정체성의 모든 것을 결정하지 않는다. 나는 우선적으로 무엇보다도 한 인간이다. 그래서 장애를 말할 때에도 나는 "장애를 가진 **사람**"이다. 둘째로 내 존재에 대해서 내 스스로나 내 친구들도 부인할 수 없는 한 가지 측면은 바로 나는 장애를 가지고 있다는 것이다. 그래서 나는 "장애를 '가진' 사람"이다.

그러므로 특정한 장애를 가진 사람들에 대해서 언급할 때는, 눈이 먼 남자나 간질을 앓는 소년처럼 먼저 사람을 말하고 그 다음에 그 사람이 지니고 있는 장애를 언급하는 순서로 표현하고자 한다(저자의 논리는 사람을 먼저 언급하고 그 사람이 가진 장애를 나중에 언급하는 영어식 어순에 입각하여 장애로 사람됨을 결정하지 않고 사람됨의 보편적 가치에 근거하여 장애라는 개별적인 특성을 인식할 것을 주장한다. 하지만 이러한 저자의 논리는 장애를 먼저 표현하고 사람이라는 보편적 개념을 나중에 표현하는 한국어 어순〈ex, 시각장애인〉과 잘 조화되지 않는다-역주). 반면에 "간질병 환자"(epileptic)나 "광인"(demoniac), 또는 "소경"(blind man)과 같은 표현은 장애의 문제를 한 사람의 참다운 됨됨이에 포함되는 일부분으로 인식하기보다는 그 장애의 관점에서 그 사람 전체를 인식하는 것이다.

| 제1부 |

❖

제1장 치유와 신정론

제2장 해석의 위험

A Healing Homiletic

| 제1장 |

치유와 신정론

교회의 역사 속에서 목회자와 신학자들이 계속 고민해온 가장 어려운 질문 중의 하나가 바로 '왜 이 땅에는 그렇게도 많은 고난이 존재하는가?' 하는 것이다. 이 질문과 관련된 수많은 책들이 씌어졌다. 랍비 헤럴드 쿠쉬너(Rabbi Harold Kushner)는 『선한 사람들에게 불행이 닥칠 때』(When Bad Things Happen to Good People)라는 유명한 책에서 이 문제에 관하여 씨름하고 있다. 고난의 문제는 장애로 고생하는 사람들을 돌봐야 하는 오늘날의 수많은 목회자들에게 일종의 무거운 짐과 같다. 어떤 사람은 교통사고를 당해서 더는 걸을 수 없는 상태로 병원에서 깨어날 때도 있다. 또 어떤 경우에는 오랫동안 기다려온 아기가 태어났지만 담당의사가 아기의 육체적인 장애를 자세히 점검하는 동안 예비 부모들은 무거운 침묵 속에서 검사 결과를 기다리면서, 출산의 기쁨도 잠깐뿐이고 그 기쁨은 이제 알 수 없는 미래에 대한 불안으로 바뀌기도 한다. 그러한 상황에서 급작스러운 충격과 분노를 쏟아 내거나, 자기들에게 왜 이러한 일들이 일어나야만 하는지에 대한 강한 질문을 제기하는 사람들에게, 목회자는 과연 무슨 말을 해줄 수 있을까? 그들이 이렇게 가혹한 고통에 처할 때 하나님은 과연 어디에 계실까?

  이러한 질문은 참으로 대답하기 어렵다. 목회자들은 수년 동안 목회 훈련을 쌓아왔고 또 신자들 역시 그러한 질문에 대한 답변을 목회자로부터 기대한다. 목회자는 하나님의 대변인이나 마찬가지이다. 그래서 이들은 목회자로부터 위로를 받기 위해서, 또 삶 속에서 일어난 여러 가지 질문들에 대한 답변을 듣고자 목회자들에게, 또 교회에 찾아온다. 그러나 목회자는 비록 목회의 여러 분야에서 탁월한 능력을 가질 수도 있고 또 다방면에 능통할 수도 있지만, 지체장애의 문제를 가지고 있는 성도들을 돌보는 것에 대해서는 여러 면에서 낯설다. 목회나 여러 주제들에 관한 수많은 도서들을 비치해 두고 있을 수 있지만, (무엇보다도 설교는 우리의 가장 중요한 책무 중의 하나이다) 이러한 처지에 있는 교인들이 직접 목회자를 찾아올 때, 목회자는 그저 어색하게 침묵하기 일쑤이다. 이들에게 우리 같은 목회자들은 과연 무엇을 말해주어야 할지도 잘 알 수 없고, 또 어떤 실제적인 답변이 생각나는 것도 없고, 그런 지체 장애인들의 연약한 모습 때문에, 그리고 우리 목회자 자신의 한계와 연약함 때문에, 오히려 절망감을 느끼기도 한다. 지금 당장에라도 성도들에게 불행스러운 일들이 생길 수 있는데, 목회자인 우리가 그러한 거부하고픈 상황 속에 들어가서 목회적 책임을 감당해야만 하게 되는 일은 결코 일어나지 않으리라고 누가 보장할 수 있는가?

  고난에 관한 문제와 이 문제에 대한 답변들을 시도하면서 목회자들은 몇 가지의 신학적 지침이나, 전통들, 또는 성경적 안내들을 참고할 수도 있다. 그러나 여전히 남아 있는 문제는, 기독교적인 전통이나 성경은 이 문제에 관하여 참으로 애매모호한 입장에 있다는 것과, 목회자는 결국 목회상담이나 설교를 해야만 하는 상황에서 그저 몇 가지의 서로 모순되는 메시지들이나 겨우 전해주어야만 한다는 것이다.

1. 천사인가 악마인가, 아니면 축복인가 저주인가?

오늘날 교회가 전하고 있는 모순된 메시지 중의 하나는, 장애를 겪고 있는 사람은 하나님의 축복 때문이거나 또는 하나님으로부터 저주를 받아서 그렇게 됐다는 것이다. 기독교적 전통을 따르는 이떤 사람들은 장애를 가지고 있는 사람을 "천사"로 또는 그 반대로 "악마"로 부르기도 한다.[1]

교회는 종종 장애를 가지고 있는 사람들을 하나님께서 세상을 향하여 증인의 사명을 감당토록 하려고 특별히 선택한 축복받은 사람으로 간주한다. 지체장애인들이 가지고 있는 인내와 내면의 강인함, 그리고 인생에 있어서 그 어떤 것도 그들 내면의 확신을 결코 무너뜨리지 못하며, 그들이 어려운 삶으로부터 인생의 풍성한 의미를 만들어가고 있는 불굴의 의지를 생생하게 보여주는 산 증인으로서 이들을 칭송하곤 한다. 장애를 가지고 있는 어린이들 역시 "작은 천사"로 불리우기도 하고, 또 그 부모들은 감당해야 하는 "엄청난 짐" 때문에 주위 사람들로부터 성인으로 칭송받기도 한다. 지체장애인들을 경외감으로 바라보면서 우리는 "모진 투쟁의 삶"이니 "불굴의 여성" 혹은 "하나님의 축복을 받은 사람들"이라고 칭송하면서도 마음속으로는 나도 과연 저렇게 잘 해낼 수 있을까 하는 의구심이 든다.

성경은 지체장애인들을 통해서 하나님의 권능이 나타날 수 있음을 암시한다. 그래서 이런 장애들은 하나님으로부터 축복받은 사람으로 간주되기도 한다. 고린도후서 12:9에서 바울은 "나의 여러 약한 것들에 대하여 자랑하리니 이는 그리스도의 능력으로 내게 머물게 하려 함이라"라고 말하고 있다. 어떤 사람들은 이 구절에서 바울이 말하는 "육체의 가시"는 아마도 일종의 지체 장애였을 것이라고 해석한다. 요한복음의 기자는 예수님께서도 "소경이 태어난 것은 그를 통하여 하나님의 하시는 일을 나타내도록 하기 위함이었다"고 한다(요 9:3). 누가복음의 천국 잔치 비유가 암시하고 있는 것은, 천국 잔치에 참여하게 될 사람들은 처음부터 초대 받았던 사람들이 아니라 소경들과 저는 자들이었다는 것이다(눅 16-24). 그래서 설교자들은 이러한 성경구절들을 근거로 지체장애인들은 하나님으로부터 축복을 받은 사람들이고, 그래서 그들은 천사와 성인들이라고 칭송한다.

이와 반대로 복음서에서 예수님의 치유를 언급하고 있는 여러 구절들에 대한 문자적이거나 혹은 전통적인 해석에서는, 지체장애인들을 하나님의 저주를 받았다거나 악마와 동일시하기도 한다. 최근에 본인도 직접 경험한 사례에 따르면, 심각한 육체적 손상을 안고 태어난 아이는 주위로부터 혐오감과 함께 의심스러운 냉대를 받아야만 했다. 주위 사람들은 그렇게 괴기한 모습을 만들어낼 수 있는 존재는 오직 악마뿐이라고 수군거리곤 하였다. 하지만 그들은 이 아기를 그저 외관으로만 판단했을 뿐이다. 그들은 하나님께서 감히 그러한 기형적인 존재를 만들어내실 수 있으리라고는 꿈에도 생각하지 않았다. 그래서 그들은 그렇게 장애를 가지고 태어난 사람은 분명히 악마의 작품일 것으로 단정하였다.

장애를 가지고 있는 사람들에 대해서는 종종 어떤 죄 때문에 그리 됐거나, 또는 믿음이 부족했거나 때로는 귀신이나 악령에 들렸을 것으로 단정 짓기도 한다. 성경에서 치유를 다루고 있는 본문을 설교하는 가운데 드러나는 죄와 장애와의 그럴듯한 상관관계는, 오늘날의 많은 교회 속에서 계속적으로 확산 중인 왜곡된 신학적 관점을 조장한다. 오직 믿음만 충분했더라면 그들은 충분히 치유되었을 것이라고 단정내리는, 장애인들에 관한 피상적인 견해가 종종 들리곤 한다.

더 나아가서 많은 사람들은 이렇게 왜곡되고 피상적인 관점을 확증하기 위해서 성경 여기저기를 인용한다. 마가복음 2:5의 중풍병자를 고치는 장면에서 "예수님은 그 병자의 [친구들의] 믿음을 보시고 그 병자에게 '소자야 네 죄사함을 받았느니라' 라고 말씀하셨다"는 것에 근거하여 지체장애의 문제에 대한 원인을 죄나 믿음의 부족, 또는 귀신들림에서 찾기도 한다. 마가복음 5:34의 예수님의 옷을 만진 혈루병을 앓은 여인에 관한 말씀에서, 예수님은 "딸아 네 믿음이 너를 구원하였느니라"라고 말씀하신다. 누가복음 9:39에서도 그 아이 속에 들어가서 "경련을 일으키고 입에 거품을 흘리게

한 것"도 더러운 귀신이었다.

우리 주위에는 이렇게 서로 대조적인 입장을 암시적으로든 또는 공개적으로 지지하는 기독교 지도자들이나 단체들을 쉽게 접할 수 있다. 지체장애의 원인은 죄에 대한 하나님의 형벌이나 믿음의 부족 때문일 수도 있지만, 그 반대로 세상을 향하여 담대하게 하나님의 능력을 증거하라는 하나님의 뜻에 대한 순종을 전제하는 것일 수도 있다. 그렇다면 장애 문제에 대한 서로 모순된 이미지는 실제로 지체장애인 당사자들이 자신을 바라볼 때 어떤 영향을 미칠까? 또 장애에 대한 이러한 상반되는 이미지는 교회나 사회가 지체장애인을 대할 때에 어떤 영향을 미칠까?

천사와 악마, 또는 축복과 저주의 서로 상반된 두 가지의 이미지는 거의 동일한 파장을 가져온다. 두 이미지는 일반 사람들로 하여금 지체장애인들과 가까이 지내지 못하도록 서로를 떼어 놓는다. 장애인들을 회심시키거나 또는 구원할 목적이 아니라면, 감히 누가 그렇게 저주를 받은 사람들과 가까이 지내려고 하겠는가? 대부분의 사람들은 장애인들을 "천사들"이라고만 생각할 뿐, 그들이 힘들게 싸워야 하는 일상적인 삶의 실상은 전혀 생각해 보지 않는다. 지체 장애인들을 축복받은 자로 또는 저주받은 자로 생각하든 관계없이, 이들에 대한 통속적인 생각은, 이들의 신체적 상태는 결국 하나님의 뜻 때문에 일어난 것이기 때문에 우리가 나서서 당장 어떻게 할 수 있는 것은 하나도 없다는 것이다.

2. 하나님의 뜻

삶 속에서 힘들게 감당해야 하는 시간들을 좀 더 분명히 이해하기를 원하는 것이 인간의 기본적인 욕망이다. 자신의 고난은 아무런 의미도 목적도 없을 것으로 생각하는 것은 참으로 힘든 일이다. 모든 사람들은 **왜** 이러한 장애가 바로 자신들에게 일어나야만 하는지를 알고 싶어 한다. 이 질문과 관련해서 기독교인들이 가지고 있는 일반적인 해답은, 장애에는 분명 하나님의 뜻이 들어 있다는 것이다. 우리는 그동안 천하에 범사가 하나님의 커다란 계획과 경륜 속에서 선한 목적을 가지고 있다고 믿도록 교육받아왔다.[2] 이런 고난이 **왜** 하나님의 뜻인가에 대해서는 전통적으로 제시되어온 다음과 같은 여러 가지 답변들이 있다. (1) 그런 고난은 자기나 또는 부모들의 죄에 대한 하나님의 형벌이다. (2) 고난은 당사자들의 믿음과 성품을 훈련하기 위한 것이다. (3) 장애를 가지고 있는 당사자나 또는 이들 가족들의 인격을 성장시키기 위한 기회이다. (4) 장애인을 통해서 하나님의 권능이 증거되는 기회로 삼을 수 있다. (5) 고난은 구속적 특성을 가지고 있으며, 마지막으로 (6) 하나님의 신비로운 임재 앞에서 왜 고난이 하나님의 뜻인지를 인간이 온전히 이해하기란 거의 불가능하다.

1) 죄에 대한 하나님의 징계

고난에 대한 첫 번째 합리적 설명은, 지체장애인을 하나님의 저주를 받은 자로 이해하는 것이다. 사실 음주운전이나 마약사용으로 자기 몸과 마음을 황폐하게 만드는 경우에서 볼 수 있는 것처럼, 지체장애를 초래하는 많은 죄악들이 우리 주변에 실제로 존재한다. 때로는 장애의 원인을 그들의 죄에 대한 하나님의 형벌로 돌릴 수 있다. 그러나 죄라고는 전혀 생각조차 할 수도 없을 것 같은 어린아이나 유아들이 가진 장애의 경우에는, 하나님께서 그들이 저질렀을 성 싶은 죄를 벌하시는 증거로 받아들이기가 쉽지가 않다. 덕의 경우를 생각해 보자.

덕의 부모들은 참으로 사랑스럽고 성공적인 부부였다. 그들 부부는 오랫동안 아이를 기다려왔다가 드디어 덕이 태어났다. 그러나 덕은 처음부터 복합 장애를 가지고 있었다. 덕은 청각장애에다 실명상태였고 튜브를 통해서 영양을 공급받아야 했으며 근육도 잘 움직이지 못했다. 그렇게 힘든 시간을 보내다가 덕은 결국 다섯 번째 생일이 되기 전에 사망하고 말았다. 도대체 하나님은 어떤 분이시기에 덕처럼 순진무구한 아이들이 이렇게 심한 고난을 겪도록 내버려두신단 말인가? 그가 도대체 무슨 죄를 범했기에 이토록 가혹한 벌을 받아야 하는가?

성 어거스틴으로 하여금 원죄라는 개념을 발전시키도록 자극한 것도 바로 이런 질문이었다. 어거스틴은 한편으로는 모든 악은 죄의 결과이며 그에 대한 처벌이라고 믿었지만, 이러한 믿음으로도 무죄한 어린아이들이 당해야만 하는 고난의 문제는 다 이해할 수 없었다. 아무튼 오늘날까지 여전히 지배적으로 받아들여지는 어거스틴의 설명에 따르면, 이 땅의 악은 모두 아담의 죄에 대한 형벌이라는 것이다. 이 견해에 따르면 원죄는 아담의 타락 아래 있는 모든 인류의 죄인 셈이다. 이것이 바로 어거스틴이 어린아이들의 고난을 하나님의 사랑과 조화시킬 수 있었던 유일한 해결책이었다.

하지만 원죄에 대한 어거스틴의 교리에는 아담의 원죄를 근거로 어린아이들에게까지 벌을 내릴 수 있어 보이는 하나님과 긍휼이 풍성하신 하나님을 서로 조화시키지 못한다는 한계가 있다. 왜 다른 아이들은 놔두고 하필이면 앞에서 언급했던 덕이 아담의 원죄에 대한 징벌의 대상으로 선택되어야 하는가? 만일에 우리가 하나님은 순진무구한 어린아이들을 결코 벌하시지 않을 것이라고 믿는다면, 그 원죄에 대한 처벌을 위해서 그 아이 대신에 다른 성인들을 택하여 그들에게 지체장애라는 벌을 내리는 것이라고 믿을 수 있을까? 또 8살 됐거나 15살 된 청소년들의 경우는 어떤가? 그것도 아니라면 하나님께서 원죄에 대한 징벌로서 지체장애의 고난이 생기도록 하는 것이라고 믿기에 가장 적합한 나이는 도대체 몇 살일까?

고난을 원죄에 대한 처벌로 보는 입장에 대한 한 가지 변형된 답변은, 지체장애를 그들의 부모나 조상들의 죄에 대한 형벌로 이해하는 것이다. 신명기 5:9-10은 이러한 입장을 지지하기 위하여 종종 인용되곤 한다. "너는 우상에게 절하지 말며 그것들을 섬기지 말라 나 여호와 너의 하나님은 질투하는 하나님인즉 나를 미워하는 자의 죄를 갚되 아비로부터 아들에게로 삼, 사대까지 이르게 하거니와 나를 사랑하고 내 계명을 지키는 자에게는 천 대까지 은혜를 베푸느니라"

최근의 한 모임에서 어떤 여성 목회자는 심각한 청각장애를 가진 것으로 진단을 받은 자기 십대 딸에 대하여 이런 이야기를 들려주었다. 어느 날 기독교인이라고 자신을 소개하는 한 여자가 찾아와서 말하기를 당신 딸이 청각장애인이 된 것은 여자임에도 불구하고 목사안수를 받음으로서 하나님의 계명에 불순종했기 때문이라고 비판했다. 이 여자가 생각하기에 그 여성 목회자의 딸의 장애는 그 엄마가 하나님을 향한 헌신과 순종의 증거로서 전임 목회자로 안수 받기로 잘못 결정했기 때문에 결국 하나님에게서 벌을 받고 있는 셈이다. 즉 여자가 목회자로 안수를 받는 것은 분명히 죄악이고, 그래서 비록 이 죄에 대한 하나님의 벌이 여성 목회자 당사자에게 주어지지 않고 간접적으로 그 딸의 장애를 통해서 주어지고 있어서, 그런 죄악에 대해서는 하나님으로 그러한 형벌을 받는 것도 당연하다는 것이다.

고난을 죄에 대한 처벌로 보는 또 다른 입장은 영아들이 유전상의 질병으로 고통을 받는 경우에도 적용된다. 치명적인 알코올 중독이나 후천성면역결핍증, 그리고 미숙아 출산의 경우는 종종 그 부모들의 잘못 때문에 일어난다. 그래서 대부분의 사람들은 부모의 잘못 때문에 그들의 자녀들이 평생 고통 속에서 지내야만 하는 것을 보면서 그 부모들을 비난한다. 그러나 그렇게 부모를 비난하면서도 막상 그 부모들의 실수나 범죄로 그 자녀들이 대신 형벌을 받아야 한다는 것도 좀처럼 납득하기 어렵다.

그래서 종종 지체장애는 죄에 대한 하나님의 형벌 때문이라고 생각하는 사람일지라도, 이러한 설명이 앞에서 언급했던 덕의 경우나 또는 사랑의 하나님에 대하여 우리가 믿고 있는 것과 서로 잘 조화되지 않는다는 사실을 잘 알고 있다. 더구나 장애를 가지고 있는 아이들의 상황을 살펴보면, 하나님께서 죄에 대한 형벌을 목적으로 어떤 사람에게 그러한 장애가 생기도록 한다는 것을 믿기란 더욱 어려워진다. 그렇지만 사람들, 특히 장애를 가지고 있는 경우는 "왜 하필이면 나입니까?"라는 질문에 대한 해답을 계속해서 찾고 있다.

2) 믿음의 연단

"왜 하필이면 나입니까?"라는 질문에 대한 또 다른 해답은, 장애 속에는 그 사람의 믿음을 연단하기 위한 하나님의 뜻이 들어 있다는 것이다. 덕의 경우에 사람들은 하나님께서 아마도 어린아이 자신의 믿음보다는 그의 부모들의 믿음을 연단하고 계실 것이라고 생각할 수 있다. 장애는 하나님께서 그 자녀들의 믿음을 연단하기 위하여 허락하시는 것으로서 이 시련을 "이기고" 나면 그 사람의 믿음은 더욱 강해지고 신실해질 것이라는 이야기를 우리는 들어왔다. 그러면 그것은 도대체 어떤 종류의 시험인가? 그리고 우리는 그 시련을 극복할 수 있는지 없는지를 도대체 어떻게 알 수 있는가? 전통적으로는 시험을 통과한다는 것은 그 질병이 드디어 "치유되었다"는 것을 의미한다. 그러나 만일에 장애가 지금 여전히 진행 중이라면 그것은 그 사람의 믿음이 아직은 충분하게 자라지 않았다는 뜻인가?

하나님께서 그의 자녀들의 믿음을 훈련하기 위해서 장애를 허락하신다는 믿음은, 질병이 온전히 치유될 것을 믿는 데 있어서 참으로 중요하다. 장애를 가지고 있는 사람의 믿음이 충분하다면 그 사람의 질병은 원래는 "치료가 된다"라는 의미인, 온전히 "치유가 된다"는 이야기이다. 그래서 질병이라는 것은 근본적으로는 믿음이 부족한 결과이고, 만일에 그 사람이 회개를 하던지 아니면 "더 뜨겁거나" "더 깊은" 믿음에 도달하면 그는 그 질병으로부터 고침을 받을 수도 있을 것이라고 본다. 이렇게 볼 때 지체장애는 마음의 문을 활짝 열고 자아를 온전히 하나님께 위탁하기를 거부하거나 강퍅함의 결과로 간주된다. 만일 장애가 일시적이지 않고 영구적이거나 만성적인 질병일 경우에 그 사람은 여전히 회개를 하지 않았다거나 아니면 불완전하거나 약한 믿음을 가지고 있기 때문으로 이해된다.

물론 이 입장은 최신의 의학을 통해서 또는 그러한 의학적 한계에도 불구하고 어떤 사람에게 "기적적인" 치료가 일어날 수 있다는 가능성 자체를 부인하지는 않는다. 이 세상에는 의학적으로나 또 다른 어떤 이론으로도 온전히 설명할 수 없는 기적적인 사건들이 수없이 많다. 우리의 몸과 마음, 그리고 영혼은 참으로 복잡하고 총체적으로 서로 긴밀하게 연결되어 있어서 서로 영향을 주고받는다. 그러나 지체장애에 대한 이러한 설명의 문제점은 다리가 절단된 장애인의 경우처럼 그 사람의 믿음의 분량이나 정도에 상관없이 현실적으로는 결코 "치유될" 수 없는 장애를 가진 사람들이 많다는 것이다. 또한 신실하고 믿음이 훌륭함에도 불구하고 많은 고통을 감당해야만 하는 사람들도 많은 반면에, 썩 믿음이 좋아 보이지 않지만 건강하게 살아가는 사람들도 참 많이 있다. 그래서 하나님께서 신자의 믿음을 연단하기 위해서 장애를 허락하시는 것으로 믿는 것은 여러 가지 문제점을 초래한다.

3) 성품을 계발할 수 있는 절호의 기회

장애의 문제를 하나님과의 관계 속에서 이해하려는 또 다른 설명에 따르면, 지체장애는 고난을 극복하는 과정에서 인격과 성품이 계발되는 좋은 기회를 제공한다는 것이다. 지체장애를 경험할 때 우리는 그것을 극복하려는 도전의식을 갖게 되고, 그 과정 속에서 여러 가지 교훈들을 배운다. 장애인을 "저주받은 자"라기보다는 "축복 받은 자"로 인정하게끔 하는 그들의 불굴의 인내와 용기 그리고 내면의 강인함이야말로 우리가 장애인들로부터 마땅히 배워야 할 교훈들이다. 물론 하나님께서는 각 개인에게 구체적으로 어떤 교훈을 가르치시려고 하는지 정확히 알 수 없다. 어떤 장애인은 평생에 걸쳐서 회복을 위해서 몸부림치기도 한다. 그렇다고 해서 이러한 장애인들이 아직도 무언가를 더 많이 배워야하기 때문에 그렇게 고생한다는 뜻은 아니다. 인격이 자라가는 것은 직접적으로는 장애 **때문일 수도 있고**, 또 그러한 장애의 문제가 **있음에도 불구하고** 이를 극복하고 성숙한 인격을 발전시킬 수도 있다. 그러나 한두 가지의 교훈을 배우도록 하기 위하여 하나님께서 의도적으로 그러한 지체장애를 **허락하신다**는 믿음은, 또 다른 문제를 야기시킨다. 뇌에 장애를 가지고 태어난 아이로부터나 치매 때문에 노후의 인생이 망가진 어떤 노인의 경우에, 하나님께서 그들에게 어떤 교훈을 가르칠 목적으로 그런 고난을 허락하시는 것이라고 믿는 것은 매우 어려운 일이다. 구체적으로 어떤 교훈을 배워야 하는지 불확실함에도 불구하고 인생 속에서 경험해야만 하는 아픔과 고난이 정말로 의미 있고 가치 있는 것이라고 확신하기란 쉬운 일이 아니다.

혹은 장애인들의 고통을 장애인 자신들이 무언가를 스스로 배워가는 계기로 간주하기보다는, 그 장애인 주변의 의사나 심리학자, 교육가, 혹은 그를 돌보는 사람들이 장애인들로부터 무언가를 배우게 됨으로써 결국 그 장애인이 사회에 공헌하는 것이 더 중요하다고 주장할 수도 있다. 물론 하나님께서는 다른 **주변 사람들**이 지체장애인으로부터 어떤 교훈을 배우도록 하기 위해서 그들에게 장애를 허락하실 수도 있다. 지체장애인들에 대한 여러 가지 조사와 연구를 통해서 의학이 계속 발전되고, 그렇게 축적된 의학지식이 미래에 온전한 치료를 가능하도록 하는 토대가 된다. 심리학자들이나 심리치료사들은 자신이 관여하고 있는 분야에 대하여 더 많은 것들을 배우기 위하여 정신질환을 가지고 있는 사람들을 대상으로 많은 것들을 조사해보기도 한다. 또 청각장애가 있는 학생이 자기 반에 들어왔을 때, 교사는 인내를 가지고 시각적 수단을 통해서 학습활동을 진행시킴으로서 교육자로서 여러 가지를 습득할 수도 있다. 그러나 여기에서 제기되는 문제는 우리의 인격적 성장을 목적으로 우리 주변 사람들의 고난이 동원되어야만 하는 것이 과연 정당한가 하는 점이다. 하나님께서는 그저 우리로 하여금 어떤 교훈을 배울 수 있도록 하기 위해서 한 사람을 장애인이 되게 하는 분이라면 과연 우리는 그런 존재를 하나님으로 믿을 수 있을까?

오늘날의 일부 "뉴에이지 운동"도 지체장애인의 사명은 배움직한 교훈을 전하는 것이라는 이러한 입장을 지지한다. 하지만 이들 견해의 차이점은, 우리 각자가 깨달아야 할 특정한 교훈을 하나님께서 직접 결정하는 대신에 당사자가 직접 특별한 교훈을 배우기 위하여 자기 스스로 (또는 하나님과의 협의를 거쳐) 장애인으로 태어나기로 결정한다는 점이다. 이러한 견해는 업

보나 환생을 믿는 동양의 종교와도 흡사하다. 하지만 만일 우리가 자신의 영적 성장에 필요한 어떤 교훈을 직접 터득할 목적으로 각자의 삶을 **선택한 것**이라면, 장애를 가지고 태어난 사람은 자신의 처지를 그렇게 한탄할 이유나 권리도 없는 셈이다. 비록 그들이 지금 그러한 결정을 의식하고 있던 그렇지 않던, 그들은 자신들의 장애를 출생 전에 미리 결정했기 때문이다.

이러한 결정을 하나님께서 하셨든지 아니면 동양종교에서 주장하는 것처럼 출생 전에 각 개인의 영혼이 스스로 결정했든지 아니면 이 둘의 상호 작용 속에서 이뤄진 일이든지에 관계없이, 결국 공통된 결론은 장애인에게는 당사자의 인격적이고 영적인 성장을 위해서 마땅히 배워야할 교훈이 있는데 그러한 교훈을 배우는 데 있어서 가장 주된 방식이거나 혹은 유일한 방식이 바로 그들이 현재 갖고 있는 지체장애라는 것이다. 물론 다른 평범한 사람들과 마찬가지로 지체장애인 역시 삶의 다양한 경험들을 통해서 여러 가지 다양한 것들을 배우는 것은 사실이다. 어떤 사람은 지체장애가 원인이 되어서 많은 것들을 배우기도 하고, 때로는 지체장애와 전혀 관련이 없이 여러 교훈들을 배우기도 한다. 그러나 분명한 것은 지체장애가 없기 때문에 그만큼 어떤 교훈을 빨리 배우지 못한다는 논리에 근거하여, 하나님께서는 어떤 교훈을 배우도록 하기 위해서 지체장애를 의도적으로 허락하시는 것이라고 결코 단정 지을 수 없다는 점이다. 어떤 교훈을 배워야 한다는 명분으로 장애인들이 겪는 여러 가지의 좌절과 고립, 그리고 많은 경우에는 분노와 고난이 과연 그렇게 가치 있는 것이라고 과연 누가 장담할 수 있는가?

4) 하나님의 권능을 증거함

어떤 교훈을 배우거나 또는 가르치려는 목적으로 지체장애가 주어졌다는 견해보다는, 장애를 통해서 하나님의 권능이 온 세상에 증거되도록 하기 위해서 지체장애가 주어졌다고 믿는 사람들도 있다. 그리스도의 능력이 자기

안에 머물도록 하기 위해서 바울은 오히려 자기의 약함을 자랑한다고 하는 경우(고후 12:9)나, 소경으로 태어난 사람은 그 자신의 죄 때문도 아니고 그 부모의 죄 때문도 아니라 다만 그를 통해서 하나님의 하시는 일을 나타내고자 그가 소경으로 태어난 것이라고 말씀하신 예수님의 가르침(요 9:3)이 이러한 실명을 지지하는 성경적 근거로 동원된다. 이 입장이 암시하는 것은 우리가 이 지상에 존재하는 목적은 인간으로서의 우리 자신의 가치나 또는 각자의 인격적 성장을 위함도 아니며, 다른 사람에게나 전체적으로는 자신이 속한 사회에 어떤 공헌을 하기 위함이 아니고, 우리를 통해서 오직 하나님의 영광이 증거되도록 하기 위해서 우리가 지음 받았다는 것이다. 그러나 이러한 입장에서 제기될 수 있는 문제점은, 하나님의 영광은 지체장애를 가지고 있는 사람들을 통해서만이 아니라 이 지상의 모든 피조물들을 통해서도 증거된다는 점이다. 왜 하필이면 오직 지체장애인들만이 하나님의 권능을 드러내야만 하는가?

"하나님의 권능"이나 "하나님의 강력한 역사하심"은 주로 믿음을 통한 치유의 기적을 통해서 나타나는 것으로 여겨진다. 예수님의 시대뿐만이 아니라 오늘날에도 치유의 기적을 통해서 하나님의 강력한 권능이 선포되고 증거된다. 그래서 지체장애인은 그러한 믿음의 치유와 기적이 계속해서 일어나도록 하는 기회를 제공한다는 것이다. 다시 말해서 기적이 일어나기 위해서는 무언가 치유를 "필요로 하는 상태"가 먼저 있어야만 한다는 것이다. 그래서 지체장애인은 "악"이나 무언가 치유(혹은 치료)를 "필요로 하는 것"에 대한 적절한 실례를 제공하며, 이들의 장애가 치유됨으로써 이 땅에서 그러한 악을 정복하시는 하나님의 권능도 증거된다는 것이다. 이렇게 사람들이 하나님의 권능을 드러냄에 있어서 "치유"가 가장 중요한 방식으로 받아들여질 때에는 지체장애를 가진 사람들이 여기에 가장 잘 어울리는 사람들로 여겨진다.

하지만 이러한 설명의 문제점은, 지체장애인의 고통과 그들의 불굴의 믿음이 하나님의 권능을 선포하는 예비 단계로 찬사를 받기보다는, 이들 장애인들을 "치유"시키는 데에 관여했던 소위 "치유자"라고 불리는 사람들의 은사와 그들의 믿음이 결국 하나님의 권능을 전달한 중개인으로 부각된다는 점이다. 장애에 대한 이러한 설명에 내포된 또 다른 문제점은, 오늘날 우리 주변에는 기적을 경험해보지도 못하고 지체장애를 온전히 고치지 못한 사람들이 수두룩하다는 것이다. 어떤 장애인들은 전혀 치유되지 않은 상태에서 때로는 가족들이나 교회로부터 도외시된 채로 그냥 요양소에서 죽어가기도 한다. 케더린이라는 아이가 복합적인 지체장애를 가진 상태로 태어났다. 케더린은 이 아이 때문에 자신들의 결혼생활을 지속하는 것이 힘들다고 생각한 부모들로부터도 버림받았다. 불행 중 다행히 케더린은 자신에게 필요한 관심과 사랑을 잘 베풀어줄 수 있는 가정에 다시 입양되었다. 하지만 이 아이는 7살이 되기 전에 죽고 말았다. 이 아이의 경우에는 믿음에 의한 치유의 기적이 전혀 일어나지 않았는데, 이럴 때 우리는 뭐라고 대답할 수 있을까? 이렇게 허망하게 죽음으로 끝나버린 경우에는 과연 어떻게 하나님의 권능이 증거된단 말인가?

5) 구속적 고난

구속적 고난이라는 개념은 인간의 고난을 예수님의 고난의 연장선상에서 이해하려는 시도이다. 우리가 계속 믿어온 교리에 따르면, 우리는 그리스도의 대속적 고난으로 말미암아 구원을 받았다. 예수 그리스도께서 우리를 위하여 우리 대신에 십자가에서 고난을 당하심으로 우리를 우리의 죄로부터 구원해주셨기 때문에, 이제 오늘날 이 세상에서 고난을 당하는 그리스도인들은 자신의 고난 속에서 예수 그리스도의 고난에 동참한다는 것이다. 이렇게 고난을 당하는 성도는 "예수님처럼" 고난을 당하는 것이기 때문에 그들의 고난은 구속적인 성격을 갖는다고 볼 수 있다. 그래서 이 땅에서 고난을 많이 겪으면 겪을수록 그 사람은 그리스도를 더욱 닮아간다고 생각된다. 육체적으로나 감정적으로, 또는 정신적인 고통을 겪는 지체장애인은 자신들의 고난 때문에 영적으로는 더더욱 하나님의 뜻에 가깝게 다가갈 수 있고, 결국 이들은 자신들의 고난을 통해서 구원을 이뤄가는 셈이다.

장애에 대한 이러한 설명은 장애인이 특별히 하나님에 의하여 선택되고 축복을 받았다고 하는 믿음에 근거하고 있으며, 이 입장을 지지하는 데 산상수훈이 종종 인용된다.

> 가난한 자는 복이 있나니 하나님의 나라가 너희 것임이요.
> 이제 주린 자는 복이 있나니 너희가 배부름을 얻을 것임이요
> 이제 우는 자는 복이 있나니 너희가 웃을 것임이요
> 인자를 인하여 사람들이 너희를 미워하며 멀리하고 욕하고 너희 이름을 악하다 하여 버릴 때에는 너희에게 복이 있도다 그날에 기뻐하고 뛰놀라 하늘에서 너희 상이 큼이라 저희 조상들이 선지자들에게 이와 같이 하였느니라
> 그러나 화 있을진저 너희 부요한 자여 너희는 너희의 위로를 이미 받았도다
> 화 있을진저 너희 이제 배부른 자여 너희는 주리리로다
> 화 있을 진저 너희 이제 웃는 자여 너희가 애통하며 울리로다 (눅 6:20-25)

이 땅에서 고난을 많이 당하면 당할수록 그 사람은 천국에서 더 많이 축복을 받을 것이고 그 보상은 더욱 클 것이다. 그런데 오늘날 설교자들이 "복이 있나니"의 구절은 자주 설교하지만 24절과 25절의 "화 있을진저"라는 구절에 대해서는 복에 관한 구절만큼이나 그렇게 자주 설교하지 않는다. 천국의 축복만큼이나 파격적인 정 반대의 심판을 오늘날 고통 중에 있는 자들과 정반대의 우월한 입장에 있는 권세자들을 대상으로 선포해야 한다는 부담감이 크기 때문이다. 이렇게 "화 있을진저"라는 구절은 무시하면서 "복이 있나니"라는 구절만을 일방적으로 강조하기 때문에, 결국 지체장애나 고난의 문제를 구속적인 관점에서 설명해보려는 시도는 힘없는 자들을 위한 일시적 눈가림이나 사회적 부조리에 대한 그럴싸한 미봉책처럼 들리기도 한다.

고난에 대한 이러한 설명은 지체장애인들을 위해서뿐만이 아니라 배고프고 집이 없는 가난한 사람들을 그 대상으로 주어지는 설명인데, 이들에 대해서는 다만 나중에 얻어질 천국에서의 보상만 약속하는 까닭에 지금 이 땅에서 계속되고 있는 억압과 부조리에 대해서는 사실 아무런 실질적인 해답을 주지 못한다.

오늘날 우리 주위에서 쉽게 만나는 심각한 가난의 문제와 살 집이 없이 방황하는 많은 사람들을 생각해 볼 때, 하나님께서 나중에 천국에서 주어질 풍성한 보상에 대한 대가로서 지금 그렇게 많은 고난을 허락하시는 것이라고 믿는 것은 참으로 어려운 일이다. 게다가 전통적인 기독교 신학의 입장에서 볼 때, 천국은 모두가 하나님과 하나로 연합되는 곳이지, 이 땅의 우열 개념의 연장선상에서 어떤 사람이 다른 사람들보다 "더 많은 축복"을 누리는 장소라고 볼 수 없다.

물론 고난이 어떤 사람의 인생에 축복과 변화를 가져올 수 있다는 점은 분명한 사실이다. 하지만 그것은 어디까지나 하나님의 은혜로 말미암은 것이다. 무조건 나중에 더 나은 보상과 구원을 받을 목적으로 지금 이 땅에서 고난을 당해야 한다는 것은 억지논리이다. 속죄에 대한 전통적인 교리가 가르치는 바에 의하면, 예수 그리스도는 우리를 위하여 단번에 모든 것을 다 지불하셨다. 그렇기 때문에 고난은 그 자체로 목적이 될 수 없다. 하나님의 사랑은 십자가의 고난을 부활의 경험으로 뒤바꿀 수 있지만, 그렇다고 해서 부활의 영광을 **위해서** 하나님께서 의도적으로 십자가의 고난을 미리 **준비해 놓으셨다**는 논리를 고난당하는 자들에게 강요할 수는 없다.

같은 관점이 오늘날 고난을 겪는 사람들에게도 적용될 수 있다. 고난과 절망 속에서도 하나님의 돌보시는 사랑이 함께 있으며, 하나님께서는 그러한 고난의 시간으로부터 우리를 건져주실 수 있지만, 그러나 고난당하신 그리스도를 닮도록 하려고 하나님이 우리에게 그 고난을 의도적으로 허락하시는 것이라고 단정지을 수는 없다. 다시 말해서 고난이 그 자체로 반드시 구속적 기능을 감당해야 할 필요는 없다는 말이다.

6) 하나님의 신비로운 전능하심

고난의 이유와 목적을 잘 설명할 수 없을 때, 등장하는 해답이 바로 하나님의 신비로운 전능하심이다. 우리 인간은 하나님이 왜 그렇게 행하시고 또 지금 무슨 일을 행하고 계시는지를 온전히 다 이해할 수 없다. 그러나 온전히 이해할 수는 없지만, 하나님께서 그것을 뜻하셨기 때문에 지금 이러한 일이 일어나는 것이라고 여전히 굳게 믿을 수는 있다. 하나님의 길은 우리 길과 다르지만 지체장애의 문제에는 분명히 하나님께서 의도하고 계시는 선한 계획이 숨어 있을 것이라고 본다. 하나님은 전능하시지만 그분은 또한 신비로운 분이다. 그래서 우리는 "왜 나에게?"라는 질문에 대한 속 시원한 해답을 얻을 수는 없다. 사실 하나님께서 이 땅에서 일어나는 모든 사건들에 관여하며 그 일들을 선한 목적으로 이끌어가고 계시다는 믿음을 포기할 수는 없다. 때로는 삶이 혼동으로 가득 차 있는 것처럼 보이기도 하지만, 사람들은 자기의 삶을 주관하시는 위대한 분이나 또는 최소한 멀지 않은 미래에 결국 모두가 밝히 이해할 수 있는 어떤 거룩한 계획에 대하여 나름대로 확신을 갖고 싶어 한다. 그러한 하나님의 계획을 지금 온전히 이해할 수는 없는데, 문제는 이렇게 이해되지 않으면서도 나름대로 그러한 하나님의 신비로운 능력을 확신할 때, 우리가 지금 여기에서 감당해야 할 책임이 다소 희석될 수 있다는 점이다. 만일에 하나님의 신비로운 뜻이 있다면 우리는 그저 일이 그렇게 진행되도록 내버려두면 된다는 식의 수동적인 입장을 취하기 쉽기 때문이다.

지체장애의 문제를 어떤 합리적인 방식으로 설명하든지에 관계없이, 일단 이 장애를 하나님의 의도적인 뜻으로만 이해하는 것은 신학적으로도 잘 조화되지 않을뿐더러, 청중에게 그리고 구체적으로는 지체장애인과 그들의 가족들에게 혼란스러운 메시지만을 안겨줄 뿐이라는 것이 분명하다. 후천성면역결핍증을 앓고 있는 사람에게는 그러한 고난의 원인을 죄에 대한 처벌로 설명할 수 있겠지만, 기형성 증후군을 가지고 태어난 아기를 그런 입장으로 이해할 수는 없다. 어떤 사람이 높은 곳에서 떨어져서 무릎이 부서지게 되고 결국 몇 개월간 휠체어를 사용해야만 할 때, 우리는 이러한 기회를 통해서 인내뿐만이 아니라 오랜 기간 동안 휠체어를 사용해야만 하는 다른 사람들에 대한 동정심을 배울 수 있는 좋은 기회가 될 수 있다고 속으로 믿을 수는 있겠지만, 고난에 대한 이러한 설명이 노년에 치매에 걸려서 고생하는 사람에게도 동일하게 적용될 수는 없다. 믿음에 의한 치유는 치유 자체가 가능한 사람들에게 적용될 수 있지만, 팔 자체가 없는 상태로 태어난 아기에게도 동일하게 적용될 수는 없다. 그래서 우리는 성년환자와 어린이 환자를 구분해서 생각해야 할 뿐만 아니라, 일시적으로 지체장애를 겪는 사람과 영구적으로 고생하게 되는 사람들, 그리고 현대의 의술로 치료와 회복이 가능한 지체장애인과 평생 매일의 삶 속에서 계속 고난과 투쟁해야 할 사람들을 서로 구분해야 한다.

지금까지 살펴본 고난에 대한 여러 가지 설명은 하나님에 대한 믿음을 유지하면서 참으로 용납하기 어려운 상황들에 대하여 나름대로 이해해보려는 시도였다. 그러나 이러한 교리적 설명들이 과연 우리를 사랑하시고 모든 피조물의 행복을 원하시는 하나님에 대한 믿음을 더욱 강화시켜주는가, 그렇지 않으면 반대로 인간의 고난에 대하여 냉담하거나, 혹은 괴팍스러운 하나님의 이미지만을 부각시키는가?

지체장애가 하나님의 의도적인 뜻일 것이라는 설명은 지체장애를 가지고 있는 당사자나 그 부모와 가족들에게, 그의 백성을 사랑하시는 하나님께서 어떻게 이런 비극이 일어나도록 허락하시는지에 대한 심각한 고민과 하나님에 대한 회의감을 초래할 수 있다. 믿음과 희망을 간절히 필요로 하는 고난의 시간에, 고난에 대한 이러한 설명은 오히려 당사자들에게 크나큰 부담과 짐이 될 수도 있다. 만일에 같은 사건이 영화에서 다뤄진다면, 어떤 사람의 인생을 그렇게 크나큰 혼동 속으로 이끌거나 그렇게 크나큰 고통과 고난을 가져다주는 존재가 있다면 그것은 하나님이라기보다는 아마도 어떤 흉칙한 괴물일 것이다. 그러면 지체장애를 겪고 있는 사람들을 위한 복된 소식은 과연 어디에서 찾을 수 있는가? 자기 백성을 사랑하시고 위로하시는 하나님과, 또 누구에게는 고통과 고난을 가져다주시는 하나님을 어떻게 서로 조화시킬 수 있을까?

3. 상호의존의 신학

성경과 지성을 활용하여 교회에서 믿고 있는 신앙뿐만이 아니라 우리의 실제 경험들을 살펴볼 때, 고난의 문제를 가장 적절하게 설명할 수 있는 신학은 무엇일까? 만일 장애의 문제가 하나님께서 의도적으로 일어나게 하신 것이 아니라면, 믿음의 공동체의 한 일원으로서 우리는 지체장애의 실상과 우리가 믿는 은혜와 사랑이 풍성하신 하나님을 어떻게 서로 조화시킬 수 있는가?

신앙 안에서 고난을 이해하려고 할 때 먼저 선행되어야 할 것은 하나님의 전능하심에 대한 올바른 개념 정립이다. 어떤 사람들에게 있어서 "전능"이라는 것은 이 땅에서 일어나는 모든 일이 하나님의 통제권 안에 있음을 의미하기도 한다. 이러한 경우에 하나님은 그야말로 위대한 우주의 흥행사이시다. 개인적인 고난뿐만이 아니라 자연재해 역시 하나님에 의하여 결정되기도 하고, 때로는 하나님께서 그러한 일이 일어나지 않도록 계획하시기도 하는 분이기 때문이다. 이 입장은 하나님께서 지체장애의 문제뿐만이 아니라 원자력 발전소의 사고나 전쟁, 강간, 오존층에 뚫린 구멍, 무주택자들의 문제, 기근, 독성 폐기물, 그리고 지진에 대하여 모두 책임을 질 것을 주장한다. 그래서 이런 입장을 지지하는 사람들은 이 땅에서 일어나는 모든 일을 어떤 초월적 존재가 통제하고 있다고 믿고 싶어한다.

하지만 하나님은 이 땅의 모든 일을 혼자서 주관하고 책임을 지는 우주의 흥행사로서 고난을 초래하기보다는, 사람들이 이 땅에서 선택한 결정들 때문에 그 파장으로 고난이 일어나는 경우도 많다. 우리는 이 땅에서 다른 사람들과 서로 밀접한 관련을 맺고 있고 상호 의존적이어서, 서로가 상대방의 삶과 더 넓게는 우리가 살고 있는 전체 지구에까지 서로 영향을 미친다. 어떤 사람의 유전자 구조는 그 사람의 부모나 그의 조상의 유전형질과 서로 관련되어 있고, 또 때로는 유전자의 상호조합이 결국 지체장애라고 불리는 비극적인 결과를 초래하기도 한다. 어떤 형질은 다른 형질의 영향을 받아서 나타나기도 하고 서로가 영향을 주고받는 가운데 형질변형이 나타나기도 한다. 암이나 후천성면역결핍증은 일종의 살아 있는 유기체로서 또 다른 유기체들과 어우러진 상황 속에서 서로 경쟁하는 조직체들이다. 다시 말해서 이 우주에 존재하는 모든 것들은 다른 것들과 서로 상호작용을 맺고 있으며 모든 생명체는 서로 상호의존적이라는 것이다. 이러한 현상은 우리가 살고 있는 이 지구촌에서 아주 분명하게 확인할 수 있다.

그러나 이러한 모든 사건들에도 불구하고 우리가 확신하는 것은, 하나님은 우리의 행복을 원하신다는 사실이다. 우리가 믿는 기독교는 부활의 종교이다. 그래서 고난과 심지어 죽음 속에서도 하나님은 변화를 가져오실 수 있다. 물론 행복에 대한 입장과 견해는 사람마다 서로 다르다. 어떤 사람이 참혹한 재앙이라고 생각하는 것이 다른 사람에게는 전혀 비극적이지 않을 수도 있다. 우리는 종종 자신이 갖고 있는 행복에 대한 기준을 다른 사람에게 그대로 강요하려는 경향이 있다. 그러나 지체장애인의 경우에도 각자의 구체적인 형편과 사정은 너무 다양하기 때문에 각자의 상황만을 기준삼아서 개선을 기대하는 것은 적절치 않다. 이렇게 지체장애를 가진 많은 사람들이 자신의 실존적인 형편을 그대로 고난과 동일시하지 않기 때문에, 본인은 이 책에서 죽음과 부활의 이미지를 조심스럽게 사용하고 싶다. 어떤 사람에게 참으로 비참한 것처럼 보이는 일이 그것을 잘 극복해가는 법을 터득한 또 다른 사람에게는 그것을 비참하게 여기는 사람과 동일한 의미를 갖지 않는다.

이상한 이야기이지만 청각장애를 가진 부모들은 자기 자녀가 자신들과 똑같이 청각장애를 가진 채로 태어났을 때, 때로는 즐거워하기도 한다. 왜냐하면 부모와 자식 간에 언어와 의사소통이 그만큼 쉽게 진행될 수 있기 때문이다. 청각장애를 가진 아이는 기호 중심의 의사소통이 활발하게 진행되는 청각장애의 문화권 속에서 자라갈 것이다. 또 이러한 문화는 그 아이가 나중에 영어와 같은 다른 언어를 배울 때에도 일종의 든든한 기반을 제공해준다. 이런 경우에는 외부의 세계로부터의 격리의 문제를 제외하고는, 청각장애를 이유로 그에게 어떤 심각한 고난의 문제가 쉽게 야기되지는 않는다. 그러나 만일 청각장애를 가진 아이가 청각에 이상이 없는 일반적인 부모에게 태어난 경우, 부모의 언어가 아이에게로 쉽게 전달되지 않는 가운데 그들이 자라가야 하기 때문에, 자녀의 청각장애 문제는 자녀 당사자와 부모 모두에게 큰 부담으로 다가올 것이고, 이들의 의사소통은 참으로 힘든 과업이며 삶은 늘 긴장의 연속일 수밖에 없다. 다리가 기형인 상태로 태어난 어떤 아기에게는 주위를 돌아다니기 위해서 휠체어를 사용해야만 하는 것이 참으로 귀찮은 일이지만, 점차로 익숙해지는 가운데 나름대로 자신에게는 "일상"의 일로 습관이 되기도 한다. 그러나 달리기 선수가 자동차 사고를 당해서 목 아래 부분이 모두 불구가 되어버린 일이 생긴다면, 적어도 초기에는 이러한 지체장애의 문제는 당사자에게는 정말 죽음처럼 느껴질 것이다. 그러나 하나님은 이렇게 다양한 고난의 현장에서 그 분의 사랑의 힘으로 우리의 삶을 개선시키시려고 개입하고 계시기 때문에, 우리가 늘 붙잡을 수 있는 것도 희망과 은혜라는 단어이다. 하나님께서는 우리 각자에게 가능한 행복을 원하고 계시기 때문이다.

물론 가끔 기적이 일어날 때도 있지만, 우리가 기대하는 변화와 성숙이 꼭 기적으로 나타나야 할 필요는 없다. 변화의 가능성은 우리의 삶의 매 순간 순간에 존재한다. 사실 행복을 위한 변화는 우리가 종종 받아들이기 어려운 방식으로 다가올 때도 있다. 우리가 청각과 시각의 장애를 가진 사람을 생각하게 되면, 왠지 잘 모르지만 영원히 비참한 상태에서 홀로 고난을 당할 수밖에 없어 보이는 어떤 사람의 이미지를 떠올리곤 한다. 그들은 결코 하늘에 떠 있는 한 움큼의 구름 조각이나 태양 빛 아래에서 막 터질 듯한 장미

꽃봉오리의 아름다움을 볼 수도 없고, 시냇물이 졸졸 흘러가는 소리나 아이들의 재잘거리는 소리도 들을 수 없다. 그러나 모차르트의 교향곡이 연주되는 동안에 느낄 수 있는 음감의 미묘한 차이를 쉽게 알아채지 못한다는 이유로, 또 지금 내가 걸어갈 때 내 몸의 어느 쪽이 지금 햇볕 쪽으로 향해 있고 또 어느 쪽이 그림자의 차가운 쪽으로 향하고 있는지의 방향을 의식하지 못한다는 이유로, 청동으로 된 동상으로부터 받는 느낌에서 나오는 감정의 깊이나 마름질된 곡선, 그리고 동상의 얼굴을 만들어 내느라고 파들어 간 자국의 깊이를 알아채지 못한다는 이유로, 그만큼 우리는 많은 것을 잃어버리고 있다고 누가 감히 그렇게 단정 지을 수 있는가? 사실 사랑하는 사람이 함께 있음을 느낄 때 심장이 두근거리는 것은, 사랑하는 사람이 가까이 다가오는 발자국 소리가 들려서거나, 아니면 그의 얼굴이 창문 너머로 힐끗 스쳐지나가든지, 아니면 문이 닫히고 그 사람의 채취가 바람결에 밀려올 때에 관계없이 항상 동일하다. 마찬가지로 하나님은 우리가 우리의 행복을 위하여 최선을 다할 때 우리의 처한 형편에 상관없이 어떠한 상황에서든지 늘 우리에게 변화의 기회를 제공하시는 분이시다.

나는 로비라는 아이가 나에게 어떻게 롤러스케이트를 타는지를 가르쳐주고 나서 그렇게 즐거워했던 순간을 결코 잊지 못한다. 로비는 복합장애를 가지고 있었는데 비록 그의 눈과 귀가 손상을 받은 것은 아니지만 그의 뇌 신경은 그의 귀와 눈으로부터 전해오는 신호에 적절히 반응하지 못했다. 그래서 몇 주 지나지 않아서, 6살 때에 로비는 완전히 청각장애와 맹인이 되고 말았다. 그는 롤러스케이트를 굉장히 좋아했다. 그래서 나는 밖에 있는 공원으로 그를 데리고 나갔다. 공원에서 나는 가만히 서서 그가 자기 마음속으로 롤러스케이트를 타고 가는 장면들을 자세히 그려가는 것을 지켜보았다. 그의 상상 속에서 나도 역시 롤러스케이트를 타고 있지만 롤러스케이트를 타는 것에 관해서는 나는 그에 비하면 완전히 초보였다. "똑바로 가세요!⋯천천히 속도를 낮추고요⋯바닥을 조심하세요⋯여기⋯내 손을 잡으세요⋯아주 좋아요⋯등을 똑바로 펴세요⋯좋아요⋯이제 도세요⋯천천히⋯팔을 펴서 균형을 잡아요…좋아요. 잘 했어요. 멋지군요. 그러고 보니 나는 참 잘 가르치죠?" 그는 그 순간에 자신에 대해서 굉장히 자랑스러워했다. 그러나 주위 사람들은 "저런 참 안됐구나", "아이가 좀 이상하군요. 저렇게 내버려두면 안 될 것 같은데요"라는 말을 툭툭 던지면서 지나가곤 하였다. 만일 그 당시 로비가 어른이었다면 그 사람들은 로비가 공공장소로부터 멀찍한 곳에 격리되어 있기를 바랐을 사람들이었다. 그러나 누가 뭐래도 로비는 그 순간 참으로 즐거운 시간을 가졌었고, 나도 그와 함께 지냈던 수년 동안에도 "누가 불을 꺼버렸나요?"라고 우울한 질문을 던진 적은 다만 한 번뿐이었다. 그렇게 힘들게 질병과 투쟁하는 가운데에서 하나님은 그의 삶에 행복과 변화를 가져다주기 위해서 그 순간 함께 계셨고, 그로부터 2년 후에 로비가 죽었을 때 나는 그가 한 번 더 변화하였다고 믿고 있다.

이 세상에 파멸과 고난, 좌절과 지체장애의 문제는 늘 남아 있다. 하나님께서는 일부러 그러한 비극이 생기도록 하시는 것은 아니지만, 하나님은 그러한 고난 속에서 우리를 붙드시고 우리를 변화시키시려고 그 고난 속에서 함께 임재하고 계신다. 하나님께서 부활을 위한 **선결조건**으로 억지로 고난을 허락하시지는 않더라도, 우리의 삶 속에서 부활은 그 자체로 일어나는 것이다. 하나님의 은혜는 참으로 강력한 것이며 고통을 웃음으로 뒤바꿀 수 있는 분으로 우리 삶 속에 함께 하시기 때문이다.

그러나 만일에 하나님께서 모든 고난을 직접 일으키는 그러한 위대한 흥행사가 아니라면, 어떻게 이러한 고난과 회복이 일어날 수 있는가? 우리는 이에 대한 한 가지 해답을 이 우주가 서로 상호의존적이며 하나님은 이러한 상호의존적 관계의 한 부분에 해당한다는 관점으로부터 발견할 수 있다. 우리는 다른 지체의 위로가 담긴 접촉을 통해서, 서로에 대한 사랑스러운 용납과 포옹, 그리고 성도의 친밀한 교제를 통해서 하나님의 임재하심을 경험한다. 다른 사람과의 믿음의 친교를 통해서 우리는 하나님의 사랑스러운 임재하심을 경험한다. 우리는 다른 사람의 삶 속에 변화를 가져다주는 하나님의 심부름꾼이다. 그래서 우리는 우리 자신과 다른 지체의 행복을 성취하기 위하여 상호의존적으로 하나님과 함께 동역하는 것이다.

교회 안에서 우리는 "하나님의 가족"이나 "성도의 공동체" 또는 "그리스도의 몸"이라는 용어를 사용한다. 이러한 표현들은 우리가 주위의 다른 지체들과 하나님에게 서로 의존하는 존재임을 확증시켜주는 표현들이다. 주 안에서 한 가족이 된 우리는 서로가 서로를 돌본다. 이러한 상호의존은 고난의 순간뿐만이 아니라, 수술이 진행될 때에 함께 격려하는 손길들을 통해서 그리고 사랑하는 사람이 죽게 되었을 때에 여러 짐들을 서로 나누는 가운데, 그리고 운전할 수 없지만 그래도 예배에 참석하기를 원하는 사람들에게 교통편을 제공하는 가운데에서 나타난다. 그래서 하나님의 가족으로서의 교회는 그 교회 구성원들을 위해서뿐만이 아니라 세상을 위해서도 존재하는 것이다.

성경에서나 또는 우리의 실제의 경험을 살펴볼 때, 우리의 삶에는 아무런 문제나 위기나 가슴 아픈 순간들이 전혀 없을 것이라고 장담할 수 없다. 오히려 성경적 가르침이나 또는 지금까지 계속되어오는 역사 속에서의 선지자와 성도들의 가르침에 의하면, 이 땅에는 항상 고난이 존재한다는 사실이다. 예수님께서도 회당에서 처음으로 설교를 마치셨을 때, "그 회당에 있던 모든 사람들은 그 말씀을 듣고서 분이 가득하여 모두가 일어나서 예수님을 동네 밖으로 쫓아내고는 그 동네가 건설된 산의 낭떠러지로 끌고 가서는 그곳에서 밀어 떨어뜨리려고 하였다"(눅 4:28-29). 바울도 "세 번 태장으로 맞고 한 번 돌로 맞고 세 번 파산하는데 일주야를 깊음에서 지냈다"(고후 11:25)고 토로하고 있다. 우리가 주목할 것은 하나님께서는 그러한 비극이 일어나도록 의도적으로 조장하시지도 않고, 또 그러한 고난으로부터 그의 백성을 완전히 격리시키시지도 않지만, 하나님은 우리가 그러한 고난을 능히 이길 힘과 변화의 가능성을 제공하시면서, 우리와 함께 그 고난의 현장에 임재하고 계시다는 점이다. 믿음의 공동체와 하나님의 사랑이 이런 시련 속에서도 우리를 지탱해준다. 그래서 바울은 "만일 한 지체가 고통을 받으면 모든 지체도 함께 고통을 받고 한 지체가 영광을 얻으면 모든 지체도 함께 즐거워하나니"(고전 12:26)라고 말씀한다. 우리의 기독교적 믿음은 믿음의 지체들의 공동체에 근거하고 있으며 하나님과 다른 지체들에 대한 서로의 상호의존을 통해서 유지되는 것이다.

이런 믿음의 상호의존적 성격에도 불구하고, 오늘날의 교회는 대체적으로 상호의존성보다는 독립성을 더 높은 가치로 인정하는 미국적 문화권에 속해 있다. 그래서 오늘날의 교회는 부분적으로는 모든 것을 자기 혼자의 힘으로 해결하라는 문화적 메시지에 세뇌당하고 있다. 이러한 메시지와 문화는 우리가 계속해서 노력해야 할 어떤 것으로서 자율성과 독립을 강조하면서 대중적인 여론을 형성하고 있다. 그래서 의존성이라는 것은 거부해야 할 어떤 것으로 간주되고, 무언가 의존적이라는 것은 그만큼 허약한 것으로 받아들여진다. 물론 어린아이들이나 또는 노년에 있는 사람들이 약하고 그래서 남에게 의존할 수밖에 없다는 것은 용납할만하지만, 그러나 18세 이후 70세까지에 있는 사람은 누구나 의존적이라고 할 때에는 참으로 의심스러운 것이고, 결국 장애를 가지고 있는 많은 사람들 역시 이렇게 부정적인 범주에 해당된다.

사실 장애를 가지고 있는 대부분의 사람들은 일생에 여러 번 다른 사람에게 의존할 수밖에 없다. 청각장애를 가진 사람은 종종 수화 같은 신호에 의한 의사소통에 의존하거나 또는 구술 통역자에게 의존해야만 한다. 시각장애를 가진 사람들은 점자나 지팡이를 의존하기도 한다. 또 거동에 불편함을 갖고 있는 장애인들은 높은 건물에서는 엘리베이터나 계단 대신에 완만하게 경사진 층계뿐만이 아니라 다른 보행자나 목발, 또는 휠체어를 의존해야만 한다. 어떤 장애인은 약물치료에 의존하기도 하고 또 다른 장애인은 정골 요법이나 지압요법, 혹은 심리치료를 위한 전문의의 도움을 받기도 한다. 어떤 환자는 목욕이나 식사를 함에 있어서 다른 사람들의 도움을 받아야 하기도 하고 또는 근무지로 출근하기 위하여 교통수단과 관련해서 누군가의 도움을 받아야 하기도 한다. 때로는 공학이 발달함에 따라서 말을 하는 데 장애를 가진 사람들은 그들이 의사소통을 하는 데 컴퓨터의 도움을 받는 경우도 있다.

그러나 본인이 언급하고 싶은 또 다른 형태의 의존이 있다. 장애를 가지고 살아가는 많은 사람들에게는 누군가를 의지하고 또 어떤 도움을 받는 것이, 결국 자신의 삶과 행복을 결정하는 데 커다란 부분을 차지한다. 몸이나 마음을 종종 다른 어떤 것에 의존해야 한다는 것은 장애인 스스로도 일상적인 삶을 어렵게 만드는 요인이다. 육체적으로든 정신적으로든 몸과 마음이 온전하게 작용하리라는 일관성이 보장되지 않는다는 것은 그만큼 그의 삶이 불안정하다는 뜻이다. 장애인들의 몸과 마음이 예정된 계획대로 움직여줄 것인지에 대한 확신이 없이 무엇을 계획하기란 참으로 어려운 일이다. 이렇게 지체장애인의 의존성은, 그 장애인의 몸이 마음대로 움직여주지 않을 것이라는 몸과 마음의 이원론적 입장을 더욱 조장하는 경향이 있다. 물론 대부분의 사람들은 지극히 일상적인 활동을 위해서라도 자신의 몸이나 마음의 능력을 온전히 신뢰할 수 없다는 것은 전혀 걱정거리가 되지 못하지만 말이다.

또 이러한 의존성의 문제는 장애인과 함께 어떤 문제를 해결해야 하는 주위의 다른 사람들에게도 고민거리이다. 예를 들어서 장애를 가진 사람이 한 순간에는 적절하게 자기의 역할을 감당해 주었다고 하지만, 그 다음 순간에는 전혀 그렇지 못할 수도 있다. 일반적으로 사람들은 장애인과 관련된 특정 상황에서 어떤 행동이 적절한 것인지를 잘 알기 때문에 자신의 행동 패턴을 장애인에게 잘 맞추어줄 수 있다. 하지만 장애인의 희망 사항이 계속 바뀔 때에는 주위사람들에게는 그것이 부담으로 느껴질 때도 있다.

장애인의 의존성은 일시적일 때에는 별 문제가 없다. 어떤 사람이 담낭수술을 받았거나 폐렴에 걸리게 되었을 때, 주위 사람들은 기꺼이 음식이나 또는 교통편을 제공하려고 나서기도 한다. 이렇게 서로 도움이 필요할 때에 공동체가 나서주는 것이다. 그러나 좀 더 만성적으로 도움을 필요로 하게 되는 경우에는 문제가 커진다. 의존의 정도가 크면 클수록 공동체 안에서 그 환자의 존재는 더더욱 부담스러울 수밖에 없다.

사람들이 장애인에 대해서 부담을 갖는 것도 바로 이러한 심각한 형태의 의존 때문이다. 장애인들에게 필요한 교통편이나 수화 통역가, 엘리베이터, 그리고 정신건강센터 이 모든 것들을 위해서는 충분한 비용이 소요된다. 이 때 흔히 떠올리는 생각은, 장애인들은 이러한 엄청난 규모의 사회적 비용들이 효율적으로 사용되는 데 공헌하지 못한다는 것이다. 특히 자주적인 독립정신의 모토가 강하게 지배하는 미국사회에서는, 사람은 각자가 스스로를 돌봐야 하고 삶의 질을 위해서나 기본적인 삶을 영위하기 위해서, 사회나 국가에 의존해서는 안 된다는 생각이 지배적이다. 이러한 생각이 교회 안에도 그대로 스며들어서 장애인에 대한 배려가 그 장애인이 전체 사회에 기여함직한 피상적인 기여도의 관점에서 측정된다. 수화 통역가나 보청 장치, 장애인들을 위한 경사로나 엘리베이터 등등의 모든 시설을 위해서는 많은 비용이 필요하다.

그래서 지체장애인들을 위한 사역에 관하여 다른 사람들에게 이야기할 때에 그 저변에 깔린 선입관은 이들은 교회에 의존적이며 이들이 거꾸로 교회에 기여하는 것은 하나도 없다는 것이다. 어떤 교회에서는 지체장애인을 위한 사역과 관련된 용어를 "이들과 함께"라는 구호로 화려하게 표현하기도 한다. 하지만 여전히 그 저변에 깔린 전제는, 이들과 함께 동등한 위치에 서서 무언가를 협동하고 있다기보다는 완전히 일방적으로 도움만 베풀고 있다는 것이다. 다시 말해서 지체장애를 가진 사람은 다른 사람들의 도움만을 받아야 한다는 것이다. 그러나 삶을 서로 관계망의 관점에서 바라보게 될 때에 깨달을 수 있는 사실은, 이 세상에 결코 그 누구도 혼자서 완전히 자주적이고 독립적인 사람은 한 사람도 없다는 것이다. 우리 모두는 서로 상호 간에 관계를 맺고 있으며 생존을 위해서 서로가 서로와, 더 넓게는 이 피조계 전체에 의지하고 있다. 우리가 누구인가 하는 것은 내 주변의 다른 사람이 누구인가에 영향을 주고, 역으로 다른 사람이 누구인가 하는 것은 결국 내가 누구인가 하는 것에 영향을 미친다. 설교자로서 우리가 확신을 가지고 생각하는 것들은 그대로 다른 사람이 생각하는 것들에 그대로 영향을 끼친다. 부정적으로든 긍정적으로든 우리는 우리 주변의 사람들을 통해서 우리 자신이 형성되어가는 것이지, 결코 나 혼자만의 진공 속에서 살아가는 것이 아니다. 연약하고 도움을 필요로 하는 장애인들을 대하는 이 사회의 부정적 태도는 결국 지체장애인들의 삶에도 엄청난 영향을 끼친다. 우리가 잘 아는 바와 같이 한 개인의 자아는 넓게는 그 사람이 자라면서 받게 되는 격려와 용납, 그리고 존중하는 마음을 통해서 형성된다. 그러나 자신의 존재가 그 사회 속에서 제대로 받아들여지지 않을 때에는, 결국 엄청난 소외감과 쓰라린 고독감만이 자리 잡게 된다.

그러나 교회는 무엇보다도 자신들이 하나님의 자녀라는 이유 하나만으로 서로가 용납되는 그러한 장소로 존재하는 모임이며, 여기에서는 자주적인 독립심보다는 서로간의 상호의존의 마음이 더 귀한 것으로 존중되는 곳이다. 그러나 참으로 불행한 일이지만 서로가 서로에 의존한다는 겸손한 자세로 장애인을 대하는 교회는 그리 많지 않다.

> 이제 지체는 많으나 몸은 하나라 눈이 손더러 "내가 너를 쓸 데 없다" 하거나 또한 머리가 발더러 "내가 너를 쓸 데 없다" 하거나 하지 못하리라 이뿐 아니라 몸의 더 약하게 보이는 지체가 도리어 요긴하고 우리가 몸의 덜 귀히 여기는 그것들을 더욱 귀한 것들로 입혀 주며 우리의 아름답지 못한 지체는 더욱 아름다운 것을 얻고 우리의 아름다운 지체는 요구할 것이 없으니 오직 하나님이 몸을 고르게 하여 부족한 지체에게 존귀를 더하사 몸 가운데서 분쟁이 없고 오직 여러 지체가 서로 같이하여 돌아보게 하셨으니 만일 한 지체가 고통을 받으면 모든 지체도 함께 고통을 받고 한 지체가 영광을 얻으면 모든 지체도 함께 즐거워하나니 너희는 그리스도의 몸이요 지체의 각 부분이라(고전 12:20-27).

우리 가운데 좀 더 약해보이는 지체는 필연적으로 존재할 수밖에 없지만, 그러나 하나님께서는 이러한 상황에서 서로가 연약한 지체를 자기 몸처럼 서로 아끼고 돌보도록 믿음의 공동체인 자기 몸된 교회를 세우셨다. 그리고 하나님은 자립만을 강조하는 문화 속에서 교회라는 상호의존의 세계로 우리를 따로 구별해 불러들이신다. 상호의존의 신학은 모든 개개인의 가치를 귀하게 여긴다. 그 이유는 이들 각자가 어떤 우월한 일을 하기 때문이 아니라, 있는 그대로의 존재로 모두가 전체 공동체에 기여하기 때문이다. 상호의존성은 우리가 하나님과 다른 지체에게 의존해야 함을 강조할 뿐만이 아니라, 이 세상에서 하나님의 치유의 은혜를 증언하기 위한 대리인으로서 하나님 역시 (성령 안에서) 우리와 함께 동역하고 계심을 강조한다. 상호의존성은 또한 이 세상에 있는 모든 살아 있는 생명체는 서로 유기적으로 관계를 맺고 있음을 일깨워준다. 물론 그 중에 어떤 것은 다른 것에게 부정적인 영향을 끼치기도 하고 이러한 현실이 바로 우리가 살고 있는 이 땅의 실상이기도 하다. 지체장애는 때로는 유전적인 원인으로 또 어떤 경우에는 난산이나 미숙아로 태어나서 부적절한 치료를 받는 과정에서 또 어떤 경우는 바이러스나 또는 몸속에서 퍼져가는 암 때문에 계속해서 발생하기도 한다. 지체장애의 문제는 또한 주변 환경의 요인 때문에 발생하기도 하고 전쟁이나 사고처럼 인간 자체에 대한 무시나 또는 왜곡된 판단의 결과로 발생하기도 한다.

  지체장애의 문제는 그래서 이 땅에서 살아가는 우리 모두의 매일 매일의 실존의 문제이다. 과연 하나님께서는 그러한 장애를 의도적으로 일으키시는 분인가? 이에 대한 본인의 답변은 "아니오"이다. 하나님께서 의도적으로 장애를 일으키시지는 않지만, 그러나 여기에서 분명히 기억할 점은 하나님께서 때로는 그러한 장애가 결코 회복되지 않는다고 할지라도, 여전히 그 사람들의 행복을 원하시면서 그들의 삶 중심에 그들과 함께 임재하고 계시다는 점이다. 부활의 메시지에 담긴 권능은, 하나님께서 믿음의 공동체 안에서 지체들이 서로를 의지하며 도움을 주고받는 그러한 손길들을 통하여 우리의 삶에 변화를 가져다주신다는 사실이다.

  질병이 온전히 고쳐지지 않을 때에라도 치유의 손길은 서로를 섬기고 용납하는 공동체를 통해서 때로는 우리의 기대와 전혀 다른 방식으로 다가올 수 있으며, (하나님의 힘주심과 다른 사람들의 도움을) 힘입는 가운데 그러한 힘든 순간을 잘 극복하면서, 그리고 우리 앞에 놓여 있는 전혀 다른 새로운 가능성을 통해서 다가오는 것이다.

| 제2장 |

해석의 위험

하나님에 대한 신학적 입장은 설교를 위하여 또는 설교에서 치유 기사를 해석할 때에도 그대로 영향을 미친다. 또 성경에 대한 설교자의 관점 역시 설교에서 매우 중요하다. 성경에 대한 문자적 해석 입장을 고집한다면, 그 본문은 1세기의 상황을 오늘날의 청중에게도 문자 그대로 적용시키려 할 것이다. 이러한 해석 방식은 치유 기사에 언급된 기적들의 진리에 대한 확고한 믿음에 기초한 것이며, 이런 설교자들은 설교 시간에 주로 장애인의 믿음이나 신체적인 치유가 필요한 사람에게 믿음이 부족하다는 점을 강조하는 경향이 강하다.

문자적 해석의 또 다른 극단에는 성경을 사람들의 믿음에 관한 기록을 모은 편집물에 불과한 것으로 간주하는 입장이 위치하고 있다. 즉 이 편집물 대부분은 저자들에 의하여 편집된 것이며, 꼭 실제로 발생한 사건에 대한 기록일 필요는 없다는 것이다. 이러한 신학적 견해를 따르는 일부 설교자들은 기적을 믿지도 않으며 치유 사건을 묘사하는 본문을 잘 설교하려 들지도 않는다. 또 일부 사람들은 치유 사건을 과학적으로 설명하려고 하거나, 기적을 그저 잘 설명할 수 없는 현상으로나 신비의 영역으로 덮어두려는 경우도 있다.

하지만 주류 교단에 속한 대부분의 설교자들은 이 양 극단적인 입장의 중간에 서 있다. 이들은 성경을 문자적으로 해석하지도 않고 또 신유나 현대적인 기적 사건에 대해서 별로 기대하지 않는다. 그러면서도 이들은 또한 기적의 가능성 자체를 부인하지도 않으며, 죄가 한 사람의 인생에 미치는 부정적 영향이나 신앙의 중요성 자체도 부인하지 않는다. 그래서 복음서의 치유 기사에 대한 이들의 입장은 이런 본문을 은유적으로 설교하는 것이다. 은유적인 해석 입장은 일부 장애인들의 실상을 많은 사람들의 죄로 이해하는 것이다. 예를 들어 "우리는 모두가 하나님의 말씀을 듣지 않는 **청각장애자들입니다**"와 같은 표현들이다.

문자적 해석과 은유적 해석의 두 입장 모두 다 치유 사건에 등장하는 장애인을 어떤 식으로든 죄를 지닌 죄인의 입장으로 이해한다. 그래서 치유 기사에 등장하는 사람은 한편으로는 죄에 대하여 처벌을 받고 있거나 또는 성숙한 믿음이 부족한 상태에 있는 것으로 해석하며, 또 다른 한편으로 일부 장애인에게 있는 신체적인 문제는 대다수 사람들의 불순종과 죄악과 동일시된다. 하지만 두 해석 방식 모두 다 본문의 환자나 장애인을 스스로의 권리를 지닌 주체로 대우하지 않고 주변 사람들이 배워야 할 객관적인 교훈을 던지는 사례로 다뤄질 뿐이다.

1. 간격 메우기

오늘날의 설교자가 직면한 가장 힘든 과제 중의 하나는, 성경 본문을 본래의 배경에서 이해한 다음에 오늘 이 시대를 위한 그 본문의 적용점이 무엇인지를 결정하는 것이다. 오늘 이 시대는 성경이 기록되던 2천 년 전과 너무나도 다르기 때문에, 복음서의 치유 사건에 관한 본문을 적절히 다룬다는 것은 매우 어려운 일이다. (만일 누군가가) 우리더러 어떤 질병에 대한 17세기나 18세기의 의학 지식을 오늘날에 그대로 적용시키라고 권한다면 우리는 그 즉시 깜짝 놀랄 것이다. 왜냐하면 그 이후로 불과 몇 백 년 만에 의학과 기술문명의 진보가 엄청나게 이뤄졌기 때문이다. 그럼에도 불구하고 오늘날 치유 기사를 설교할 때 우리는 종종 성경 시대의 의학적 가치관을 그대로 오늘날이 질병과 장애 문제에 그대로 적용시키려든다.

물론 우리 대부분은 그렇게 순진하지는 않다. 에이즈(AIDS)니 암과 같이 현대적인 질병들 중에는 (최소한 우리 지식으로는) 예수 시대에는 전혀 존재하지 않았던 질병들도 많이 있다. 또 당시에는 여러 질병들의 원인조차도 파악되지 않았으며 유전학도 발달하지 않았고, 1세기의 세계관은 특정 질병과 질환의 원인과 치료방법을 현대적인 기준과 전혀 다르게 설명하였다. 그럼에도 불구하고 오늘날 일부 설교자들은 1세기의 의학적인 가치관을 수두나 폐렴, 혹은 암과 같은 현대적인 질병에 그대로 적용시키려 드는 경우도 있다. (일부 설교자들은 에이즈는 그 사람의 죄의 결과라고 설교하기도 한다.) 그러나 청각장애나 맹인, 그리고 절름발이와 같은 장애의 문제는 이와 다르다. 왜냐하면 이런 질병들은 성경에서도 그대로 발견되기 때문이다. 이런 본문에 대해서 상당수의 설교자들은 복음서의 치유 기사에 관하여 설교하면서 1세기의 의학적 기준과 가치관을 그대로 오늘날에 청각장애인이나 맹인, 그리고 뇌성마비자들에게 그대로 적용하려든다. 그리고 설교의 초점을 치유보다는 치료에 더 집중하려든다. 또 "귀신들림"에 관한 본문을 설교하면서도 귀신에 관한 성경적 개념을 오늘날에도 동일한 문제를 가진 사람들에게 그대로 적용시키려고 한다. 그래서 우리 중 상당수는 성경의 "권위"라는 미명 아래에서 의도적으로든 의도적이지 않든 관계없이 질병에 대한 1세기의 견해와 가치관을 포스트모던 시대를 살아가는 오늘의 청중에게 그대로 적용하려고 한다.

오늘날 청각장애나 시각장애를 가진 사람들과는 아무런 관계가 없는 방식으로 이 주제를 설교할 수 있다. 또 죄와 믿음, 그리고 치유에 관하여 설교하면서도 이런 설교가 동일한 장애를 가지고 있는 사람들에게 어떤 파장을 미치는지에 대해서 세심하게 고려하지 않고 1세기의 가치관을 그대로 유사한 장애인들에게 강요할 수 있다. 그러면서도 그 설교가 수사학적으로 효과적이며 성경적이었다고 주장한다. 하지만 문제는 이런 설교가 오늘날의 장애인들을 더욱 억압할 수 있다는 것이다. 결국 치유 본문에 관한 설교가 원래 의도하고 있는 것과는 정반대의 결과를 가져올 수 있는 셈이다.

복음서의 치유 본문에 관한 설교가 치유보다는 정반대의 결과를 가져오는 것을 피하기 위해서는 장애와 관련하여 1세기의 기준과 가치관을 가능한 올바로 이해하는 것이 매우 중요하다.

1) 의학적인 기준: 지금과 그때

오늘날 서구사회를 지배하고 있는 의학적인 기준과 가치관은, 성경을 기록하고 편집했던 초기 기독교 공동체에서 인정된 가치관과 매우 다르다. (물론 오늘날 미국에도 일반적인 서구사회의 의학적 가치관보다는 오히려 초기 기독교의 것과 더 흡사한 의학적 기준을 옹호하고 있는 일부 하위문화도 함께 공존하고 있는 것이 사실이지만 말이다).

존 필치(John J. Pilch)는 공동체 지향적이며 농업에 기반을 둔 1세기 문화와 개인주의 지향적이며 기술문명에 기반을 둔 20세기 문화 사이의 의학적인 가치관이 다른 다섯 가지 입장을 다음과 같이 소개하고 있다.

1세기	20세기
1. 존재나 변화되어가는 존재를 선호함	행위를 선호함.
2. 직계(直系)나 방계(傍系) 관계를 선호함	개인주의를 선호함.
3. 현재에 대한 관심	미래에 대한 관심
4. 인간은 자연에 종속적임	인간이 자연을 통제함.
5. 인간의 본성에는 선과 악이 공존하며 이 세상에 악은 내재해 있다.	인간의 본성은 선하거나, 또는 선과 악이 공존한다.[1]

이러한 가치관의 차이에 비추어 볼 때, 건강에 대한 정의도 문화에 따라서 매우 다르게 정의될 수밖에 없다. 1세기를 살았던 사람들에게 가장 중요한 것은 공동체 안에서의 **소속감**이었고, 질병이나 장애는 이러한 공동체적 소속감을 저해하는 것이었다.

히지만 오늘날에 건강은 "유기체로 하여금 스스로를 유지할 수 있도록 [하는] 기능을 수행하는 능력"으로 정의된다. "건강에 대한 [개인주의적인] 정의 속에는 다른 존재들 역시 동등한 지위를 인정하면서 인류 모두가 궁극적으로 인류의 보존을 위하여 영향[력]을 미칠 수 있는 역할에 대한 기대가 들어 있다."[2]

한편 장애는 앞에서 언급한 20세기의 건강에 대한 가치관들과 서로 배치된다. 오늘날 장애는 무언가를 실행할 능력을 제한하는 것으로 간주된다. 또 누군가에게나 무엇에 대한 의존감을 초래하며 그 결과 개인주의적인 정신이 제약당할 수밖에 없다. 또 장애로 인한 육체적 상태나 정신적 상태의 불일치 때문에, 그리고 여러 경우에 직업 선택에 제약이 따를 수밖에 없어서 결국 한 사람의 잠정적인 관심이 미래보다는 현재의 순간에 집중될 수밖에 없다. 또 자연에 대한 통제권을 강조하는 오늘날의 가치관으로 볼 때, 장애는 인간이 여전히 자연을 통제하지 못함을 보여주는 것이다. 성경적 맥락에서 볼 때 소경이나 청각장애는 병자의 **행동** 능력을 제한한 것이 아니라 다만 공동체와의 관계망 속에 함께 공존하는 능력에 제한을 가했다. 반면에 오늘날의 상황에서 시각장애나 청각장애의 문제는 차를 운전하거나 전화기를 사용하는 것처럼 남의 도움이 없이 독자적으로 **행동**할 수 있는 능력이 제한된다는 점을 중시한다.

이렇게 서로 다른 가치 체계 속에서 질병과 건강이 어떤 의미를 갖는지를 이해함으로써 설교자는 과거와 현재 사이의 해석학적인 간격을 좀 더 올바르게 연결시킬 수 있다.

2) 병, 질환, 그리고 질병

1세기에 병은 장애를 가리키는 일반적인 용어였다. 영(A. Young)은 "질병을 하나의 사회적인 **과정**이며, 병은 환자에게 나타나는 우려할만한 징후나 생리적인 표시들, 특히 질환의 시초가 되는 것들이 사회적으로 인식할만한 파장을 가져오는 과정을 의미한다. 그래서 병은 결국 증상으로 나타나며 이는 곧 사회적으로도 중요한 결과를 초래한다"라고 설명한다.[3]

오늘날 우리는 가벼운 감기에 대해서는 그리 심각하게 걱정할 필요가 없다. 왜냐하면 그런 질병에도 불구하고 직장에서나 집에서건 예정된 일상적인 업무를 별 무리 없이 해낼 수 있기 때문이다. 물론 그런 가벼운 질병도 사실 골칫거리이긴 하지만 평소보다 일찍 잠자리에 들면 되고, 그렇더라도 그 감기가 우리의 일상생활을 그렇게 심각하게 방해하지는 못한다. 하지만 심각한 독감에 감염되었다면 문제는 달라진다. 온 몸이 쑤시고 직장의 업무를 제대로 감당하기 어려워지며 애들을 돌보는 일도 거의 불가능해진다. 음식을 요리하는 것도 무리다. 이럴 때는 그저 가만히 쉬고 싶을 뿐이다. 그래서 앞에서 언급한 것처럼 "우려할만한 징후나 생리적인 표시들"이 "사회적으로 중요한 결과를 초래하는 수준"으로 그 파장을 가져온다. 이렇게 심하게 아프면 휴가일이나 월급을 삭감당하지 않고서 어떻게 이렇게 긴 기간을 병결처리할 수 있을까? 내가 혹시 아프다는 핑계로 가족이나 집안일을 무시하는 것은 아닌가? 이렇게 신체적인 부조화가 사회적인 수준에서까지 심각한 파장을 가져오게 될 때 그것이 바로 병이다.

병을 이해하거나 설명하는 두 가지 방법으로 질환과 질병이 있다. 질환은 현대적인 개념으로서 "유기체의 구조, 그리고/또는 기능상의 이상"을 강조한다.[4] 그래서 질환은 주로 특정한 개인의 신체 내의 이상 징후를 주로 다룬다. 질환은 주로 한 사람의 신체에 부정적 영향을 미치기 때문에, 그리고 질환에 대한 처방 역시 환자 개인 한 사람에게 집중되기 때문에, 사회적 파장을 고려하는 성경적인 세계관과는 다소 거리가 멀다.[5]

한편 질병은 성경적 세계관에 비추어 볼 때 매우 중요한 의미를 담고 있다. 질병은 "환자 개인 이외에 여러 사람들이 함께 연루되어 사회적으로도 혐오스러운 상태"를 가리킨다.[6] 한 사람이 질병에 걸릴 때 그 친구와 가족뿐만 아니라 공동체 전체가 영향을 받는다.

성경적 세계관에 속한 사람들은 개인보다는 공동체를 더 우선시하였으며, 한 개인의 질병에 대한 파장도 먼저 공동체 전체의 질서와 작용의 입장에서 생각하였다. 그래서 성경적 세계관을 지닌 당시 신앙 공동체는 스스로를 보호하기 위하여 질병과 관련하여 환자에게 성전 예배 참석을 규제하거나 또는 불결하거나 부정한 자에 대한 경계선을 설정하는 것을 포함하여 여러 정결규례와 같은 법률을 제정하였다.[7]

환자에 대한 성전으로부터의 격리 조치에는 성전예배와 공동체 보호를 위해서 꼭 필요한 경계선의 문제와 아울러 정결이나 혹은 거룩의 문제가 함께 포함되어 있다. 그 무엇도 성전을 더럽힐 수 없었다. 이런 이유로 레위기 21:17-23은 장애를 가진 사람이 성전에 예물을 드리거나 제단 가까이 접근하는 것을 금하고 있다.

아론에게 고하여 이르라 무릇 너의 대대 자손 중 육체에 흠이 있는 자는 그 하나님의 식물을 드리려고 가까이 오지 못할 것이라 무릇 흠이 있는 자는 가까이 못할지니 곧 소경이나 절뚝발이나 코가 불완전한 자나 지체가 더한 자나 발 부러진 자나 손 부러진 자나 곱사등이나 난장이나 눈에 백막이 있는 자나 괴혈병이나 버짐이 있는 자나 불알 상한 자나 제사장 아론의 자손 중에 흠이 있는 자는 나아와 여호와의 화제를 드리지 못할지니 그는 흠이 있은즉 나아와 하나님의 식물을 드리지 못하느니라 그는 하나님의 식물의 지성물이든지 성물이든지 먹을 것이나 장 안에 들어가지 못할 것이요 단에 가까이 못할지니 이는 그가 흠이 있음이라 이와 같이 그가 나의 성소를 더럽히지 못할 것은 나는 그들을 거룩하게 하는 여호와임이니라.

오늘날에도 성경을 문자적으로 해석하는 상당수의 교회와 교단에서는 맹인이나 다리 저는 사람 혹은 지체장애인, 또는 왜소증이 있는 사람들을 목회자로 안수하지 않는 이론적 근거로 위의 본문을 이용한다. 하지만 그 누구도 동일한 본문에 근거하여 발 부러진 자나 손 부러진 자 또는 심각한 여드름을 앓는 사람에게도 안수를 금지하는 문제에 대해서는 심각하게 논의하려들지 않는다. 그렇다면 동일한 본문에 언급된 환자에 대해서 오늘날 누구에 대해서는 목회자로 안수할 수 있고 또 누구는 안수할 수 없는 기준은 무엇인가?

성경 시대에 특정 질환은 그 자체로 중요하지 않았고 또 질환에 대한 관심도 환자 자신에게 집중되지도 않았다. 중요한 우선순위는 항상 공동체였다. 특정 질환의 특이성은 다만 이것이 공동체 전체에 어떤 파장을 가져올 때 비로소 관심사로 부각되었다. 한 사람의 질병은 공동체 안에서 관계의 분열을 초래하였으며, 그 결과 해당 환자에게는 소외감과 고립감을 가져왔다.

질병에 대한 신약성경의 입장은, 오늘날 장애를 안고 살아가는 사람들과 관련하여 긍정적인 측면과 부정적인 측면 모두를 함축하고 있다. 먼저 질병에 대한 신약성경의 관점은 질병을 앓고 있는 환자와 그 질병이 상호의존적인 공동체에 미치는 파장에 대하여 좀 더 통전적인 이해를 제공한다. 전통적인 서구 의학은 세부 분야로 자세히 나누어져 있지만, 그럼에도 불구하고 건강과 복지에 대하여 좀 더 통전적인 방향으로 계속 발전하고 있다. 그래서 환자의 신체 내부의 특정 기관이나 장기에 관심을 기울이거나 또는 환자 뇌 속의 화학적 불균형 문제에 집중하는 대신에, 점차 인간의 몸을 모든 기관과 요소들이 서로 긴밀하게 연관되어 있는, 다양한 기관의 통합체로 인식하고 있다. 이렇게 한 사람의 질병을 전체 공동체와의 상호 관계 속에서 이해하는 성경적인 입장은 오늘날에도 여전히 호소력을 발휘한다.

반면에 한 사람의 질병에 대한 공동체의 관여에 집중하는 성경적인 입장은, 획일적으로 단정할 수 없지만, 질병을 가진 환자들에 대한 공동체적 **지원**을 격려하기 보다는 오히려 공동체로부터 그 환자를 배척하는 결과를 가

겨왔으며 이를 통해서 불행이나 악마, 그리고 천벌을 **차단**하려고 하였다. 그래서 공동체는 질병 그 자체에 관심을 기울이기보다는 (물론 서구 의학은 이를 너무 지나치게 강조하는 경향이 있지만) 환자에 대한 사회적 격리에 더 관심을 쏟았다. 즉 공동체는 환자 자신을 위해서가 아니라 남은 공동체의 안전을 보장하기 위하여 환자와 공동체 사이를 분리시켰던 것이다. 그래서 한 개인의 질병이나 질환과 관련하여 성경 시대의 공동체의 역할을 나름대로 지지하더라도 배척이라는 성경적 입장을 그대로 오늘날의 상황에 적용하는데 무리가 따른다. 예수께서는 공동체로부터 배척당한 사람과의 화해를 위해서 당시 경계선을 넘어가셨다. 그럼에도 불구하고 그 이후로 오늘까지 교회 안에는 장애와 질병을 이유로 배척과 분열이 지속되고 있다.

3) 치료와 치유

질병을 다룸에 있어서 과거나 현재를 막론하고, 기본적으로 치료와 치유라는 두 가지 대응 방식이 있다. 성경의 치유 이야기를 설교할 때 설교자들은 이 두 용어를 교차적으로 사용하거나, 또는 실제로는 "치료"를 의도하면서도 "치유"라는 용어를 그대로 쓰곤 한다. 예를 들어서 바디매오가 "치유"되었다고 선포하면서도 실제 설교로는 바디매오가 "치료"를 받았다고 설교하는 것이다. 하지만 영어식 표현에서 이 두 단어의 의미는 상당히 다르다. **치료**는 질병 그 자체가 아니라도 최소한 그 질병의 증상을 제거하는 것이다. 반면에 **치유**는 여러 가지 의미를 담고 있다. "치유 예배"나 "치유의 순간" 또는 "치유의 임재"와 같은 표현들을 생각해 보자. 이런 표현들에 담긴 이미지는 평안과 복락에 대한 느낌을 불러일으키지만 신체적인 치료를 암시하지는 않는다. 물론 일부 치유 예배에는 특정한 환자의 치료에 대한 소망이나 또는 신체적 회복을 위한 구체적 기도가 포함될 수 있지만, 그 예배의 주된 목적도 참여자의 삶에 위로와 평안의 느낌과 아울러 하나님으로부터 지원받고 있다는 안정감을 가져다주려는 것이다. 린다는 시각장애인이며 앞으로의 남은 삶도 신체적으로는 그렇게 지낼 것이다. 하지만 그녀는 그러한 장애에도 불구하고 지금도 여전히 상당한 치유를 누릴 수 있다.

필치의 주장에 따르면, 성경 시대에는 상당히 높은 사망률과 신체와 질병에 대한 빈약한 지식 때문에 온전한 치료는 오늘날에 비해서 상대적으로 드물었다고 한다. "성경 시대를 살았던 조상은 고통이 완전히 제거될 것으로 기대하지 않았다. 그들에게 고통은 다만 경감될 뿐이었다. …또 치유 상태도 앞으로 계속 '지속될' 것으로 기대하기 어려웠을 것이다."[8] 하지만 분명 치유는 일어났었는데, 이는 무엇보다도 그 치유로 말미암아 병자가 처한 상황 속에서 어떤 결정적 의미에 대한 인식, 즉 고통과 질병에도 불구하고 복락에 대한 의식이 뒤따랐기 때문이다. 그래서 아서 클레인만(Arthur Kleinman)에 따르면, "누구나 결국 자기 삶의 처지에 대한 어떤 의미를 찾기 때문에 질병의 치유는 의심할 여지가 없이 항상 일어난다. …"고 한다.[9] 헬레니즘 시대에는 질병에 대처하기 위하여 의약 처방과 기적, 그리고 제의 행위 모두가 다 함께 사용되었다.

오늘날에도 병에 걸리면 이에 대한 최초의 반응은 이에 대한 의학적인 해결책을 찾는 것이다. 하지만 심각한 장애 문제에 직면하게 되고 또 교회에서 치유 본문을 설교할 때면, 대부분은 암시적으로든 명백하게든 기적적인 해결책을 기대한다. 그리고 이러한 기적적인 해결책을 강조할 때면, 항상 그 기대 사항은 치유보다는 오히려 치료에 집중된다.

그러나 신앙 공동체가 누군가의 치료를 목적으로 "신유" 집회를 가졌을 때 무슨 일이 일어나는가? 신자들이 함께 모여 아픈 환자의 몸에 손을 얹고 기적적인 치료를 간절히 기대하면서 열렬히 기도하였지만 그런 치료가 일어나지 않았을 때는 어떻게 되는가? 그럴 때 회중은 종종 낙심하거나 신유 집회에 환멸을 느낀다. 하지만 장애를 가진 당사자에게 특히 현대 의학으로도 치료할 수 없는 질병을 가진 환자에게는 그러한 낙심과 환멸감에 더하여 누군가로부터 거절당한 느낌이 가중된다. 이렇게 신유 집회에서 치료만을 강조하는 배경에는 공동체가 장애인을 있는 그대로 받아주지 않고 그들이 보통 사람과 같아질 때만 비로소 온전히 받아들이겠다는 배타성이 자리하고 있다. 그러나 신유 집회가 얼마나 선한 뜻을 갖고 있던 관계없이 이런 배타성은 장애인 자신에게는 참으로 절망적인 경험으로 작용할 수밖에 없다. 만일 치료가 일어나지 않으면 그 환자는 공동체로부터 받아들여지지 않았다는 소외감에 휩싸일 뿐이다.

때로는 장애인 주변 사람들은 장애인에게 가장 좋은 것만을 기대하기 때문에 그리고 그 가장 좋은 것이 육체적인 "온전함"(치료)이라고 생각하기 때문에 이들은 기적을 위해서 기도해 준다. 하지만 "온전함"은 고정된 것이 아니라 사람들의 가치관에 의해서 결정된다. 문제는 우리가 "최고"라고 믿는 것이나 우리가 "치료"라고 생각하는 육체적 온전함이란 목표가 영구적인 장애를 가진 사람의 목표와 같지 않을 수도 있다는 것이다. 육체적인 능력이나 속성의 일치만을 존중하다보면 환자와 정상인 사이의 육체적인 차이를 간과할 수 있다. 한 사람의 됨됨이의 일부분으로서 장애가 있는 그대로 받아들여지지 않을 경우에 결국 그 장애인은 공동체로부터 배척당하고 고립될 수밖에 없다.

하지만 복음서의 치유 기사에 언급된 예수의 행위는 장애인이나 환자가 다시금 공동체로 재결합되는 결과를 가져왔다. "예수의 치유 행위는 병으로 고생하던 한 사람을 정결과 온전함으로 다시 회복시키는 결과를 가져왔으며…하나님의 백성으로서의 거룩한 공동체 안에서 온전하고도 능동적인 일원으로 회복되었다."[10] 치유를 통해서 예수는 공동체가 스스로를 보호하기 위하여 만들어 놓은 사회적 장벽을 무너뜨렸다. 예수께서 부정한 자로 낙인 찍힌 나병환자들에 의하여 더럽혀진 덕분에 그 나병환자들은 원래의 가족과 친구들에게로 되돌아갈 수 있었고 성전 예배에도 다시 참석할 수 있게 되었다. 12년 동안 혈루증으로 고생하면서 모든 인간관계로부터 단절되고 소외된 한 여인도 다시 공동체로부터 받아들여지게 되었으며 심지어 예수께서는 그 여인을 가리켜서 "딸"이라고 부르기까지 하셨다. 결국 예수의 치유를 계기로 환자는—유능한 행동을 이행할 능력이 중요한 것이 아니라—온전한 관계를 누리는 존재로 회복되었다. 그 관계를 가로막았던 장벽이 무너짐으로써 한 인간의 존재가 다시금 공동체 내에서 온전히 회복되었고 그 가운데 치유를 경험하게 되었다.

공동체 안에 속한 존재로서의 가치는 1세기 성경의 문화권에서 중요하게 여겨졌던 반면에, 오늘날 미국의 문화권에서는 어떤 역할을 잘 이행할 능력과 그래서 사회 전체에 무언가를 기여할 수 있는 능력을 중시한다. 하지만 오늘날에도 상호의존성을 존중하는 기독교 공동체 내에서는 공동체 안에 속한 존재로서의 가치가 여전히 치유를 위한 적절한 이미지로 작용하고 있다. 온전한 치유는 하나님께서 공급하시는 복락이 경험될 때 비로소 경험된다. 이때 물론 질병이 완전히 제거되거나 경감되는 현상이 동반될 수 있지만, 영구적인 장애를 가진 경우에 치유는 주로 완전한 "치료"보다는 그 장애를 잘 감당하는 능력이나 여건이 회복됨으로써 나타난다. 그리고 이 과정에서 공동체는 서로의 복락을 위한 책임과 가능성을 제공하는 하나님의 사역에 함께 동참한다.

복음서의 치유 기사를 설교할 때는 성경의 세계와 오늘날의 세계를 서로 연결시키는 작업이 쉽지 않다. 하지만 설교자가 질병의 원인에 대한 1세기의 일반적인 상식을 이해하며 질병이 **행동**의 능력보다는 관계적인 **존재**의 문제와 결부되어 있음과 치유와 치료의 차이점, 그리고 공동체로의 참여와 회복으로서의 치유의 개념들을 온전히 이해할 때, 이 두 세계의 간격을 좀 더 쉽게 극복할 수 있다. 따라서 설교자들은 질병의 원인에 대한 스스로의 입장이나 치료와 치유의 차이점과 장애인과 공동체의 상호 관계에 대한 자신의 입장이 과연 얼마나 타당한 것인지에 대해서 숙고해야 한다.

과연 신앙 공동체는 장애인과 환자에 대한 용납과 지원, 그리고 격려를 통해서 그들에게 치유를 전달해 줄 것인가, 아니면 부정하거나 저주받았다는 자들로부터 자기를 보호하기 위하여 더 많은 장벽을 세울 것인가? 또 우리의 설교는 환자들이 교회 생활에 능동적으로 헌신하도록 유도하기 위하여 ("온전함"에 대한 설교자 자신이나 회중의 입장에 근거하여) 기적이나 약물

치료를 통해서 육체적으로나 정신적으로 "온전해질" 것만을 강요할 것인가, 아니면 그들의 차이점을 있는 그대로 인정하고 존중해 줄 것인가? 우리의 설교가 하나님께서 각자에게 기대하시는 일상의 기적적인 변화를 이끌어내는 대리인의 역할을 감당하는 상호의존적인 공동체로 전체 회중을 양육하는 계기가 되어야 하지 않을까?

2. 은유적인 해석

복음서의 치유 기사를 해석하고 설교하는 또 다른 방법은 이런 본문들을 은유적으로 접근하는 것이다. 이 본문은 특정한 역사적 시간과 장소에 살았던 특정한 사람들에 대한 이야기를 담고 있다. 하지만 본문에 등장하는 환자들은 또 다른 집단의 사람들을 위한 대표자로 읽혀지는 것이다. 특히 마가복음에서 예수의 제자들은 엉뚱한 질문을 던지는가 하면, 별로 중요하지 않은 것에 대해서 논쟁을 벌이고 예수의 공생애 사역의 중요성을 제대로 이해하지 못했던 것 같다. 그래서 마가에게 있어서 이런 본문들은 실제 기적 사건을 전달할 뿐만 아니라 예수가 누구인지를 이해하지 못했거나 거부했던 제자들의 무지와 강퍅함을 강조하는 상징적인 역할을 한다.[11] 즉 제자들은 이 땅에 오신 예수의 목적을 제대로 보지 못한 "맹인"이고 그 메시지를 듣지 못한 "청각장애인들"이었던 셈이다.

치유 기사를 이렇게 은유적으로 해석하는 설교자들은, 설교를 듣는 회중을 하나님의 명령에 "귀가 멀고" 예수의 구원하시는 은혜에 "눈이 먼" 현대의 제자들로 간주하는 경향이 있다. 그러나 "청각장애"나 "시각장애", "지체장애", "언어장애" 그 밖의 다른 장애를 단지 은유적으로 해석하는 데는 또 다른 문제가 있다.[12]

이런 용어를 은유적으로 처리할 때 제기되는 일차적인 문제는 청각장애나 시각장애, 지체장애 또는 언어장애와 같은 용어들이 종교적인 용어에서는 항상 부정적인 의미로 쓰이게 된다는 점이다. 그래서 이런 용어들은 "하나님의 뜻에 대한 불순종"이나 "그 뜻에 대한 이해를 거부함", "하나님의 뜻에 순종하기를 거부함"을 뜻하는 것으로 받아들여지면서, 결국 이런 장애를 가진 환자들 역시 강퍅하고 이기적인 존재로 낙인찍힌다. 다음과 같은 표현들을 살펴보자.

여러분은 말씀 앞에 귀를 막고 제단 앞에서라도 맹인이 될 수 있습니다.[13]

기적을 행한 사람을 찬양하는 이 맹인이라도 예수의 십자가에 대해서는 아무 것도 하려고 들지 않습니다.[14]

사람들은 남의 슬픔의 탄식 소리를 듣기에는 너무나 귀가 멀었고⋯불의에 대한 불평과 불만의 소리에 귀 기울이기에는 너무나도 강퍅합니다.[15]

말하자면 이런 용어들을 은유적으로 사용하는 것은, 결국 육체적으로는 장애가 없는 일반 사람들의 죄 문제를 보지 못하고 듣지 못하며 움직이지 못하는 사람들의 신체적인 장애와 동일시할 수 있다. 그 결과 이런 용어들은 그 자체로 부정적인 의미를 띠게 되고 시각장애나 청각장애 혹은 지체장애 그 자체가 죄와 동일시된다. 이렇게 장애나 질병에 관련된 용어들을 은유적으로 사용할 때 빚어지는 결과는, 이런 신체적인 한계를 매일 떠안고 살아가는 사람들에게로 집중된다. 때로는 이러한 부정적인 파장은 이런 용어들 앞에 "영적인"이란 표현을 덧붙여서 "영적인 맹인"이나 "영적인 청각장애"라고 명시함으로써 조금 누그러질 수도 있다. 그러나 이러한 육체적인 한계를 안고 살아가는 사람들 편에서 볼 때는, 이런 용어들을 은유적으로 사용함으로써 결국 이들에 대한 사람들의 부정적이고 배타적인 태도만 더욱 심화될 뿐이다. 설교자들이 이런 용어들을 은유적으로 사용함으로써 의도하는 것은 육체적인 장애 그 자체가 아니라 영적인 무감각이나 무관심 또는 영적인 강퍅함에 대한 심판을 경고하려는 것이다. 따라서 은유적인 용어를 남용하는 일이 설교 현장에서 무비판적으로 확산될 때, 신체적인 용어들의 부정적인 의미도 더 보편화될 수 있음을 주의해야 한다. 설교자가 강단에서 신체적인 용어를 사용하는 방식에 세심한 주의를 기울임으로써 억압으로부터의 해방을 지향하는 예전적인 언어를 위한 노력도 더욱 탄력을 받을 수 있다.

이런 용어들을 은유적으로 사용할 때 설교자는 또 맹인이나 언어장애, 또는 지체장애가 일종의 **선택사항**임을 암시하는 실수를 범할 수도 있다. 즉 이들은 하나님의 뜻을 이해하려고 하지 않거나 듣지 않는 쪽, 또는 순종하지 않는 쪽을 **선택한** 사람들이라는 것이다. 하지만 이런 장애의 문제는 **선택한** 것이 아니라 보거나 듣거나 또는 움직이지 못하는 신체적인 한계일 뿐이다. 자발적인 결정이나 의식적인 통제의 문제가 아니다. 장애의 문제가 상징적으로 잘못 표현될 때, 장애인들이나 환자들의 실상은 점점 죄의 실상과 멀어지고 말 것이다.

복음서의 치유 기사를 설교할 때 환자들에게 믿음이 충분했다면 고침을 받았을 것이라는 입장으로 해석하거나, 또는 장애에 관한 용어들을 죄에 대한 은유로 해석하면서 결국 장애의 원인을 죄에 대한 또는 믿음의 부족에 대한 형벌로 몰고 가면, 장애인들이나 환자는 이런 설교로부터 이중의 부담을 느낄 수밖에 없다. 그리고 어느 방식으로든 "치유"에 담긴 회복의 능력은 결국 이들과 무관해질 수밖에 없다. 문자적인 입장에서나 은유적인 입장에서 장애를 죄와 일방적으로 동일시하는 설교는, 결국 오늘날 이런 어려움에 처한 이들을 치유하는 신앙 공동체 안으로 회복시키기보다는, 오히려 공동체로부터 더욱 멀리 떨어뜨리는 결과를 가져올 것이다.

| 제2부 |

❖

제3장 시각장애
제4장 청각장애와 청력상실
제5장 중풍병
제6장 나병과 만성질환
제7장 정신질환
제8장 치유 설교학

A Healing Homiletic

| 제3장 |

시각장애

복음서에는 시각장애인에 대한 다섯 개의 서로 다른 내러티브가 기록되어 있다. (1) 마태복음 9:27-31의 두 명의 시각장애인에 대한 내러티브 (2) 마태복음 12:22에 '귀신들려 눈멀고 벙어리 된 자'에 관한 짤막한 언급 (3) 마가복음 8:22-26에 벳새다의 맹인에 관한 본문 (4) 공관복음에 모두 등장하는 여리고로 향하는 길에 앉아 있던 (마가복음에서는 바디매오로 알려진) 맹인에 관한 이야기(마 20:30-34; 막 10:46-52; 눅 18:35-43) (5) 요한복음 9:1-41에 날 때부터 시력을 잃었던 남자에 관한 비교적 긴 내러티브. 이 외에도 복음서에는 예수께서 맹인에게 시력을 회복시켜준 사례들에 관한 언급이 몇 군데 발견된다. 바디매오의 치유에 관한 마가복음의 기록과 날 때부터 맹인이었던 남자에 관한 요한복음의 이야기는 개정공동성서일과에도 실린 본문이기도 하다.

요한복음의 기사는 예수와 바리새인들 사이의 논쟁을 담고 있다. 이야기의 초반에 치유가 발생하며, 이야기의 나머지는 안식일에 사람을 치료한 사람이 누구인지, 그리고 그 일이 어떻게 일어났는지를 확인하려는 바리새인들의 시도를 담고 있다. 이 이야기는 예수를 "인자"로 고백하는, 날 때부터 소경된 자의 고백에서 절정에 달한다. 이와 대조적으로 마가복음의 기사는 이야기의 절정으로서 치유를 경험하는 바디매오의 형편과 행동을 부각시키고 있다.

설교학적으로 볼 때 시각장애인들에 관한 본문은 그동안 너무나도 자주 은유적으로 설교해 온 까닭에 이제 "시각장애"나 "맹인"이란 용어는 기독교 내에 가장 일반적인 영적 지각에 관한 용어로 정착되었다. 그리고 이런 용어들은 하나님께서 우리의 삶으로부터 원하시는 것에 대하여 관심을 기울이거나 순종하기를 거절하는 것을 뜻하는 용어로 사용되곤 한다. 목회자들이 "시각장애"나 "맹인"이란 용어를 죄를 암시하는 은유적 표현으로 계속 사용할 때, 그 공동체나 회중 가운데 시각장애인도 함께 있다는 사실은 별로 개의치 않는 것 같다. 또 이런 용어들은 예수를 알기 이전이나 그리스도인이 되기 이전의 상태를 뜻하는 데 사용되기도 한다. 이 점은 "나 같은 죄인 살리신"이란 유명한 찬송가의 가사 "잃었던 생명 찾았고 광명을 얻었네"에서도 잘 나타난다.

내 친구 중에는 아프리카계 미국인 맹인 여성 목회자가 있다. 그녀는 그동안 장애인의 인권을 위해서 계속 일해 왔으며, 인종과 성, 그리고 장애의 관점에서 정의를 구현하는 문제에 관해 일선에서 헌신해 왔다. 어느 날 나는 그녀에게 "나 같은 죄인 살리신"이란 찬송가에서 시각장애에 관한 가사를 어떻게 생각하느냐고 물었다. 당시 그녀는 미드웨스트에 있는 교회에서 목회하고 있었다. 내 질문에 그녀는 이렇게 대답했다. "그럴 때 나는 앞에 일어나서 '전에도 볼 수 없었고 지금도 여전하네'로 바꿔 부르지." 혹자는 이 찬송가의 가사는 하나님과의 관계에 대한 상징적 표현일 뿐이고 이 가사를 문자적으로 이해해서는 안 된다고 주장할 수도 있다. 하지만 이 가사는 믿음이 있다면 분명 다시 보게 될 것을 암시한다. 또 맹인이라도 충분한 믿음이 있었더라면 시력을 다시 회복했을 것이라는 신학적 입장을 은근히 강조한다. 하지만 문제는 맹인 기독교인의 입장에서 시각장애의 문제가 여전히 죄와 동일시될 수 있다는 것이다.

1. 시각장애인

대부분의 사람들은 "시각장애인"은 아무것도 볼 수 없을 것이라고 추측한다. 그러나 이는 사실이 아니다. 물론 맹인 중에는 완전히 시력을 상실한 사람도 있지만, "법률상으로는 맹인"으로 등록되고도 빛과 어둠을 감지할 수 있을 뿐만 아니라 완벽한 이미지에 초점을 맞출 수는 없지만 그러나 어렴풋한 형상까지 감지할 수 있는 사람도 있다.

오늘날 시각장애인들은 (자동차를 운전하거나 외과의사 일을 한다거나 하는 몇 가지 예외적인 경우를 제외하고는) 무엇이건 별 무리 없이 그럭저럭 해낼 수 있다. 그렇다고 해서 맹인이 되었을 때, 당장 직면하게 되는 새로운 현실로 말미암은 힘든 시간들을 부인하는 것은 아니다. 또 장애뿐만 아니라 다른 여러 요인들도 장애인의 삶을 더욱 복잡하게 만드는 것이 사실이다. 교육이나 지원 시스템의 부족이나 실직, 가난, 다른 장애, 낮은 자존감과 같은 여러 문제들이 일상의 삶 속에서 한 사람의 가능성을 더욱 위축시킨다. 그럼에도 불구하고 오늘날 미국에는 시각장애인들이 활용할 수 있는 수많은 지원 시설과 프로그램들이 적절하게 그 기능을 감당하고 있다.

시각장애인들 모두에게 직면한 중요한 문제 중의 하나가 바로 신뢰이다. 시각장애인들은 선택의 여지가 없이 자기 주변의 사람들, 친구나 가족뿐만 아니라 완전히 낯선 사람들까지라도 신뢰해야만 한다. 이들은 부탁하지 않으면 전혀 가구를 옮겨주지 않을 동료들도 신뢰해야 한다. 앞을 전혀 볼 수 없는 사람들은 은행원이나 금전 출납원이 정확한 금액의 돈을 지불할 것으로 신뢰해야 하며, 어떤 지폐가 얼마짜리이고 몇 장인지를 말해주는 것을 그대로 신뢰해야 한다. 이들은 또 시험 전에 교과서를 읽고서 테이프에 제대로 녹음해 줄 것을 신뢰해야 하며, 자기 메일을 열어보고서도 개인적인 일들에 비밀을 지켜줄 것을 믿어야 하며, 누군가가 자기에 대해서 농담을 하거나 정원을 망가뜨려 놓을 때 그 사실을 말해 줄 누군가를 신뢰해야 한다. 그래서 시각장애인들에게는 누군가를 신뢰한다는 것은 선택사항이 아니다. 또 온전한 신뢰를 위해서는 다른 사람들과의 인간관계도 매우 중요하다.

시각장애인들에게 대두되는 또 다른 문제는 특히 이동을 위하여 다른 사람들에게 의존해야 한다는 점이다. 대중교통이 자주 운행되는 편리한 도시에서는 (이런 경우에는 "대중교통"이나 "잦은 운행" 그리고 "편리하다"는 표현도 같은 의미이지 않을까?) 시각장애인이라도 비교적 잘 돌아다닐 수 있다. 하지만 시골지역에서나 또는 대중교통 시설이 미흡한 도시에서는 이동을 위해서는 다른 사람의 도움에 의존해야 한다. 병원을 방문하거나 교인의 가정에 심방을 할 때마다 매번 교인들에게 운전을 부탁해야 한다면 아마도 대부분 목회자들의 마음은 크게 움츠러들 것이다. 하지만 내가 아는 맹인 목회자는, 교인들에게 운전을 부탁하는 일이 결국은 병원 심방과 가정 심방에 대한 교인들의 참여의식을 촉진시키며, 목회에 대한 교인들의 주인의식과 강력한 공동체적 연대감을 강화한다는 사실을 종종 깨닫는다고 한다. 이렇게 타인에 대한 신뢰와 의존은 상당수 사람들에게는 일상적인 생활방식인 셈이다.

시각장애인들이 다른 사람에게 의존해야 하는 분야가 교통뿐만 아니다. 다른 사람의 도움이 필요한 분야는 TV 드라마나 영화에서 무슨 사건이 전개되고 있는지에 대해서 아무도 말해 주지 않을 때, 그에 대한 설명을 구하는 일이나, 또 모든 제품들이 똑같아 보이는 진열장의 캔과 상자들 속에서 자기 입맛에 맞는 음식을 구입하는 일이나, 입을 옷을 구입할 때 색상의 조화에 대해서 도움을 구하는 것처럼 사소한 경우도 있다. 그래서 시각장애인들에게 의존의 문제는 삶의 필수적인 일부분이며 매일 필요 불가결한 것이다.

현대의 기술문명 덕분에 전 세계 수많은 사람들은 안경이나 콘택트렌즈를 통해서 자신의 시야를 교정할 수 있게 되었다. 또 시력 상실이 좀 더 심각한 일부 환자들의 경우에는 눈 수술이 도움이 되기도 한다. 하지만 미국뿐만 아니라 전 세계에는 아직도 시력을 더는 회복할 수 없는 사람들이 수없이 많다. 그러면 더는 치료를 기대할 수 없는 상황에서 치료는 도대체 무슨 의미를 갖는가? 설교를 위한 성서일과에 소개된 두 개의 시각장애에 관한 본문은 그동안 어떻게 설교되어 왔는가? 이런 본문들을 장애인의 관점에서 접근할 때 어떤 통찰을 얻을 수 있을까?

본문: 요한복음 9:1-41

¹ 예수께서 길 가실 때에 날 때부터 소경된 사람을 보신지라 ² 제자들이 물어 가로되 랍비여 이 사람이 소경으로 난 것이 뉘 죄로 인함이오니이까 자기오니이까 그 부모오니이까 ³ 예수께서 대답하시되 이 사람이나 그 부모가 죄를 범한 것이 아니라 그에게서 하나님의 하시는 일을 나타내고자 하심이니라 ⁴ 때가 아직 낮이매 나를 보내신 이의 일을 우리가 하여야 하리라 밤이 오리니 그때는 아무도 일할 수 없느니라 ⁵ 내가 세상에 있는 동안에는 세상의 빛이로라 ⁶ 이 말씀을 하시고 땅에 침을 뱉아 진흙을 이겨 그의 눈에 바르시고 ⁷ 이르시되 실로암 못에 가서 씻으라 하시니 (실로암은 번역하면 보냄을 받았다는 뜻이라) 이에 가서 씻고 밝은 눈으로 왔더라 ⁸ 이웃 사람들과 및 전에 저가 걸인인 것을 보았던 사람들이 가로되 이는 앉아서 구걸하던 자가 아니냐 ⁹ 혹은 그 사람이라 하며 혹은 아니라 그와 비슷하다 하거늘 제 말은 내가 그로라 하니 ¹⁰ 저희가 묻되 그러면 네 눈이 어떻게 떠졌느냐 ¹¹ 대답하되 예수라 하는 그 사람이 진흙을 이겨 내 눈에 바르고 나더러 실로암에 가서 씻으라 하기에 가서 씻었더니 보게 되었노라 ¹² 저희가 가로되 그가 어디 있느냐 가로되 알지 못하노라 하니라 ¹³ 저희가 전에 소경 되었던 사람을 데리고 바리새인들에게 갔더라 ¹⁴ 예수께서 진흙을 이겨 눈을 뜨게 하신 날은 안식일이라 ¹⁵ 그러므로 바리새인들도 그 어떻게 보게 된 것을 물으니 가로되 그 사람이 진흙을 내 눈에 바르매 내가 씻고 보나이다 하니 ¹⁶ 바리새인 중에 혹은 말하되 이 사람이 안식일을 지키지 아니하니 하나님께로서 온 자가 아니라 하며 혹은 말하되 죄인으로서 어떻게 이러한 표

적을 행하겠느냐 하여 피차 쟁론이 되었더니 [17] 이에 소경 되었던 자에게 다시 묻되 그 사람이 네 눈을 뜨게 하였으니 너는 그를 어떠한 사람이라 하느냐 대답하되 선지자니이다 한대 [18] 유대인들이 저가 소경으로 있다가 보게 된 것을 믿지 아니하고 그 부모를 불러 묻되 [19] 이는 너희 말에 소경으로 났다 하는 너희 아들이냐 그러면 지금은 어떻게 되어 보느냐 [20] 그 부모가 대답하여 가로되 이가 우리 아들인 것과 소경으로 난 것을 아나이다 [21] 그러나 지금 어떻게 되어 보는지 또는 누가 그 눈을 뜨게 하였는지 우리는 알지 못하나이다 저에게 물어 보시오 저가 장성하였으니 자기 일을 말하리이다 [22] 그 부모가 이렇게 말한 것은 이미 유대인들이 누구든지 예수를 그리스도로 시인하는 자는 출교하기로 결의하였으므로 저희를 무서워함이러라 [23] 이러므로 그 부모가 말하기를 저가 장성하였으니 저에게 물어 보시오 하였더라 [24] 이에 저희가 소경 되었던 사람을 두 번째 불러 이르되 너는 영광을 하나님께 돌리라 우리는 저 사람이 죄인인줄 아노라 [25] 대답하되 그가 죄인인지 내가 알지 못하나 한 가지 아는 것은 내가 소경으로 있다가 지금 보는 그것이니이다 [26] 저희가 가로되 그 사람이 네게 무엇을 하였느냐 어떻게 네 눈을 뜨게 하였느냐 [27] 대답하되 내가 이미 일렀어도 듣지 아니하고 어찌하여 다시 듣고자 하나이까 당신들도 그 제자가 되려 하나이까 [28] 저희가 욕하여 가로되 너는 그의 제자나 우리는 모세의 제자라 [29] 하나님이 모세에게는 말씀하신 줄을 우리가 알거니와 이 사람은 어디서 왔는지 알지 못하노라 [30] 그 사람이 대답하여 가로되 이상하다 이 사람이 내 눈을 뜨게 하였으되 당신들이 그가 어디서 왔는지 알지 못하는도다 [31] 하나님이 죄인을 듣지 아니하시고 경건하여 그의 뜻대로 행하는 자는 들으시는 줄을 우리가 아나이다 [32] 창세 이후로 소경으로난 자의 눈을 뜨게 하였다 함을 듣지 못하였으니 [33] 이 사람이 하나님께로부터 오지 아니하였으면 아무 일도 할 수 없으리이다 [34] 저희가 대답하여 가로되 네가 온전히 죄 가운데서 나서 우리를 가르치느냐 하고 이에 쫓아내어 보내니라 [35] 예수께서 저희가 그 사람을 쫓아냈다 하는 말을 들으셨더니 그를 만나사 가라사대 네가 인자를 믿느냐 [36] 대답하여 가로되 주여 그가 누구시오니이까 내가 믿고자 히나이다 [37] 예수께서 가라사대 네가 그를 보았거니와 지금 너와 말하는 자가 그이니라 [38] 가로되 주여 내가 믿나이다 하고 절하는지라 [39] 예수께서 가라사대 내가 심판하러 이 세상에 왔으니 보지 못하는 자들은 보게 하고 보는 자들은 소경되게 하려 함이라 하시니 [40] 바리새인 중에 예수와 함께 있던 자들이 이 말씀을 듣고 가로되 우리도 소경인가 [41] 예수께서 가라사대 너희가 소경 되었더면 죄가 없으려니와 본다고 하니 너희 죄가 그저 있느니라.

(1) 주해

이 본문은 성경의 여러 본문들 중에 특히 장애인 공동체에 속한 사람들에게도 매우 중요한 본문이다. 이 본문에서 저자 요한은 제자들이 예수께 맹인으로 태어난 것이 자신의 죄 때문인지 아니면 그 부모의 죄 때문인지를 묻는 모습을 묘사한다. 이 질문에 대한 예수의 답변은 "이 사람이나 그 부모가 죄를 범한 것이 아니라 그에게서 하나님의 하시는 일을 나타내고자 하심이니라"고 한다(3절). 예수의 이러한 답변은 장애의 원인이 당사자의 죄에 대한 형벌 때문이 아니라는 확실한 증거로 종종 인용되곤 한다.

그런데 이 단락은 좀 더 긴 단락의 작은 부분으로서 여러 다양한 요소들로 훌륭하게 조직된 한 편의 커다란 드라마처럼 펼쳐진다. 또 이 단락은 "표적의 책"이라 불리는 요한복음 전반부에서 아홉째 장에 위치해 있다. "표적의 책"에서 저자 요한은 예수의 눈부신 이적 행위들을 소개하면서 독자들의 시선을 결국 예수의 참된 기독론적 정체성으로 인도한다.

예수의 기적 사건을 묘사함에 있어서 요한복음은 다른 복음서들과 다른 점이 몇 가지 있다. 요한복음의 본문에는 다른 공관복음서의 치유 기사에서 찾아볼 수 없는 다음과 같은 독특한 요소들이 있다. (1) 이 남자는 **날 때부터** 맹인 이었다. (2) 예수는 치료의 효과를 얻는 방법의 일환으로 **진흙**을 사용한다 (이는 마가복음 7:31-37과 8:22-26에서 언급된 침과 다르다). (3) 최종적인 치유는 **실로암** 연못의 물을 통해서 일어났다. (4) 바리새인들은 맹인으로 난 자에게 일어난 기적에 관하여 **심문한다**. (5) 또 바리새인들은 맹인이었던 사람의 **부모**도 심문한다.[1]

    이 본문은 몇 단계를 거쳐서 현재의 상태로 정리되었다. 이 본문에서 가장 오래된 부분은 치유 이야기로서 "질병에 대한 묘사와 치유 행위, 그리고 기적에 대한 확증"의 세 부분으로 이루어졌다.[2] 고침을 받은 남자가 예수의 제자가 되었다는 이유로 심문을 받는 장면은 나중에 덧붙여졌다. 그 다음 요한은 예수를 세상의 빛으로 선포하는 기독론적인 부분(4-5절)을 덧붙이고 예수의 기원에 관하여 토론하는 부분(29-34절)을 포함시켰다.[3]

    이 본문은 매우 길고 복잡하지만 다음 일곱 단락으로 구분할 수 있다. (1) 1-7절은 제자들의 질문과 예수의 답변, 맹인에 대한 예수의 명령과 시행, 연못에서의 씻음과 치유를 다룬다. (2) 8-12절은 고침 받은 남자가 돌아오고 그의 정체에 대해서 이웃들이 혼란스러워 하는 장면을 다룬다. 이 단락에서 이 남자는 자신을 고친 사람을 가리켜서 예수라는 **사람**으로 인식한다. (3) 13-17절은 바리새인들이 고침 받은 사람의 이전 상태와 지금 상태, 그리고 이 맹인의 시력을 회복시킨 사람이 누구인지에 대하여 심문한다. 이 단락의 마지막 부분에서 이 남자는 예수를 **선지자**로 인식한다. (4) 18-23절은 바리새인들이 이 남자의 부모를 심문하는 모습을 담고 있다. (5) 24-34절은 이 남자에게 무슨 일이 일어났으며 누구에 의해서 이런 일이 일어났는지에 대한 바리새인들의 계속되는 심문을 보여준다. 이때 예수는 죄인으로 비난을 받으며 이 남자 역시 예수의 제자로 비난당하고 결국 회당에서 쫓겨난다. (6) 35-38절은 이 남자가 홀로 남았음과 그가 회당에서 쫓겨났다는 소식을 예수께서 들으시고 그를 찾는 내용이 언급된다. 여기서 예수는 자신을 인자로 드러내신다. 이 단락의 마지막 부분에서 이 남자는 "주여 내가 믿나이다"라고 외치면서 예수께 절한다. (7) 39-41절에서는 다시 예수와 바리새인들 간의 마지막 논쟁이 벌어지면서 전체 내러티브가 끝난다.[4]

기독교가 점점 확산되는 과정에서 예수의 참된 정체성에 대한 논쟁이 계속 커져가자 사도 요한과 초대 기독교 공동체는 이런 논쟁에 대한 일종의 변증으로 이 본문을 사용하였다.[5] 이 점은 바리새인들의 심문 부분에서 살 드러난다. 중요한 질문은 예수가 하나님의 능력을 지녔는가 아닌가, 그리고 만일 그렇다면 과연 예수는 누구인가 하는 것이다. 이 본문은 사람들에게 예수의 신적인 속성을 분명히 각인시키려는 의도를 담고 있다.

① 장면 1 (1-7절)

1절: 1절에서 우리는 이 남자가 **날 때부터** 맹인이었다는 사실을 알 수 있다. 그런데 최근의 성서일과 설교 자료집에서는 이 남자의 시각장애를 불완전으로 설명하고 있다. "이 남자는 맹인으로 태어났다. 다시 말해서 **불완전하게 태어난 것이다**"(저자의 표현).[6] 이 자료집의 저자는 장애를 안고 태어난 사람을 "불완전한 존재"로 간주했던 1세기의 신념을 언급하는 것 같다. 하지만 이런 설명은 오늘날에도 여전히 시각장애인들 역시 온전치 못하고 불완전하다는 뜻으로 비춰진다.

하지만 반대로 과연 누가 완벽한 존재로 태어날 수 있을까? 또 과연 누가 완전에 대한 기준을 결정할 수 있을까? 바로 이런 표현들이, 상당수의 장애인들이 경험하는 소위 이등 시민(인간?)에 대한 차별의식을 조장한다.

2절: 누구의 죄 때문이냐는 제자들의 질문을 통해서 치유 기사의 성격이 더욱 부각된다. 장애가 부모의 죄로부터 비롯됐다는 생각은 출애굽기 20:5과 34:7에 근거하고 있으며, 이런 구절들은 민수기 14:18과 신명기 5:9에서도 반복해서 나타난다. 일부 유대인들은 출생 전에도 영혼이 미리 존재한다고 생각하였으며 이 영혼이 태내에서 죄를 범할 수 있다고 믿었다.[7] 제자들은 예수에게 질문하면서 당시의 이런 견해들을 분명하게 해명해 주기를 바랬다.

3절: 예수는 맹인으로 태어난 것이 그 사람의 죄 때문이 아니라는 답변으로 제자들의 질문에 종지부를 찍는다. 하지만 장애의 원인에 대한 예수의 답변의 의미가 그리 분명하지 않다. 예수는 "그가 맹인으로 태어난 것은 그에게서 하나님의 하시는 일을 나타내고자 하심이니라"고 말씀하신다. 하지만 이 말의 정확한 의미는 무엇일까? 어떤 학자는 이 사람이 맹인으로 태어난 이유에 대해서 이렇게 설명한다. "완전한 사람이었더라면 그리스도께 전혀 쓰임 받지 않았을 것이다. …이 사람으로 하여금 창조주에게 그토록 훌륭한 봉사의 기회를 제공한 것이 바로 그의 장애, 즉 사람들이 흔히 말하듯이 그의 십자가였다."[8] 이러한 설명은 이 맹인이 태어날 때 **완전**치 않았으며 그의 시각장애를 하나님이 허락한 "십자가"로 설명했던 앞의 성서일과 자료집의 입장과도 일치한다.

또 다른 학자는 이 구절을 이렇게 설명한다. "사도 요한은 하나님께서 이 맹인 거지로 하여금 오랜 세월을 그토록 비참한 처지로 지낸 것을 그대로 용납하셨을 것으로 생각했다. 그래서 이 남자는 어느 날 소위 말하는 하나님의 실물 교육의 역할을 감당할 수 있었다. 그것이 아니라면 하나님은 왜 이 남자를 맹인으로 태어나게 하셨겠는가?"[9] 여러 장애인 공동체 속한 사람들은 일반적으로 이 남자는 (우리 모두처럼) 세상을 향한 하나님의 사랑을 보여주기 위하여 맹인으로 태어났다고 해석한다.

4-5절: 이 구절은 예수를 세상의 빛으로 묘사하는 기독론적인 첨언이다. 특히 빛과 어둠의 주제는 요한복음 전체를 관통하는 사도 요한의 중요한 주제들인 '낮/빛/봄'과 '밤/어둠/보지 못함'이라는 대조적인 표현들 중의 하나로 계속 되풀이된다.

6절: 이 구절에는 분명하지 않은 여러 가지 의미들이 함축적으로 내포되어 있다. 맹인으로 태어난 이 남자가 예수와 제자들 사이에 오간 대화를 엿들었는지는 잘 알 수 없다. 설령 그렇더라도 이 남자는 예수를 그저 선생으로 생각했을 뿐 치유자로는 전혀 생각지 못했을 것이다. 또 바디매오와 달리 이 남자는 예수께 은혜를 구하거나 고쳐달라고 요청하지도 않았다. 또 자신에게 일어나고 있는 일들에 대해서 전혀 알 수도 없었을 것이다. 지금 눈앞에서 무슨 일이 벌어지고 있는지를 전혀 볼 수 없었다. 그런데 아무런 언급도 없이 갑자가 누군가가 나와 자기 눈에 진흙을 발랐다. 내가 맹인인데다가 내 주위에서 무슨 일이 벌어지는지를 전혀 볼 수 없는데, 갑자기 내 눈에 더러운 진흙이 발라지는 것이 느껴진다고 상상해보자. 그러면 아마도 깜짝 놀랄 것이고 혼란스러운 느낌에다가 아마도 공포감이 느껴질 것이다. 한편 이 구절에는 하나님과 우리 인간의 만남에서 예수께서 그 주도권을 쥐고 있다는 의미가 내포되어 있다. 바디매오의 경우처럼 우리가 그에게 다가가서 소리 지른 것과는 전혀 다르다. 이 구절에 나타난 예수의 주도권은 이 맹인 남자의 믿음 때문이 아니다. 이 남자는 지금 자신에게 무슨 일이 벌어지고 있는지 전혀 모른다. 예수에 대한 믿음은 치유 사건이 있고 나서 나중에 뒤따랐다. 즉 치유는 이 남자의 믿음이 담긴 말이나 행동과 전혀 무관하게 일어났으며 이는 하나님의 은혜일 뿐이다. 그럼에도 불구하고 이 남자는 사례로, 즉 실물 교육으로 쓰이고 있다. 이 남자는 자기에게 치유가 베풀어지기를 가만히 기다리기보다는 어떤 결정이 내려지는 데 함께 참여하는 쪽을 더 선호했을 수도 있지만 말이다.

7절: 자기 눈에 진흙을 바른 사람이 이 남자에게 "실로암 못에 가서 씻으라"고 말한다. 혹시 누군가가 이 남자에게 농담을 걸어오는 것은 아닐까? 당연히 이 남자도 가능한 빨리 눈에 묻은 진흙을 씻어버리기를 원했다. 실로암 못은 이 남자가 진흙을 씻을 물이 있는 가장 가까운 장소였을 수도 있다. 하지만 정확한 정황은 알 수 없다. 또 이 남자도 지금 무슨 일이 벌어지고 있는지를 알아내려고 노력했을 수도 있고, 당시 대중적으로 인기 있는 치유자들 역시 침으로 이겨진 진흙을 사용한다는 사실을 이 남자도 잘 알고 있을 수도 있다. 아서 존 가십(Arthur John Gossip)은 실로암 못으로 가는 길을 더듬어 찾고 있는 이 남자의 처량한 모습을 이렇게 묘사하고 있다. "…진흙과 침, 그리고 먼지로 범벅이 된 얼굴로 사람들이 많은 거리를 손으로 더듬거리면서 걸어가고 있는 모습은 스스로 생각하더라도 참으로 우스운 꼴이라고 생각했을 것이다."[10] 물론 이런 이미지는 청중에게 당시의 모습을 생생하게 전달해 줄 수 있지만, 강단에서 이런 방식으로 설교하는 것은, 오늘날 맹인들을 바라볼 때에도 "온전치 못한" 존재보다는 오히려 "온전한" 존재로 태어난 사람들이 다수를 차지하는 사회 속에서 마치 그들 역시 흐릿한 눈으로 지팡이를 쥐고서 거리를 더듬거리며 걸어가는 우스운 존재로 생각하도록 조장할 우려가 있다.

이 남자가 연못에 들어가 눈을 씻자 그 즉시로 볼 수 있게 되었다. 그런데 여기에서 사도 요한은 독자들에게 또 다른 추가적인 정보를 알려주기를 원한다. 즉 독자들은 실로암이란 단어의 의미가 "보냄을 받았다"는 뜻이라는 설명을 듣는다. 일부 학자들은 "보냄을 받은" 연못의 치유력을 '보냄을 받은' 자로서의 예수의 치유력과 동일시한다.[11]

레지날드 퓰러(Reginald H. Fuller)는, 실로암 연못은 "각성과 계몽"의 장소로 알려졌으며 그래서 세례와 연결될 수 있다고 제안한다.[12] 초대 교회 당시에 실로암 물의 의미를, 보지 못하고 이해하지 못한 데서부터 보고/믿는 것으로의 변화, 그리고 세례와의 연관성 속에서 이해했던 것에 대해서는 다음의 "치유 설교" 항목에서 더 자세히 살펴볼 것이다.

② 장면 2 (8-12절)

8절: 여기에서는 그동안 이 남자에 대한 독자들의 추측, 즉 맹인으로 태어난 이 남자가 생계를 위해서 구걸을 했다는 사실이 밝혀진다. 장애인과 구걸의 연관성은 과거 역사를 보더라도 잘 알 수 있다. 또 이런 연관성은 오늘날에도 맹인들은 늘 가난하고 무력하며 처량한 사람들이라는 기본적인 인식과도 일치한다. 미국에서도 이런 속설을 극복하기란 쉽지 않다. 또 전 세계 어디에서건 장애를 가진 사람들 중의 상당수가 생계를 꾸려가는 유일한 수단으로 구걸을 일삼는 것이 사실이다. 또 거리에서 구걸하도록 할 때 좀 더 불쌍하고 측은하게 보이기 위해 힘없는 어린아이들을 억지로 불구자로 만든다는 어른들의 끔찍한 폭행에 관한 기사도 심심치 않게 들린다.

9-10절: 이 구절에서 이 남자의 주변 사람들은 이 사람에게 일어난 치유와 변화에 대해서 함께 기뻐하거나 축하하지 않고, 오히려 이 사람이 과연 전에 그 사람인지 그리고 어떻게 이런 일이 벌어질 수 있는지를 놓고 논쟁을 벌인다. 즉 당시 공동체는 치유를 그대로 받아들이지 않고 여기에 석대적인 반응을 보였다.

11절: 여기에서 이 남자는 자신을 고친 치유자의 이름을 알고 있음이 처음으로 분명하게 드러난다. "예수라 하는 그 사람이"라는 진술에서부터 이 남자가 예수가 누구인지를 알아가는 깨달음의 과정이 시작된다.

12절: 이 남자의 이웃 사람들은 예수라 하는 사람이 어디에 있는지 알고 싶어 했다. 하지만 7절에서 이 남자가 예수와 헤어졌다가 실로암 못에서 돌아와서 다시 예수의 얼굴을 보았는지, 아니면 이미 예수는 그 자리를 떠나버렸는지는 잘 알 수 없다. 그러나 예수를 처음 만났을 때 이 남자는 맹인이었기 때문에 이 시점에서도 이 남자는 예수가 어떻게 생겼는지 여전히 몰랐을 것이다.

③ 장면 3 (13-17절)

13절: 당시 유대 공동체 사람들은 소경으로 태어난 이 남자의 말을 믿지 않았다. 그래서 이들은 이 남자를 바리새인들에게로 데리고 갔는데, 이는 이들이야말로 무슨 일이 일어난 것인지를 잘 설명해 줄 수 있으리라 여겨졌기 때문이다.

14-15절: 유대인들과 마찬가지로 바리새인들 역시 이 남자의 말을 믿지 않았다. 그래서 이들은 치유 사건에 대해서, 즉 어떻게 그리고 누구에 의해서 이 치유가 일어났었는지에 대해서 그를 심문하였다. 사람들은 오늘날에도 맹인의 말을 잘 믿지 못한다. 법정에서도 맹인의 증언에 대한 신뢰도는 낮은 편이다. 그 이유는 맹인은 심리가 진행 중인 중요한 사건을 제대로 "목

격하지" 못했기 때문이다. 이들은 "목격자"로서의 자격을 갖추지 못했기 때문에 그들의 말은 의심의 여지가 많고 묵살당하기 쉽다. 무엇을 들었고 어떤 냄새를 맡았으며 무슨 감촉을 느꼈는지에 관계없이 시각장애인들의 증언이 일부 법적인 심리에서 종종 받아들여지긴 하더라도, 여전히 그 신뢰성은 의심스러운 것으로 여겨진다.

16절: 예수는 안식일 법을 지키지 않았기 때문에 하나님으로부터 보냄을 받은 자가 아니라, 오히려 죄인으로 간주되었다.

17절: 예수의 정체에 대한 이 남자의 인식이 한 남자로부터 선지자로 점차 발전한다. "그는 **선지자**이다."

④ 장면 4 (18-23절)

18-23절: 이웃 사람들과 바리새인들은 이 남자가 하는 말을 믿을 수 없었기 때문에 그의 말을 확인하고자 그 부모를 소환하였다. 그런데 22절은 이 남자의 부모가 "회당에서 출교당하는 것"이 두려워서 바리새인들의 질문에 비협조적으로 반응하였음을 암시한다. 그렇다 하더라도 이들은 사실 자기 아들이 들려준 내용 이상의 것을 알 수 없었다. 21절과 23절에서 그 부모는 "그 아들이 이미 장성하였다"고 말한다. 이 남자는 자기 의견을 스스로 말할 수 있었다.

부모를 심문한 바리새인들의 처신은 오늘날과 마찬가지로 지극히 정상적이다. 시각장애인들은 성인이 되더라도 어린아이처럼 취급받는다. 시각장애인을 잘 모르는 낯선 사람들은 그 장애인에 대해서는 본인보다는 가족들이나 주변 친구들에게 묻는다. 이런 관례는 시각장애인들은 자신의 입장을 스스로 말할 수도 없고 또 자기 주변에서 일어난 일을 잘 이해할 수 없음을 암시한다. 시각장애인이라고 해서 묻는 말도 전혀 듣지 못하는 청각장애인은 아님에도 불구하고, 이들에게 일어난 일을 잘 이해하기 위해서는 주변의 설명해주는 사람이 필요하다는 그릇된 인식이 널리 퍼져 있다. 이런 잘못된 인식은 청각장애인들에 대해서 더욱 심각한 양상으로 나타난다. 청각장애인과 직접 이야기를 나누려고 하기보다는 주변의 대리인을 통해서 대신 이야기를 나누려고 한다. 어찌됐건 결국 장애를 가진 사람은 보이지도 않고 존재하지도 않는 사람으로 취급 받기 일쑤이다.

본문에 등장하는 맹인의 부모는 이기적인 관심사로부터 완전히 자유롭지는 않았지만, 그래도 자기 아들을 자신의 권리를 스스로 결정할 수 있는 독립적인 성인으로 대우하고 있다. 이 부모는 자기 아들은 스스로의 입장을 말할 수 있으며 혼자서 결정을 내릴 수 있다고 믿었다. 자기 아들을 과잉보호하지 않았다.

22절: 예수를 메시아로 믿는 사람들을 유대 회당에서 출교하는 일은 주후 90년 이후로부터 시작되었던 것으로 추정된다. 따라서 여기에서 언급된 출교는, 예수의 공생애 동안에 일어난 일들을 담고 있는 이 본문의 이야기에 아마도 나중에 덧붙인 내용으로 추정된다.[13] 요한복음의 저자에게 출교는 매우 중요한 주제였다. 저자는 예수를 믿는다는 이유로 유대 권력자들로부터 배척과 박해를 경험하고 있는 공동체를 상대로 이 복음서를 저술하고 있었기 때문이다.

⑤ 장면 5 (24-34절)

24-26절: 이 남자는 자신에게 일어났던 사건을 설명하기 위해서 다시 바리새인들에게 소환되었다.

27절: 이 절에서 이 남자의 반론은 매우 재기 넘치는 동시에 자신만만하다. 그는 대담하게도 이렇게 반문한다. "내가 이미 일렀어도 듣지 아니하고 어찌하여 다시 듣고자 하나이까? 당신들도 그 제자가 되려 하나이까?" 이 남자의 풍자적인 마지막 질문은 그가 바리새인들과의 논쟁에서 이기고 있음을 암시한다. 그는 권력자들의 억압과 모욕, 그리고 판결 앞에서도 결코 움츠려들지 않을 뿐만 아니라, 오히려 그렇게 권력을 가진 자들에 대해서 전혀 두려워하지 않는 모습을 분명히 보여준다. 그의 강력한 위트와 인품, 지성, 그리고 의사소통 능력은 맹인이었다가 시력을 회복한 다음에 계발한 특성이 아니다. 이 모든 자질들은 맹인이었던 동안에, 아마도 맹인이었기 때문에 더욱더 계발되었을 것이다.

28-29절: 바리새인들은 자신들을 모세의 제자라고 자랑하지만 맹인이었던 이 남자는 잘 알려지지 않은 예수의 제자로 비난당한다.

30-32절: 이 남자는 바리새인들에게 익숙한 용어와 교리를 동원하여 그들의 비난을 되받아친다.

33절: 이 남자는 예수가 그저 사람이나 선지자 정도가 아니라 **하나님에게서** 온 자임을 간접적으로 고백한다.

34절: 맹인으로 태어난 이 남자는 죄 가운데 태어났다고 비난을 당한다(예수는 앞에서 이런 견해를 부인하였다). 또 바리새인들에게 오히려 무언가를 가르치려든다고 호된 꾸지람을 듣는다. 바리새인들은 맹인으로 태어난 이 남자의 말을 전혀 믿으려들지 않았으며 구걸하는 사람에게서 어떤 가르침을 들을 생각도 전혀 없었다. 이들은 많은 교육을 받았으며 지혜로운 종교 지도자들이다. 이런 사람들이 날 때부터 지금까지 맹인으로 지낸 가난한 거지에게서 무엇을 배울 수 있단 말인가? 이런 인식은 오늘날까지도 수많은 시각장애인들이 매일 부딪히면서 살아가는 사회적 편견이다. 오늘날의 사회는 장애인들이 사회에 무언가 공헌할 수 있다는 것, 그리고 시각장애인이 아닌 일반 사람들에게 무언가를 가르칠 수 있다는 사실을 잘 받아들이려 하지 않는다. 대부분의 사람들이 봉사나 가르침을 한 방향으로만 생각한다. 그래서 맹인은 능동적으로 남에게 베풀 수 있는 사람이 아니라 수동적인 수용자에 불과하다는 것이다.

이 남자의 대담하고도 지혜로운 반박에서 알 수 있는 것은, 비록 그가 이제는 볼 수 있게 되었음에도 불구하고 여전히 공동체의 일원으로 받아들여지지 못하고 있다는 점이다. 이 남자는 치유를 요청하지도 않았다가 갑자기 은혜로 고침을 받았는데도 불구하고, 그렇게 고침을 받은 결과로 다시 공동체로부터 배척을 당했다. 또 다른 치유 기사에서는 공동체로부터 배척받게 된 원인은 장애 때문으로 나타난다. 그런 경우에 치유 사건을 계기로 그 병자는 공동체로 다시 회복된다. 하지만 이 내러티브에서는 그 반대로 치유 사건을 계기로 공동체로 다시 받아들여져 회복되기보다는 오히려 배척당한다. 볼 수 있게 된 것이 이 사람의 삶을 꼭 더 편하게 하거나 더 행복하게 만든 것이 아니다.

오늘날에도 맹인이거나 다른 장애를 가진 사람들이 공동체 내에서 다른 사람들과 동등한 권리를 요구하는 목소리를 높이고 있다. 어떤 장애인들은 교육이나 고용, 또는 교회 예배에 접근할 수 있는 권리를 요구하기도 한다. 하지만 이들이 자신의 권리를 담대하게 요구할 때 이들은 기성 사회 앞에 고분고분한 수동적인 수용자처럼 비춰지기보다는 본문에 등장하는 이 남자처럼 너무 뻔뻔스럽거나 공격적인 사람들로 비춰지곤 한다. 이들은 또 신앙 공동체에서조차 차별과 배척을 경험하곤 한다.

⑥ 장면 6 (35-38절)

35절: 예수는 이 남자가 시력을 회복한 때부터 계속 이 이야기 속에 나타나지 않았다. 하지만 이 구절에서는 예수께서 이 남자가 바리새인들에게서 쫓겨났다는 소식을 듣고서 다시 그에게 찾아왔음을 알게 된다. 복음서의 저자는 이런 내용을 이 이야기 속에 포함시켜 놓음으로써, 박해와 출교에 직면한 초대 교회 공동체에게 예수께서 그들을 다시 찾아오실 것을 약속하면서 용기를 북돋아주었다. 레이몬드 브라운(Raymond E. Brown)은 이 구절을 주해하면서 예수와 지혜에 대한 구약성경의 묘사 사이를 서로 유비적으로 설명하고 있다. "지혜는 그럴만한 가치가 있는 자들을 찾아 나서서 도중에 이들에게 인자한 모습으로 나타나는 것으로 묘사된다."14) 지혜처럼 예수도 은혜 베풀 자들을 찾고 계신다.

이 남자가 예수를 다시 만났을 때 자기를 고쳐준 사람으로 알아봤는지 아니면 그저 예수의 이름만을 알고 있었는지는 분명치가 않다. 이때 예수께서 "하나님의 아들"이나 "메시아" 대신에 "인자"란 용어를 사용하신 이유도 조금 모호하다. 이 남자가 듣기에 "인자"라는 용어는 "하나님의 아들"이나 "메시아"처럼 좀 더 그 의미가 분명한 용어들로부터 연상되는 동일한 이미지들을 떠올리지는 않았을 것이다.

36-37절: 이 남자가 인자가 누구인지 잘 모르겠다고 털어놓자, 예수는 자신의 정체를 드러낸다.

38절: 이 절에서는 자기를 고쳐준 사람의 정체가 누구인지에 대한 이 남자의 인식과 깨달음이 최고조에 도달한다. 자기를 고쳐준 "사람"이 예수이며 그 예수가 바로 "하나님으로부터 온 선지자"라는 선언을 듣게 되면서, 독자들은 그 예수가 바로 하나님으로부터 보냄 받은 인자라는 예수의 선언에 대한 응답으로 이 남자가 "주여 내가 믿나이다"라고 고백하는 장면 앞에 서게 된다. 이 남자는 예수를 믿을 뿐만 아니라 그에게 경배하고 있다. 이런 마지막 신앙 고백은 만일 예수가 이 남자에게 찾아오지 않았더라면 결코 일어나지 않았을 것이다.

그런데 여기에서 주목할 점은 날 때부터 소경이었던 이 남자는 고침 받은 이후에 공동체로부터 거절당하고 또 생계를 위해서 더는 구걸할 수도 없게 되었고 가진 기술이나 직장, 또는 (우리가 아는 바로는) 함께 연대할 공동체도 없다는 사실이다. 바디매오에 관한 본문과 달리 이 본문에서는 이 남자가 예수를 따라갔다거나 또는 그 제자나 추종자가 되었다는 암시를 전혀 발견할 수 없다. 그는 홀로 남겨졌으며 그러나 이제는 자기 주변에 또렷이 보이는 세상을 경외감을 가지고 대할 수 있게 되었다.

⑦ 장면 7 (39-41절)

39절: 이 구절에서 바리새인들은 이야기의 배경 속으로 밀려나면서 다음과 같은 예수의 말씀을 곁에서 엿듣게 된다. "내가 심판하러 이 세상에 왔으니 보지 못하는 자들은 보게 하고…그 결과로 보는 자들은 소경되게 하려 함이라" 이 말씀의 앞부분은 쉽게 이해된다. "내가 이 세상에 온 것은 보지 못하는 자들을 보게 하려 함이라", 그러나 뒷부분의 "[그 결과로] 보는 자들은 소경되게 하려 함이라"는 말씀은 상당히 모호하다. 이 말씀은 보는 자들이 결국 예수의 신적인 본질을 이해할 능력이 없거나 또는 이해하기를 거부했다는 것을 나중에 자신들이 깨닫게 될 것이라는 뜻인가, 아니면 예수께서는 의도적으로 (어떤 식으로든) 그들이 이해하지 못하게 할 것이란 말씀인가? 만일 후자의 의미라면 왜 예수께서는 사람들이 믿지 않기를 바라신단 말인가? 한 가지 분명한 것은 여기에서 예수는 "보지 못한다"는 표현을 은유적으로 사용하고 있다는 점이다. "보지 못한다"는 표현을 믿지 않는 자들 또는 죄 가운데 거한 자들과 관련하여 은유적으로 또는 비유적으로 사용하고 있음을 확증하는 부분이 바로 이 본문이다.

40절: 39절에서 예수의 말씀을 엿들었던 바리새인들은 육체적으로는 볼 수 있는 능력을 가지고 있으면서도 "우리도 정녕 소경인가?"라고 묻는다.

41절: 바리새인들의 질문에 예수는 "너희가 소경 되었더면 죄가 없으려니와 '본다고' 하니 너희 죄가 그저 있느니라"고 대답한다. 여기에서 예수는 모든 것을 잘 볼 수 있다고 생각하는 자들은 실은 아무것도 모르는 사람들이라고 설명한다. 그리고 예수의 정체에 대한 바른 이해와 믿음이 부족한 자들은 죄 가운데 있는 것이라고 한다. 그런데 이 구절에서 주목할 점은 육체적으로 맹인인 사람들에게는 죄가 없다는 예수의 말씀이다. 이 말씀은 시각장애나 다른 장애를 죄와 동일시하면서 질병이나 장애를 고침 받는 것을 믿음을 갖는 것과 동일시하는 다른 치유 내러티브와 비교할 때 상당히 의외의 말씀이다. 이 말씀은 한편으로는 그렇게 고통당해야만 하는 죄과가 없음에도 불구하고 장애로부터 고통당하는 사람들의 결백을 인정해 준다. 그러나 또 다른 한편으로 맹인들이라고 해서 전혀 죄가 없고 죄로부터 완전히 자유로운 존재들이 아닌 것과 마찬가지로, 반대로 맹인을 포함하여 모든 장애를 죄의 결과로도 볼 수 없다는 것이다.

(2) 전통적인 설교

나는 그동안 이 본문을 여러 가지 방식으로 설교하는 것을 들어보았다. 그 많은 설교에서 설교자들이 그럴 필요가 없는 사소한 것들에 너무 많은 관심을 쏟는 경우를 많이 보아왔다. 어떤 설교에서는 이 남자가 예수의 정체를 올바로 깨닫고서 그에 대한 반응으로 신앙을 고백하는 일련의 과정을 추적하면서 신자의 믿음의 진보를 설교 주제로 다루기도 한다. 또 다른 설교에서는 예수를 세상을 비추는 빛으로 이해하면서 어두움에 대한 빛으로서의 예수의 승리를 강조하기도 한다. 이런 설교의 저변에 깔린 해석의 공통분모는 은유적 해석 방법으로서, 이 남자의 주변 사람들도 "보지 못하고" 바리새인들도 "보지 못하고" 그 부모 역시 "보지 못한" 반면에 맹인으로 태어난 이 남자만 올바로 볼 줄 아는 사람이었음을 강조한다. 즉 "자신이 보지 못한다는 사실을 깨달은 이 남자만이 진정 볼 수 있게 되었다는 것이다. 그래서 진정 자신의 죄를 깨달은 사람만이 용서받을 수 있다"고 설교한다.[15] 또는 "그리스도가 없는 인생은 맹인이나 다름없다"는 식의 설교도 있다.[16] 이 모든 설교에서 분명한 것은, 보지 못하는 것을 죄와 동일시하거나 하나님과의 관계가 깨어져 있음을 뜻하는 것으로 은유적으로 해석한다는 것이다.

　이 본문을 해석함에 있어서 일부 주석가들은 육체적인 고난과 죄의 상관관계에 집중하거나, 또는 신자를 좀 더 고귀한 소명으로 안내하기 위하여 고통이 주어졌음을 강조하기도 한다. "고난이나 비극이 우리에게 닥치면 우리는 그 고통을 인내로 감당해야 한다. 우리의 유익을 위해서 주어진 고귀한 소명을 받아들이지 않는 것은 얼마나 어리석은 일인가?",[17] 또 다른 주석가들은 이 남자의 치유 사건을 "타인에 대한 의존으로부터 해방된 것"으로 이해하는데, 이는 결국 의존이란 무언가 종속된 것이며 그래서 모든 희생을 지불하고서라도 반드시 거부해야 할 것이라는 견해를 암시한다. 이는 또 볼 수 있는 사람들은 누구에게나 무엇에 의존하지 않는다는 뜻인데 이는 결코 사실이 아니다. 그리고 다른 사람에게 좀 더 의존적인 사람들로 낙인 찍혀진 사람들을 위해서라도, 설교자는 이런 본문을 설교할 때 의존으로부터의 독립을 강조하기보다는 공동체 내의 상호의존성을 더욱 강조해야 한다.

　이 본문을 해석할 때 초대교회는 이 본문을 세례와 연관지었다. 카타콤의 지하묘지에서는 소경으로 태어난 남자에 관한 그림이 발견되었는데, 이런 그림들은 종종 기독교 세례에 대한 묘사와 관련되어 있다. 또 초대교회에서 요한복음의 9장 전체 내용은 입교자들이 세례 예식을 준비하는 중에 읽는 본문으로 활용되었다.[18] 초대교회에 원죄에 대한 개념이 등장하면서 이 본문은 죄 가운데 태어난 사람이 세례를 받음으로 그 죄가 씻어졌음을 의미하는 것으로 해석되었다. 터툴리안이 저술한 세례에 관한 소논문의 서론에서 언급한 것처럼, 초대교회는 시각장애(맹인)를 은유적으로 해석하여 원죄와 연결시켰다. "이 물의 성례로 우리 안에 태생적인 보지 못함의 죄악이 씻겨질 것이고 영원한 생명으로 우리를 자유롭게 하리라."[19]

예수를 세상의 빛으로 이해하는 신학적인 해석 관점이나 예수를 단지 한 사람에서 하나님께로서 온 인자로 깨달아가는 이 남자의 점진적인 신앙고백을 설교할 때, 시각장애를 은유적으로나 또는 죄에 대한 상징으로 표현하지 않고서도 충분히 설교할 수 있다. 또 설교자들은 빛과 어둠의 이미지를 은유적으로 표현할 때에도 흰색과 검은색의 피부색으로 연결되지 않도록 주의해야 한다.

시각장애를 죄와 동일시하는 은유적인 해석은 육체적으로 시각장애를 가진 사람들을 죄인으로 동일시하는 결과를 가져온다. 이 본문과 관련하여 세례를 강조했던 초대교회의 입장 역시 시각장애를 죄와 연결시켰다. 세례는 초대교회가 이 본문과 관련하여 강조했던 주제이긴 하지만, 이 역시 원래 본문의 강조점과 거리가 멀다. 그렇다면 이 본문에 대한 또 다른 정당한 해석 입장은 무엇일까?

(3) 치유 설교

이 본문에 대한 설교와 관련하여 설교자들은 우리가 다른 사람들로부터 배척당하여 혼자 있을 때 먼저 찾아오시는 예수의 모습을 좀 더 자세히 살펴보아야 한다. 올바른 치유 설교를 위해서 설교자들은 몇 가지 흥미로운 반전에 주의해야 한다. 그 첫 번째는 제자들의 질문에 대해서 그 남자나 부모의 죄 때문도 아니라는 예수의 답변이다. 장애가 죄 때문에 비롯된 것이 아니라는 예수의 답변은, 이와 비슷한 치유 내러티브를 설교할 때 그 저변에 깔린 암묵적인 신학적 전제와 대립된다.

이 본문에서 찾아볼 수 있는 두 번째 흥미로운 반전은 이 남자가 고침을 받음으로 소속감을 갖게 된 것이 아니라 오히려 공동체로부터 고립된다는 것이다. 그는 교육이나 기술 훈련을 받지도 못했고 직업이 있는 것도 아니다. 삶 속에서 일어나는 결정적인 변화가 때로는 공동체와 자기 정체성의 상실로 이어질 수도 있으며, 어떤 한 공동체로부터의 소속감을 잃어버리고 또 다른 공동체에 대한 소속감을 계발하는 과정은 생각보다 더디게 진행될 수도 있다.

이 본문에서 제기되는 또 다른 문제는 치유가 일어나기 전에 그에 대한 믿음이 필요하다는 신학에 대한 부정이다. 이 남자의 경우 고침 받기 전에 그에게는 믿음이 없었다는 점이 분명하다. 그의 믿음은 그를 심문하는 사람들에 대한 반박 속에서 점차 명료하게 발전되어 갔다. 그렇다면 우리도 믿음에 대한 모범을 보이지 못한 사람들에게 치유를 가져다 줄 수 있을까? 또 지금의 일반적인 패턴과 달리 우리가 이 세상을 치유하는 일에 적극적으로 관여하기 전에 먼저 그 선행 조건으로 신앙고백을 요구하지 않았다면 과연 지금의 교회 모습은 어떻게 달라졌을까?

본문: 마가복음 10:46-52

[46] 저희가 여리고에 이르렀더니 예수께서 제자들과 허다한 무리와 함께 여리고에서 나가실 때에 디매오의 아들인 소경 거지 바디매오가 길가에 앉았다가 [47] 나사렛 예수시란 말을 듣고 소리질러 가로되 다윗의 자손 예수여 나를 불쌍히 여기소서 하거늘 [48] 많은 사람이 꾸짖어 잠잠하라 하되 그가 더욱 심히 소리질러 가로되 다윗의 자손이여 나를 불쌍히 여기소서 하는지라 [49] 예수께서 머물러 서서 저를 부르라 하시니 저희가 그 소경을 부르며 이르되 안심하고 일어나라 너를 부르신다 하매

> ⁵⁰소경이 겉옷을 내어버리고 뛰어 일어나 예수께 나아오거늘 ⁵¹예수께서 일러 가라사대 네게 무엇을 하여주기를 원하느냐 소경이 가로되 선생님이여 보기를 원하나이다 ⁵²예수께서 이르시되 가라 네 믿음이 너를 구원하였느니라 하시니 저가 곧 보게 되어 예수를 길에서 좇으니라.

(1) 주해

이 본문은 마가복음 내에서 전략적인 위치를 차지하고 있다. 이 본문은 마가복음 8:22-26에서 또 다른 시각장애인에 대한 치유로 시작되는 예수의 유랑 사역의 종료 지점에 위치하면서 일종의 북엔드 기능을 하고 있다. 마가복음 전체에서 중앙에 위치하는 단락의 마지막 부분에 해당하는 이 본문은 또 이후 예수의 예루살렘 공생애로 이어지는 연결고리가 되기도 한다. 바디매오 치유 이야기는 이 복음서 전체에서 마지막으로 등장하는 치유 내러티브이기도 하다.

이 본문은 문학적으로 기적에 관한 이야기보다는 일종의 설화체와 같은 기능을 하고 있다. 그 이유는 이 본문의 초점이 치유 사역자보다는 바디매오라는 인물과 그의 행동에 집중하면서, "독자들에게 무엇을 배워야 할 것인지를 가르쳐주기" 때문이다.[20] 이 본문에 따르면 치유 자체는 조용히 일어났다. 여기에서 예수는 침이나 그 밖의 다른 물리적인 요소를 전혀 사용하지 않았다. 또 바디매오를 만지는 일도 없이 그저 말씀만 하셨고 그 결과 바디매오는 볼 수 있게 되었다.

이 본문은 또한 다음과 같은 간청 이야기의 전형적인 특징을 갖추고 있다. 기적을 베푸는 자에게 도움을 간구한 주인공(바디매오)과 그 과정에서 극복해야 할 장애물들(군중들은 바디매오더러 조용하라고 하면서 그의 간청을 묵살한다)이 언급된다.[21] 간청 이야기에서는 핵심적인 인물이 등장하여 장애물을 극복함에 있어서 적극적인 역할을 감당한다.[22] 이 본문에서도 바디매오는 조용하라는 군중들의 반대를 무시하고 더욱 크게 소리지른다.

한편 이 내러티브에는 다른 곳에서 찾아볼 수 없는 독특한 요소들도 발견된다. 이 본문은 장애를 가진 사람의 이름이 언급된 유일한 치유 본문이다. 부자관계를 암시하는 "디메오의 아들"이라는 이름이 분명하게 언급되어 있다. 또 다른 독특한 요소는 이 내러티브의 마지막 부분에서 바디매오는 예수를 따르는 제자로 묘사된다는 점이다. 이를 통해서 저자는 바디매오가 어떻게 제자의 삶을 시작하였고 초대교회 안에 잘 알려진 예수의 추종자가 되었는지를 말해준다.[23]

바디매오의 치유 사건은 예수와 제자들이 예루살렘으로 가는 중에 여리고에 이르렀을 때 일어났다. 이 치유 사건 다음에 마가는 이들이 유월절을 기념하기 위하여 예루살렘으로 가고 있는 중임을 알려준다.[24]

예루살렘으로 가는 중에 예수와 제자들은 또 다른 무리들과 함께 여행하는 큰 무리를 이루었을 것이다. 그래서 이들의 여행은 일종의 큰 행렬 같았을 것이다. 또 이 여정에 동참하지 못한 사람들도 지나가는 무리들과 이야기를 나누기 위해서라도 함께 모여들었을 것이다. 바로 이런 상황에서, 즉 길 가는 중에 본문의 사건이 발생하였다. 생계를 위해서 정기적으로 구걸하는 사람들과 그 마을에 사는 많은 구경꾼들이, 무리를 지어 지나가는 여행객들을 구경하기 위해서 모두 모여들었다.

46절: 이 내러티브의 서두에서부터 독자는 주인공으로 등장하는 한 남자의 이름과 그가 처한 상황에 대해서 듣게 된다. 바디매오는 맹인이며 길거리에서 다른 사람들의 동정에 의지해서 구걸로 생계를 꾸려가고 있다. 신체적인 장애 때문에 소외계층이 되어 사회의 끝자락으로 밀려나 있다.

47절: 바디매오는 맹인이었기에 많은 사람들이 지나가는 소리는 들을 수 있었지만 그들이 정확히 누구인지는 알 수 없었다. 그러다가 그렇게 웅성거리는 소리로부터 여행객들 중에 예수가 있다는 소리를 듣게 되었다. 그 순간 바디매오는 자신과 예수가 정확히 어떤 관계인지도 모르지만, 지체하지 않고 즉시로 예수의 이름을 부르기 시작하였다. "다윗의 자손 예수여 나를 불쌍히 여기소서!" 그는 자신의 처지만을 불쌍히 여기면서 누군가가 먼저 다가와서 적선을 베풀어줄 때까지 그저 가만히 앉아 기다릴 수 없었다. 그

보다는 자신의 인생에 대한 책임감을 느끼면서, 자기에게 필요한 것이라 생각되는 것을 얻는 데 주도권을 발휘하였다.

이때 그가 왜 예수를 "다윗의 자손"이라고 불렀는지는 분명치 않다. 이 호칭은 마가가 그의 복음서 나머지 부분에서 주로 사용하는 메시아의 호칭인 "인자"와 대조적으로 이 본문에서 예수를 부르는 호칭으로 사용되고 있다.[25] "다윗의 자손"은 마태복음에서 주로 사용되는 데 반해서, 마가복음에서는 오직 이 본문에서만 예수를 부르는 호칭으로 사용되고 있다. 아마도 바디매오는 예수를 랍비로 불렀고 "다윗의 자손"이란 표현은 나중에 삽입됐을 수도 있다.[26]

48절: 이 한 절에서 독자들은 바디매오의 간절한 외침에 대한 군중들의 반응과 아울러 그 군중들의 반응에 재차 더 크게 외치는 바디매오의 대응을 알게 된다. 당시 군중들은 바디매오가 예수를 부르는 것을 그저 무례한 행동으로 생각했다. 그는 여러 사람들의 행렬을 방해하면서 폐를 끼치고 있는 것이다. 그는 아무것도 아니다. 그래서 다른 사람들의 관심을 끌만한 사람인 것처럼 행동해서는 안 된다. 얌전한 맹인 거지로서 군중들 속으로 조용히 들어가서 되도록이면 자신을 사람들 눈에 띄지 않게 숨겨야만 했다. 그래서 사람들은 그가 소리를 지르자 마치 무슨 잘못을 한 어린아이처럼 그에게 조용히 하라고 꾸짖었다.

이런 모습은 오늘날에도 그대로 나타난다. 맹인이거나 다른 장애를 가지고 있는 사람들은 사람들의 시선이나 관심 밖에 있는, 보이지 않는 존재로 간주되는 실정이다. 사람들은 이들을 마치 어린 아이처럼 취급하거나, 사람들 틈에서 자기주장이 강하거나 적극적이기보다는 소극적이고 얌전히 조용하기를 바란다.

하지만 바디매오는 이러한 관례를 그대로 용납하지 않았다. 길거리에서 누군가로부터 동정이나 받고 가만히 돌봄을 받으면서 사람들 눈에 띄지 않게 지내는 수동적인 역할을 따르려고 하지 않았다. 그는 자신의 인생을 다른 사람에게 내맡기지 않고 주도적인 입장에서 자기 인생을 스스로 통제하기로 하였다. 바디매오는 자기네들이 더 중요하다고 생각하는 사람들, 자기에게 조용히 입을 다물라고 말하는 사람을 무시하고 전보다 더 크게 외쳤다. "다윗의 자손이여 나를 불쌍히 여기소서!"

어떤 학자들은 바디매오의 이러한 간절한 외침을 "적극적인 신앙의 모델"로 간주하기도 하고,[27] 또 다른 학자들은 "신중한 형태의 믿음보다 더 절박한 희망 또는 필사적인 모험"으로 이해하기도 한다.[28] 뒤에 51절에서는 바디매오가 예전에 한 때는 볼 수 있었음을 알 수 있다. 그래서 바디매오의 시각장애는 태어날 때부터 맹인이어서 이 장애를 당연시할 수밖에 없었던 사람들과 달리 엄청난 상실감을 안겨 주었을 것이다. 예수의 질문에 바디매오는 신체적으로 가능한 것이 무엇인지(다시 보는 것), 그리고 이보다 더 중요하게 사회적으로 가능한 것(공동체에서 온전한 일원으로 받아들여지는 것)이 무엇인지를 잘 알고 있었다. 바디매오의 간절한 외침은 사람들을 치료하는 예수의 능력에 대한 소문이 사실이라는 분명한 확신의 표현이었다.

49절: 예수는 바디매오의 간구를 무시하지 않고 여행을 멈추고 서서 그가 자기와 이야기하기를 원한다는 사실을 주위 사람들에게 알렸다. 당시 예수는 예루살렘에 가서 할 일이 있었다. 또 당시 예수는 그 목표를 향해서 자신을 재촉하는 사람들과 함께 자기를 따라가는 무리들 속에 있었다. 하지만 예수는 행렬을 멈추고 시간을 내어 바디매오라 불리는 한 남자의 존재를 인정해 주셨다. 주위 사람들은 바디매오가 시야에서 보이지 않기를 원했지만, 예수는 그를 사람들의 시야로 이끌어 냈고 그렇게 함으로써 바디매오의 인격을 인정하고 그를 존중해 주었다.

바디매오가 그렇게 예수로부터 인정을 받고 중요한 사람으로 부각되자, 갑자기 군중들의 태도도 바뀌면서 그들도 바디매오를 정중하게 대했다. "안심하고 일어나라 너를 부르신다." 이렇게 때로는 사회에서 무시받는 사람을 존중하는 지도자의 모범적인 리더십을 통해서 이들에 대한 군중의 왜곡된 태도를 변화시킬 수 있다.

50절: 바디매오는 겉옷을 내던지고 뛰어 일어나서 예수께 나아갔다. 당시 겉옷은 바디매오가 거지로서 구걸하는 데 늘 사용했던 것으로 마치 1세기의 자선냄비와 같은 도구였기 때문에 그에게는 중요한 것이다. 당시 거지들은 겉옷을 땅바닥에 펴놓으면 지나가는 사람들이 이 겉옷 위에 적선을 베풀었다.[29] 하지만 바디매오는 이 겉옷을 내던져버림으로써, 만일 예수를 만났어도 고침 받지 못해서 여전히 눈을 뜨지 못함으로 말미암아 결국 이 겉옷을 되찾지 못할 수도 있는 위험을 기꺼이 받아들였다.

본문의 설명으로는 바디매오가 어떻게 예수를 발견하게 되었는지 분명치 않고, 다만 이렇게 말하고 있다. "그는 뛰어 일어나 예수께 나아왔다." 당시 군중들이 그의 손을 잡아 예수께로 인도해 주었는지, 아니면 예수께서 자기에게로 다가오도록 그에게 무슨 말을 건넸는지는 분명치 않다.

51절: 바디매오가 예수께서 멈추어 서 계신 곳에 다가갔을 때, 예수는 먼저 어떤 행동을 과시하지 않았다. 예수는 모든 사람들 앞에서 자신의 능력을 과시할 대상으로 바디매오를 대우하지 않았다. 그보다는 자기 스스로 결정을 내릴 능력과 권리를 지닌 한 인격체로 그를 대우해 주셨다. 그래서 이렇게 물으셨다. "내가 네게 무엇을 하여 주기를 원하느냐?" 병자 자신에게 무슨 일이 일어나는지를 잘 모르는 상태에서 예수께서 직접 나서서 그 병자를 고쳐주는 다른 치유 기사와 대조적으로, 이 본문에서 예수는 병자 자신이 치유를 직접 결정할 시간을 허락해 주고 있다. 예수의 질문에 바디매오는 "다시 보기를 원한다"고 대답하는데, 이는 그가 태어난 이후에 맹인이 되었음을 암시한다. 이런 대답을 통해서 바디매오는 자신의 치유 과정에 직접 개입하는 참여자가 되었다. 그는 치유 사건이 자신에게 어떻게 일어나야 할 것인지를 직접 결정하였다.

사람들은 자기 스스로 결정을 내리지 못하는 무력한 사람이라 여겨지거나 또는 스스로도 어찌하지 못하는 사람들이라 생각되는 사람들을 위해서 대신 나서서 결정을 내려주곤 한다. 그러다보면 그 사람을 위해서 도움이 되겠다 싶은 것이 실은 그와 정반대로 그에게는 방해거리가 되기도 한다. 그런데 이 본문에서 예수는 바디매오가 자신을 위해서 스스로 결정하도록 배려하고 있다.

52절: 이 마지막 구절에 이르러서 비로소 마가는 예수가 치유를 위해서 하셨던 말씀을 언급하면서 바디매오가 다시 시력을 회복한 증거를 밝힌다. 이 치유 과정에서는 다른 어떤 물리적인 요소들이 사용되지 않았고, 다만 "가라 네 믿음이 너를 구원하였느니라"는 예수의 말씀만 선언되고 있다. 이 예수의 말씀에 담긴 "믿음"과 "구원"이란 헬라어 어원은 장애를 가진 사람들에게는 몇 가지 질문과 함께 해석학적인 논의를 야기시킨다.

이 말씀에서 믿음은 예수께서 바디매오를 고쳐주신 이유이자 동인으로 나타나기 때문에, 일부 설교자들은 오늘날 장애를 가진 사람들 역시 치유를 위한 충분한 믿음을 가져야 할 것을 강조한다. 그리고 그런 장애인들이나 환자들에게 충분한 믿음이 있다면 그들 역시 바디매오처럼 곧 치유될 것이라고 한다. 이런 논리로 보자면 그 반대의 경우도 가능하다. 즉 믿음이 충분하지 않다면 치유될 수 없다는 것이다.

하지만 이 본문에서 믿음이란 실제로 무엇을 뜻할까? "네 믿음이 너를 구원하였느니라"는 예수의 말씀에서의 믿음이 무슨 뜻인지에 대한 여러 주석자들의 견해는 각양각색이다. 다수의 주석학자들은 이 말씀은 예수의 신성에 대한 믿음을 뜻하지는 않는 것으로 이해하는 경향이 강하다. 왜냐하면 이 치유 내러티브는 예수의 신성이 분명히 밝혀진 부활 사건 이전을 묘사하기 때문이다. 그래서 어떤 학자는 여기에서 예수는 "[바디매오의] 완고함을 믿음과 동일시하셨다"고 말한다.[30] 또 다른 학자는 이 구절에서 "믿음은 예수의 기적에 대한 맹목적인 신뢰를 의미하기보다는, 확신을 가지고 위기를 기꺼이 감당하려는 힘과 같은 것"이라고 말하기도 한다.[31] 또 다른 학자는 바디매오의 끈질긴 자세와 수로보니게 여인의 자세의 유사성에 주목하면서, 여기에서 말하는 믿음은 예수의 능력에 대한 확신뿐만 아니라 바디매오의 예수로부터 "주의를 끌려는 끈질긴 자세"를 의미한다고 설명한다.[32] 요한복음 9장에서 맹인으로 태어났지만 치유 사건 이후에 믿음이 성장한 남자에 관한 기사와 달리, 마가의 치유 기사는 치유 사건이 있기 전에 먼저 모종

의 믿음이 선행하고 있음을 암시한다.[33]

마가복음에 등장하는 치유 기사들은, 맹인이나 청각장애에 대한 은유적인 해석과 아울러 믿음과 치유의 상관관계를 함께 보여주고 있다. 오늘날에도 치유와 관련된 믿음의 위치와 역할은 참으로 복잡한 주제이다. 한편으로 장애를 가진 사람들의 믿음이 그들의 일상생활의 상당부분을 지탱해 주는 반석이며 그들의 삶 속에서 치유를 가져오는 요인임은 부인할 수 없다. 그러나 또 다른 한편으로 (무엇을 믿는 사람인지 또는 그 믿는 사람의 신앙의 수준이 어느 정도인지 관계없이) 어떤 한 사람의 믿음을 판단하는 것, 그리고 신체적인 치유 여부를 가지고 그 믿음을 판단하는 기준으로 삼는 것은, 그 장애인과 하나님 사이에 장벽을 쌓는 것이나 다름없고, 결국 그 사람의 믿음을 오히려 파괴하는 것이다.

이 본문에서는 "믿음"의 의미가 무엇인지에 대한 질문과 아울러 "구원하다"로 번역되는 헬라어 단어에 대한 질문도 함께 제기된다. *sozein*이란 헬라어 단어는 "고치다"나 "잘하다", "구원하다", "구조하다", 또는 "보호하다"는 의미를 담고 있다. 또 이 단어는 치유와 아울러 죄에 대한 용서 모두를 의미하는 데 쓰이기 때문에, 경우에 따라서는 맹인과 죄 또는 믿음의 부족의 연관성과 아울러, 보는 것과 믿음이나 구원의 연관성을 암시하기도 한다. 구원은 종종 어둠에서 빛으로 바뀌면서 보는 것과 동일시되기도 한다. 그래서 이 본문의 경우처럼 구원은 예수에 의해서 시력이 회복되는 것으로 표현되기도 한다.[34] 하지만 내가 앞에서 이미 언급했듯이 시력상실을 죄나 믿음의 부족으로 상징적으로만 이해하는 것은, 오늘날 이와 동일한 장애를 가지고 있는 사람들에게는 답답함을 가중시키는 것이다. 시각장애의 문제를 이렇게만 해석하면 결국 구원은 오직 볼 수 있는 사람들에게만 가능한 셈이 되기 때문에, 거꾸로 계속 시각장애를 안고 살아가는 사람들은 구원받지 못한다는 극단적인 결론으로 귀결된다. 이렇게 되면 은유와 실제를 이어주는 해석학적 통찰은 맹목적인 해석 속에서 사라지고 말 것이다.

이 본문의 마지막 부분에서 독자들은 바디매오가 "예수를 길에서 좇았다는 것"을 알게 된다. 예수로부터 고침을 받았던 다른 사람들과 달리 바디매오는 예수의 적극적인 제자로 변화하였다. 바디매오는 "길거리에서" 다른 사람들에게 발견되던 병자였지만 "길을 가는" 사람으로 바뀌었으며, 사회로부터 소외된 사람이었지만 사회에 대한 능동적인 참여자로 변화하였다.

(2) 전통적인 설교

요한복음 9장에 등장하는, 태어날 때부터 시각장애인인 남자의 본분처럼 바디매오에 관한 본문도 종종 문제의 소지를 안고 있는 은유적 관점에서 해석되곤 한다. 그래서 이 본문을 설교할 때에도 "우리도 예수께서 우리를 어둠에서 빠져나와 빛 안으로 인도하실 수 있도록 해야 합니다"[35]라고 하면서 마치 시각장애와 어둠은 하나님의 구원 밖에 있는 문제임을 암시한다. 또 바디매오에 관한 본문을 주석하는 경우에도 요한복음 9장에서 그러하듯이 시각장애를 마치 신앙 전 단계의 상태나 또는 예수의 기독론적 정체성을 인정하기를 거부한 상태로 설명한다.

> …십자가에 못 박히신 그리스도의 복음과 십자가의 길을 뒤따르는 삶을 살라는 도전의 말씀이야말로 그러한 시각장애에 대한 치유책입니다.[36]

> …오직 눈이 먼 남자만이 예수를 다윗의 자손이라고 불렀습니다. 그렇습니다. 그분이야말로 바로 하나님으로부터 보냄 받은 아들입니다.[37]

이런 설교에서는 제자들은 예수가 누구인지를 잘 알아보지 못했다는 마가의 관점도 강조한다. 그러면서 회중은 그렇게 무지했던 제자들과 동일시되면서 시력상실의 문제 역시 이러한 상황을 묘사하는 데 은유적으로 활용된다.

> …모든 제자들은 예수께서 올바로 이해할 수 있도록 그들의 눈을 열어줄

때를 제외하고는 항상 다른 제자들과 마찬가지로 모두 눈이 먼 상태에 있었습니다.[38]

…예수를 올바로 이해하고 그의 뒤를 따를 때라야만 비로소 시각장애가 치유될 수 있습니다.[39]

…제자들/독자들을 귀먹게 하고 말을 못하게 만드는 내면의 마귀와 투쟁할 때만이,…우리 자신의 시각장애를 올바로 깨닫고 참된 비전을 간구할 때만이 비로소 제자들은 새로운 미래를 향해 발걸음을 옮길 수 있습니다.[40]

설교에서 이 본문을 은유적으로 해석하는 또 다른 경우도 있다. 예를 들어 우리 모두는 마치 바디매오가 그랬던 것처럼 우리 삶 속에서 과감히 내던져 버려야 할 "잘못된 것"이나 "나쁜 습관"을 가지고 있다는 것이다.[41] 시각장애는 상징적으로 해석하여 이런 "나쁜 습관" 중의 하나라는 것이다. 이런 해석 입장 역시 시각장애를 우리 삶 속에서 찾아볼 수 있는 "잘못된 것"(예를 들어 죄악)과 동일시하고 있다.

(3) 치유 설교

이 본문도 우리에게 두 가지 긍정적인 사례를 제공한다. 첫 번째는 바디매오는 참된 제자의 모범으로 이해될 수 있다. 그러나 불행히도 이 역시 은유적으로 활용될 수 있다. 어떤 학자는 이 본문에 대해서 이렇게 말한다. "바디매오는 참된 제자의 원형 역할을 하며, 눈이 떠져서 보는 것과 구원받는 것이 무엇을 뜻하는지를 알아야만 하는 그리스도인들에 대한 모델 역할을 한다."[42] 이 경우에서도 보는 것이 여전히 구원과 참 제자도의 선결조건으로 간주되고 있다. 두 번째 사례는 사회로부터 배척당하는 자를 알아보고 시간을 들여 그에게 관심을 기울여주었던 예수의 모습이다. 예수는 다른 사람에 대한 섬김뿐만 아니라 사회에서 무시를 당하고 "버림받은 자라도" 인격적으로 존중하는 바람직한 모델을 보여준다.

이 외에도 오늘날 설교자들이 시각장애인들을 억압하지 않으면서도 본문에 충실하게 설교할 수 있는 또 다른 가능성은 무엇일까? 설교자들은 사회나 교회가 관심을 두려고 하지 않으며 눈여겨보기를 거부하는 자들, 즉 사회로부터 소외된 자들이 처한 상황을 다루는 데 이 본문을 활용할 수도 있다. 이들은 마치 어린아이처럼 무시당하며 침묵할 것을 강요받고 있다. 현 상태를 계속 유지하기 위해서는, 이들의 수동적 침묵이 필요하다는 것이다. 만일 이들이 목소리를 높이거나, 누군가가 도움을 베풀기 위해 다가올 때까지 가만 기다리지 않고 자신들의 삶을 주도적으로 이끌어가려고 한다면, 사회는 이들의 행동에 별로 달가워하지 않을 것이다. 예전에 로스앤젤레스 폭동 때 우리는 이런 현상을 대규모로 목격하였으며, 이보다 좀 더 작은 사례들은 우리 주변에서 지금도 계속 목격되고 있다.

자기가 다른 사람들보다 더 중요하다거나 더 낫다고 느끼는 사람들이 사회적으로 약자인 사람들을 통제하려고 할 때 권력의 문제가 작용한다. 하지만 공동체 내에서 널리 존경받는 지도자가 약자들에 대해서 다른 본을 보여줄 때, 나머지 군중들 역시 약자들에 대한 태도와 행동을 바꾸게 된다.

바디매오에 관한 본문은 장애를 가진 사람들에게는 어떤 방식으로든 자신의 입장을 알리고, 자기 인생에 대한 주도권은 자기가 직접 주관하며, 자기 문제에 대한 치유와 해결 과정에 적극적인 참여자가 되어야 할 것을 보여주는 훌륭한 사례이다.

| 제4장 |

청각장애와 청력상실

신약성경에서 여러 장애인들이 언급되고 있음에 비추어 볼 때, 마가복음 7:31-37에서 청각장애인에 관한 이야기가 단 한 번 다뤄지고 있다는 점은 약간 의외이다.[1] 청각장애의 문제를 언급하고 있는 다른 두 본문, 마태복음 11:4-5과 누가복음 7:22은 예수께서 이사야 35:5-6의 약속을 성취하심을 보여준다. "예수께서 대답하여 가라사대 너희가 가서 듣고 보는 것을 요한에게 고하되 소경이 보며 앉은뱅이가 걸으며 문둥이가 깨끗함을 받으며 귀머거리가 들으며 죽은 자가 살아나며 가난한 자에게 복음이 전파 된다 하라"(마 11:4-5; 눅 7:22). 이사야 29:18도 "그날에 귀머거리가 책의 말을 들을 것이며 어둡고 캄캄한데서 소경의 눈이 볼 것"이라고 약속하고 있으며, 레위기 19:14에서는 "너는 귀먹은 자를 저주하지 말며 소경 앞에 장애물을 놓지 말라"고 경고하고 있다. 하지만 신약성경은 청각장애인에 대해서 상대적으로 침묵하고 있다. 하지만 이 본문(막 7:31-37)은 신약성경에서 청각장애인으로서 성경적인 안내를 구하는 자들에게 상당한 비중을 가지고 있는 본문이다.

성서일과에도 수로보니게 여자와 그녀의 딸에 관한 이야기를 담고 있는 마가복음 7:24-30이 실려 있다. 하지만 이 본문은 치유나 축귀에 관한 것 보다는 주로 어머니와 예수 사이의 대화가 중심을 이루고 있기 때문에 이 책에서는 다루지 않을 것이다.

1. 청각장애와 청력상실

몇 해 전에 나는 메릴랜드에 위치한 어떤 청각장애인 교회에서 목회하였다.[2] 회중 가운데 대부분의 청각장애인들은 날 때부터 청력을 상실한 상태로 태어났으며 수화로 의사를 소통하였다. 당시 청각장애인 교회는 자체 건물이 없어서 일반 교회 건물을 임대하여 사용하고 있었다. 일반 교회의 여자 교인 한 분은 자기네 시설을 함께 쓰고 있는 청각장애인들에 대해서 매우 걱정해 주었다. 그리고는 은사 치유자가 근처 도시의 어떤 교회를 방문할 때마다 이 여자 교인은 청각장애인들을 그 치유 집회로 데리고 가서 그들의 청각장애가 "치유"받을 수 있기를 바랬다. 그 여자 교인 생각에 치유를 받는다는 것은 이 장애인들의 청력이 다시 회복되는 것을 의미했다. 하지만 정작 청각장애인들은 그 집회에 전혀 관심이 없음을 알고 이 여자 교인은 충격을 받았다. 왜냐하면 당시 청각장애인들은 은사 치유자를 믿지도 않을 뿐만 아니라 일반인과 똑같은 "청력"을 갖기를 원하지도 않았기 때문이다. 청각장애인의 문화권에 속한 자들(이들 대부분은 청각장애인으로 태어나서 청각장애인 부모 밑에서 양육받은 이들이다)은 자기 자신의 정체성을 신체적인 장애를 가진 사람보다는 마치 한국계 미국인이나 멕시코계 미국인들처럼 문화적으로나 인종적인 입장에서 소수집단에 속한 사람들로 간주하는 경향이 강하다. 이들은 자기네들만의 고유한 언어를 사용하며 그들만의 가치와 관습을 가지고 있는데, 이 모든 것들은 자기네 문화를 형성하는데 필수적인 요소들이다. 또 이들은 자기네 청각장애를 표현하는데 "장애"라는 용어를 사용하는 것을 싫어한다. 그 이유는 이런 용어는 마치 자신들에게는

무언가 잘못된 것이 있으며 이것은 교정이 필요하다는 전제를 암시하기 때문이다.[3]

또 다른 한편으로 뒤늦게 청각을 상실한 장애인들은 청각을 다시 회복하는 데 큰 관심을 가진다. 이들은 어린이들의 웃음소리를 듣는다거나 새들이 노래하는 소리, 또는 관현악단이 모짜르트의 교향곡을 연주하는 소리나 일상생활 속의 대화 소리를 듣는 능력처럼 그들의 삶에 매우 소중했던 신체석 기능을 잃어버린 셈이다. 한 때 이들은 말하는 소리를 듣는 능력이나 누군가가 하는 말을 듣고 이해하는 능력을 아주 당연한 것으로 여기면서 자라났다. 그러다가 어떤 사고로 그동안 늘 가지고 있던 것을 그만 잃어버렸고, 그 이후로는 인공귀나 보청기와 같은 다른 보조 장치들을 사용해서라도 예전의 청력을 회복하려고 한다. 그들에게 "치유"라는 것은 "치료"와 같은 의미일 때가 많다. 그러나 치유는 포괄적으로 한 인격체가 가족이나 공동체와의 적절한 관계를 유지할 수 있는 것을 의미하며, 이를 위해서는 굳이 완전한 치료가 아니라 신체적인 적응이나 조정으로 가능할 때도 있다.

오늘날 청력을 잃어버린 사람에 관하여 일괄적으로 말할 수는 없다. 각자의 경험이 독특하고 이 경험을 진술하려면 다양한 설명이 필요하다. 청력을 상실한 모든 사람들에게 공통으로 해당하는 딱 한 마디의 표현 방식이나 용어는 존재하지 않는다. 경증의 청력상실에서부터 중증의 청력상실까지의 청력의 차이도 다양할 뿐만 아니라, 청력을 잃어버렸을 때 한 사람이 직면하게 되는 심각한 상황을 가중시키는 언어적 및 문화적 요인도 다양하다.

청각장애인들이 가진 언어적 능력의 다양성은, 장애인이 주로 사용하는 언어가 미국인의 경우에 영어에 기반을 둔 수화인지 아니면 영어를 말하고 발성하는 입술의 모양을 읽는 독순법인 "구화"인지로 구분된다.[4] 이 외에도 발성되는 음을 청각뿐만 아니라 시각적으로도 인식함으로써 의사소통을 원활하도록 하는 큐드 스피치(cude speech, 청각장애인들을 위하여 독순술과 수화를 조합한 의사소통 방법-역주)도 있다.

장애인들에게 있어 문화적인 차별성은 그가 어떤 언어를 사용하는지에 의해서 결정된다. 만일 미국식 수화가 일차적인 언어라면(이런 경우에 수화는 그 장애인의 모국어나 다름없다), 그 장애인은 "문화적인 청각장애인"인 셈이다(청각장애의 문제를 단순히 신체적인 불구의 입장에서 바라보는 것이 아니라 그 청각장애 때문에 다양한 문화권과 자유롭게 교류하지 못하고 특정한 문화권, 예를 들어 수화로 의사소통하는 장애인들의 문화권과 제한적으로 교류한다는 의미에서 저자는 청각장애인을 문화적 장애인으로 설명한다-역주). 만일 영어가 일차적인 언어라면 그 사람은 "문화적인 차원에서 청력"을 갖고 있는 셈이다.

청각장애인들의 언어적 적응과 아울러 문화적 적응 형태는 어린 시절에 받았던 교육 방식에 의해서, 예를 들어 장애인들을 위한 특수기숙학교나 이중언어/이중문화 프로그램, 통합 의사소통 프로그램, 구어적 프로그램 등등에 의해서 결정된다. 청각장애가 없이 처음부터 영어를 모국어로 쓰면서 자란 사람 역시 신체적인 청취력이 아니라 나름의 문화적인 청취력을 가지고 있는 셈이다. 따라서 한 사람의 문화적 지향성이나 적응의 양태를 보여주는 적절한 표지는, 그 사람이 의사소통을 위해서 주로 사용하는 언어가 구어체 언어인지 아니면 수화인지를 통해서 알 수 있다.

청각장애를 가진 사람들이 처한 다양한 상황의 복잡성은 그 장애인의 문화적 및 언어적 정체성이 각자의 청력상실의 정도와 항상 일치하는 것은 아니라는 사실에 의해서 더욱 심화된다. 예를 들어 마저리 수하키(Marjorie Suchocki)는 출생 이후에 청각을 상실하였으며 현재는 청력이 심할 정도로 약한 편이다. 하지만 그녀는 그 이후 수화를 배우지 않고 영어를 계속해서 일차 언어로 사용해오고 있기 때문에 (발성은 영어를 그대로 사용하기 때문에) 자신을 단지 다른 사람의 말을 듣는 데 어려움을 느끼는 사람으로 이해하고 있다. 그러나 데이비드는 소리를 듣는 청각에 경증의 장애를 가지고 있으며 청각장애인 부모에게서 태어났다. 그래서 그가 우선적으로 사용하는 언어는 수화였으며, 현재 그는 (일반 언어를 사용하는 문화권에만 제약이 있다는 의미에서) 문화적인 청각장애인일 뿐이다.

청각장애는 청력상실 이외에 말하는 능력과도 결부되어 있다. 예전에는 (그리고 불행히도 때로는 오늘날에도) 자기 목소리를 쓰지 않는 쪽을 선택한 청각장애인들을 가리켜서 "귀머거리(deaf)와 벙어리(dumb)"라고 불렀다. 하지만 사실은 청각장애인 중에 말도 하지 못하는 벙어리인 경우는 극히 드물다. 벙어리는 발성을 할 수 없거나 말을 할 수 없다는 뜻이다. 청각장애인들도 말할 수 있는 신체적인 능력을 가지고 있지만, 어떻게 단어를 발성하는지를 잘 듣지 못해서 그들의 발성을 잘 알아듣지 못하는 것뿐이다. 또 일반 사람들은 장애인들의 잘 알아들을 수 없는 말소리를 지적인 능력이 부족한 것으로 오해하기 때문에, 다수의 청각장애인들도 말하는 데 자기 목소리를 직접 사용하기를 꺼리는 것이다.(그래서 **벙어리**〈dumb〉라는 영어 단어는 "말할 줄 모르다"는 의미와 함께 "지능이 부족하다"는 뜻을 내포하는 단어로 확장되었다.) 청각장애인이나 청각을 상실한 사람, 그리고 난청 장애를 가진 사람들의 삶의 질을 개선하기 위한 많은 조치들이 취해졌지만, 이들 대부분은 아직도 오늘날의 사회에서 여러 면으로 차별을 겪으며 고생하고 있다. 최근에도 청각장애인들을 위한 여러 가지 기술이나 장치들이 계발되었다. 예를 들어 목소리를 인쇄 활자로 바꿔주는 전화기나 벨을 울려주지 않고 전등으로 깜박이는 현관문의 벨 장치, TV 프로그램에 시각적인 자막을 제공하는 장치, 보청기나 심지어 인공귀처럼 다양한 기술들이 계발되고 있다. 하지만 문제는 이런 장치들의 가격이 비싸다는 점이다. 청각장애인들은 소리가 울리는 세상에서 의사소통을 촉진시키기 위해서 여러 도구와 통역가들에 의존할 수밖에 없다.

그런데 이러한 기술적인 도구들에도 불구하고 여전히 청각장애인들에 대한 무지와 오해가 사라지지 않고 있다. 샐리는 약혼자가 자기 질문에 대답해 주지 않자 무시받는다는 느낌이 들었다. 하지만 그 약혼자도 그녀의 질문을 잘 듣지 못했을 뿐이었다. 성인이 되고나서 청력을 잃어버린 제인은 요즘도 자기 자신의 목소리를 재차 확인하기 위해서 힘든 시간을 보내고 있다. 어느 날 그녀는 가게에서 물건을 사는 중에 점원에게 옷 가격을 여러 차례 물었지만 점원은 전혀 인내를 가지고 그녀의 말을 이해하려고 하지 않았다. 또한 한 경찰관이 짐에게 "멈추라"고 소리쳤지만 청각장애인이었던 짐은 그 소리를 전혀 듣지 못하고 계속 걷기만 했다. 그러자 계속 소리지르던 경찰관이 짐의 뒷쪽에서 다가와 쓰러뜨린 다음에 수갑을 채웠다. 유일한 의사소통 수단이었던 손이 수갑에 채워지자 짐은 의사를 소통할 방법을 잃어버리고 말았다.

잘못된 의사소통의 문제는 외국에서 이민 온 청각장애인들에게는 더욱 심각하다. 이들은 기본적인 의사소통을 촉진시키기 위해서뿐만 아니라 새로운 환경(미국)에서 영어로 설명된 미국식 수화를 익히기 위해서라도 모국의 수화를 알고 있는 사람을 찾는 데 큰 어려움을 느낀다.

이 외에도 노화하면서 찾아오는 청력상실의 문제나 경미한 청력상실에서부터 심각한 청력상실과 같은 다양한 차이들, 의사소통을 위하여 특별히 선호하는 언어의 다양성, 문화적인 적응 상태, 의사소통에서 한 가지 목소리를 사용할 것인가 아니면 전혀 사용하지 않을 것인가의 결정의 문제 등등이 청각장애와 언어장애의 문제를 더욱 복잡하게 만든다. 이러한 복잡성은 오늘날 청각장애를 가지고 살아가는 사람들이 속한 공동체 문제의 일부분일 뿐만 아니라, 마가복음 7장에서 예수께서 청각장애인을 고치신 내용을 담은 내러티브에서도 똑같이 발견된다.

본문: 마가복음 7:31-37

> [31] 예수께서 다시 두로 지경에서 나와 시돈을 지나고 데가볼리 지경을 통과하여 갈릴리 호수에 이르시매 [32] 사람들이 귀먹고 어눌한 자를 데리고 예수께 나아와 안수하여 주시기를 간구하거늘 [33] 예수께서 그 사람을 따로 데리고 무리를 떠나사 손가락을 그의 양 귀에 넣고 침 뱉아 그의 혀에 손을 대시며 [34] 하늘을 우러러 탄식하시며 그에게 이르시되 에바다 하시니 이는 열리라는 뜻이라 [35] 그의 귀가 열리고 혀의 맺힌 것

> 이 곧 풀려 말이 분명하더라 ³⁶ 예수께서 저희에게 경계하사 아무에게
> 라도 이르지 말라 하시되 경계하실수록 저희가 더욱 널리 전파하니
> ³⁷ 사람들이 심히 놀라 가로되 그가 다 잘 하였도다 귀머거리도 듣게 하
> 고 벙어리도 말하게 한다 하니라.

(1) 주해

이 내용은 오직 마가복음에만 등장한다. 다른 복음서 기자는 이 내러티브를 전혀 언급하지 않는다. 또 이 본문은 성경에서 **에바다**라는 아람어 단어가 등장하는 유일한 곳이기도 하다. "열리라"는 양식화된 명령에 대한 외국어 표현인 **에바다**는, "열려라 참깨!"나 "아브라카다브라"(Abracadabra, 말한대로 될찌어다!-역주)⁵⁾와 비슷한 주술적인 표현을 떠올리면서 무언가 신비한 능력을 암시한다. 이 치유사건에서 예수는 침과 같은 물리적인 요소도 사용하였다. 치유에서 물리적인 요소를 사용하는 것은 "그리스의 신화에 나타나는 특징"이기도 하다.⁶⁾ 예수께서 청각장애인을 고치신 치유 기사가 오직 마가복음에서만 발견되는 이유는 아마도 마가는 치유의 효력을 이끌어 내기 위하여 입에서 나오는 명령뿐만 아니라 물리적인 요소도 함께 사용하는 것을 선호했기 때문일 수 있다. 마가와 달리 다른 공관복음서의 저자들은 "예수를 단지 말씀만으로 치유를 베푸는 분으로 묘사하는 편을 더 선호했다."⁷⁾

예전부터 청각장애인 공동체에는 32절의 "사람들이 귀먹고 **어눌한 자**를 데리고 예수께 나아와 안수하여 주시기를 간구하거늘"이란 구절에 대하여 여러 논쟁들이 있어 왔다. 이 구절을 보면 전통적인 해석과 달리 이 청각장애인은 언어장애인(벙어리)은 아니었음이 분명하다. 즉 그는 자기 나름의 목소리를 사용했던 것이다.

청각장애인이란 용어는 "청력에만 문제가 있음"을 암시하고, "말이 어눌한 자"란 표현은 그 남자가 말을 할 수도 있고 남의 말을 이해할 수도 있었

지만 단지 정상적인 방식으로 발성하지 않았음을 암시한다. 이 경우는 그가 날 때부터 완전히 청각장애인이라기보다는, 말하는 것을 배웠지만 이후에 다시 청력이 약해졌다거나 청각을 상실했음을 뜻한다. 만일 그가 날 때부터 완전히 청각장애인이었다면 아마도 그의 말하는 것은 단지 어눌한 정도가 아니라 **완전히 알아들을 수 없을 정도**였을 것이다. 본문에 나오는 이 남자는 말을 더듬거리는 사람이었을 것으로[8] 해석하는 주석가들은 청력의 상실과 분명하게 발음할 수 없는 상태의 차이점을 잘 모르고 있다. 청각장애인들이라고 모두가 발음을 못하는 것은 아니며, 청각장애가 말을 더듬거리는 언어장애와 결합된 장애인은 매우 드문 경우이다.

32절에서 이 남자는 생후에 청력이 약해졌거나 완전히 청력을 잃어버렸음을 암시하지만, 그러나 역사적으로 이 구절은 수화를 사용하는 청각장애인들과 배치되는 방향으로 해석되곤 했다. 호의를 가진 일반 목회자나 교육가들은, 종종 이 "에바다" 본문을 하나님의 뜻은 청각장애인들이 수화나 수신호보다는 독순법을 사용하여 발성을 눈으로 읽고 또 입으로 발성하여 말하는 것이라는 증거로 간주하였다. 그래서 이 본문은 청각장애인들이 수화를 사용하는 것을 금지(종종 신체적 금지)하고 대신에 입을 열어 구두로 말하도록 지도하는 데 하나의 이론적 근거로 간주되어 왔으며, 청각장애인 어린이들에게 독순법("눈을 통해서 듣기")을 가르치는 "구화" 운동의 이론적 근거가 되기도 하였다. 청각장애는 완전히 치유되기 어렵기 때문에 이 본문을 잘못 해석하는 사람들은 청각장애인들에게 어떻게 말하는지를 지도하라는 하나의 위임명령으로 받아들였던 것이다. "우리 모두는 모범 사례를 보여주신 그리스도의 자녀들이다. …그리스도의 사역자는 청각장애인의 입을 열어 주어야 한다."[9]

구화를 더욱 선호하면서 수화를 배척했던 1880년의 이탈리아 밀란대회 이전에 전국청각장애인협회뿐만 아니라 청각장애인 공동체와 농아학교들이 오랫동안 존재했었다. 당시 청각장애인들은 이들의 문화나 언어 사용 방식에 대해서 잘 모르던 국제적인 일반 목회자들과 교육이론가들이 내놓은

의사소통 교육 입장에 강한 거부감을 나타냈다.[10]

이런 맥락에서 이 본문은 일부 사람들에게는 매우 부정적이고 강압적인 의미를 담고 있다. 그러나 또 다른 한편으로 수화를 선호하는 청각장애인 공동체 내의 상당수 사람들은 이 본문을 예수께서 자신들을 돌보시는 것을 분명하게 확증하는 사례로 이해하려고 노력해왔다. 34절의 **에바다**("열리라")라는 표현은 몇몇 청각장애인 공동체와 관련하여 사용되기도 한다. **열리라**는 청각장애인 사역을 다루는 최초의 도서들 중의 한 권의 제목이기도 하며,[11] "마가복음 7장"은 잘 알려진 청각장애인들을 위한 종교 캠프의 명칭으로 쓰이기도 한다. 따라서 청각장애인의 치유에 관하여 어떻게 설교할 것인지를 결정하기 위해서는, 먼저 이 본문의 구속적인 가능성과 동시에 억압적인 가능성에 대한 세심한 분석이 선행되어야 한다.

31절: 이 구절의 정확한 지리적 여정은 상당히 실현 가능성이 낮아 보인다. 그 이유는 시돈은 두로의 북부인 반면에 갈릴리는 남동쪽이기 때문이다. 마가복음의 내용상의 순서는 정확한 지리적 정황보다는 여러 단락들의 주제들에 기초하고 있다. 그리고 여정을 설명하는 구절들은, 정확한 지리적 변화를 의미하기보다는 예수의 공생애 중의 어떤 사건에서 다른 사건으로 전환하는 단순한 전환 문장의 기능을 하곤 한다.

32절: 이 내러티브는 전통적으로 "귀먹고 어눌한 자의 치유 기사"로 불렸다. 하지만 앞에서 언급한 바와 같이 이 본문에 등장하는 남자는 분명 언어장애인은 아니었다. 이 구절에서 마가는 "그들이" 청각장애인 남자를 예수께로 데리고 왔다고 말하는 점에 주의를 기울이는 것이 중요하다. 그런데 우리는 이 남자를 예수께로 데리고 온 "그들이" 정확히 누구인지 잘 모르며, 또 그 장애인이 당시 무슨 일이 벌어지고 있는지를 알았다는 아무런 암시도 없다.

33절: 이 구절은 다소 논란의 여지가 있다. 만일 이 남자가 귀가 어두워서 소리를 잘 듣기가 어려웠다면, 예수께서 그를 무리로부터 따로 불러내서 주변의 시끄러운 소음으로부터 그를 조용한 곳으로 데리고 가서, 결국 "말하려고 하는 것"을 그가 잘 이해할 수 있도록 도와준 것이다. 한편 수화를 사용하는 청각장애인들이 보기에 예수의 이러한 행동은 사적인 장소에서 수화를 사용하더라도 공개적인 곳에서는 그 모습을 숨김으로써 다른 사람들로부터 미개하다거나 야만적이라고 멸시를 받지 않도록 배려하는 모습으로 해석될 수 있다. 주석가인 윌리엄 바클레이(William Barclay)는 예수께서 이 남자를 무리에게서 따로 데리고 나온 이유를 이렇게 해석하고 있다. "청각장애인들은 항상 약간 당황한다. 이들은 어떤 의미에서는 시각장애인들보다 더 당황한다. 청각장애인은 자기가 듣지 못한다는 것을 잘 알고 있다. 그리고 무리 중에 누군가가 자기에게 소리를 지르면서 말을 걸어오면, 그는 어떻게 해야 좋을지 속수무책이 된다."[12] 그러나 어리석어 보이는 사람은 장애인이 아니라, 듣지 못하는 사람에게 소리를 지르는 사람들이다.

이 구절은 예수는 자신의 손가락을 청각장애인의 귀에 넣었다고 설명한다. 일부 주석가들은 이 구절을 해석하기를 여기에서 예수께서 제스처나 수화를 사용하면서 이 청각장애인과 나름대로의 방법으로 의사소통을 시도한 것으로 이해한다. 에드워드 슈바이처(Eduard Schweizer)는 "예수의 제스처는 귀먹고 어눌한 자와 의사소통할 수 있는 유일한 방법이다"라고 말한다.[13] 바클레이는 "이 기적이 진행되는 동안 예수는 이 남자에게 하고자 하는 일을 무언의 행위로 진행하였다. 예수는 이 남자의 양쪽 귀에 손을 넣고 침이 발린 손으로 그의 혀를 만졌다"고 설명한다.[14] 하지만 양손의 손가락으로 이 남자의 귀를 만지고 침을 뱉어서 그 혀에 손을 댄 것은 제스처가 아니라 한 사람이 다른 사람에게 행한 **행동**이다. 이런 행동에 대해서 어떤 사람들은 만일 이 남자가 허락한 것이 아니라면 이는 분명 공격적인 행동으로 간주될 수 있다고 보기도 한다. 하지만 손을 다른 사람의 머리나 어깨에 올리는 행동은 위협적이기 보다는 오히려 축복을 위한 안수로 보여진다. 이것이 바로 이 남자를 예수께로 데리고 왔던 사람들이 예수에게 간구했던 것이다. 그리고 마가는 예수께서 이들의 요청과 다른 방식으로 응답하셨음을 말해준다.

이 남자를 치유할 때 예수께서 침을 사용한 점은 벳새다의 맹인을 고치신 기사(막 8:22-26)와 유일한 공통점이다. 이 두 본문에서 예수는 치유를 위해서 침을 사용했음을 말하고 있다. 침은 오염을 가져오는 것으로 간주되었다는 점에 주목할 필요가 있다.[15] 당시 침은 사람을 제의적으로 부정하게 만드는 몸의 배출물이었다(6장 참고). 하지만 예수는 당시의 정결법에 과감히 도전하였다. 예수께서 부정한 자가 되심으로 "부정하게 만드는 감염이 역전되고 그 결과 이방인이 고침을 받았다."[16] 침을 사용하는 이 방법은 초대 기독교에서 세례 예식으로 흡수되었다. "세례식을 주관하는 사제나 감독은 자기 손에 침을 뱉은 다음에 그 손으로 입교자의 귀와 눈, 그리고 입을 만짐으로써, 입교인은 복음을 들을 수 있고 자신의 신앙을 증거할 수 있는 새로운 능력을 가지게 되었음을 상징적으로 나타냈다."[17]

34절: 하늘을 우러러 바라보는 동작은 누구라도 그 의미를 어느 정도 이해할 수 있다. 심지어 오늘날 미국식 수화에서도 하나님과 하늘을 의미하는 수화 기호는 "위쪽"을 가리키는 것이다. 이 구절에서 예수는 "에바다"라고 하시기 전에 하늘을 우러러보며 탄식하셨다고 한다. 어떤 저자는 이 탄식을 예수께서 악한 권세와 투쟁하신 것으로 연결시킨다. "'탄식하다'로 번역되는 이 단어는 사도 바울이 로마서 8:22-26과 고린도후서 5:2-4에서 영혼의 강렬한 몸부림을 표현하는 데에서도 사용되고 있다. 분명 예수께서도 이 남자를 치유하기 위하여 사악한 영들과 싸우셔야만 했다."[18] 그러나 만일 예수의 탄식을 악령들과의 투쟁으로 이해한다면 결국 이 남자의 청각장애의 원인을 귀신이 들린 것으로 이해하는 셈이 된다. 페리 비들(Perry H. Biddle)은 이러한 입장에 동의하면서 "이 남자에게 장애를 가져온 것은 사탄의 힘이었다"고 말한다.[19]

그러나 이 본문에서든 그 밖의 다른 어느 본문에서든 청각장애를 귀신들린 것과 결부시키는 곳은 어느 곳도 없다. 귀신들린 자로서 벙어리인 사람에 대해서 묘사하는 구절은 있다(마 9:32-33, 12:33; 눅 11:14; 막 9:17). 그러나 이들 중에 청각장애인인 경우는 하나도 없다.[20] 그럼에도 불구하고 불행히도 오늘날 많은 사람들은 청각장애인들에 대해서 이런 편견을 가지고 있다. 즉 그들에게는 무언가 악마적인 것이 결부되어 있을 것이며, 그렇지 않다면 청각장애도 없을 것이라는 생각이다. 비록 예수는 이 남자를 무리로부터 따로 떼어 조용한 곳으로 데리고 가셨지만, 예수가 **에바다**라고 말씀하신 것은 분명이 당시 군중들이나 또는 마가의 독자들을 위한 것이지, 그 소리를 들을 수 없는 이 청각장애인 남자를 위한 것은 아니다. 또 그 단어는 이 청각장애인에게도 익숙지 않은 언어였기 때문에, 예수가 말하는 내용을 이해하기란 더욱 불가능했을 것이다. 어떤 학자는 "예수가 만일 [에바다]를 더욱 크게 소리쳤더라면 이 남자는 그것을 들을 수 있었을 것이다"라고 하지만,[20] 독순법이라도 그렇게 활용되는 것은 아니다. 크게 소리치는 것은 독순법을 시도하는 청각장애인에게 의미를 더욱 분명하게 해주기보다는 오히려 시각적인 인지 이외의 소리들을 더욱 왜곡시킨다.

35절: 본문에 의하면 예수의 말씀 이후 즉시로 치유가 일어났다. 그 남자의 귀가 열려서 들을 수 있게 되었으며 그의 혀도 풀려서 분명하게 말할 수 있게 되었다. 여기에 언급된 치유의 순서는 적절하다. 그 이유는 말하기는 소리를 어떻게 발음하는지를 먼저 분명하게 들을 수 있는 능력에 달려 있기 때문이다.

이 구절은 시각장애인 남자와 중풍병자의 치유에 관한 기사와 마찬가지로 이사야 선지자가 이사야 35:5-6a에서 예언했던 장차 다가올 구원의 날에 대한 약속의 성취이다. "그때에 소경의 눈이 밝을 것이며 귀머거리의 귀가 열릴 것이며 그때에 저는 자는 사슴 같이 뛸 것이며 벙어리의 혀는 노래하리니."

36절: 마가복음에서 예수는 사람들에게 자기들이 보았던 것에 대해서 발설하지 말라고 말씀하시지만 사람들은 결국 그들이 본 것을 말하는 특징이 나타난다. 여기에서도 이 남자는 치유를 통해서 분명하게 말할 수 있는 능력을 회복하였는데도 예수는 그 남자에게 침묵할 것을 명령하고 있다. 이 남자는 자기에게 무슨 일이 벌어졌는지를 말할 수 있음에도 불구하고, 예수는 그에게 침묵할 것과 그 누구에게도 말하지 말 것을 명령한다.

37절: 이 마지막 종결어구는 예수의 권능에 관하여 언급하면서, 그 기적 사건이 결국 예수가 누구인지를 드러냈음을 말한다. 예수의 행동("그가 다 잘하였도다 귀머거리도 듣게 하고 벙어리도 말하게 한다")이 곧 그의 정체를 드러낸 것이다. 이런 평가를 통해서 마가는 그의 독자들을 8장의 베드로의 신앙고백(주는 그리스도시니이다)으로 이끌고 있다. 에드워드 리거트(Eduard Riegert)와 리차드 히어즈(Richard H. Hiers)가 지적한 바와 같이, "이는 메시아의 치유를 기대하는 유대 전통을 넘어선 것이다."[22]

(2) 전통적인 설교

다른 많은 치유 기사들과 마찬가지로 이 본문을 설교할 때에도 믿음이 중요한 요소로 부각된다. 그런데 청각장애인 남자에 관한 치유의 기사에 대한 여러 주석자들의 해석에서 종종 서로 대립되는 견해들을 발견할 수 있다. 어떤 주석가는 "이 남자는 예수에 대한 믿음 때문에 결국 몸과 영혼이 강건하게 되었다"고 한다.[23] 반면에 또 다른 주석가는 "다른 사람들은 예수의 말씀을 듣고 잠자는 믿음을 다시 일깨울 수 있었지만 청각장애 때문에 이 남자는 예수의 음성을 듣지 못했다"고 해석한다.[24] 신학적으로 볼 때 앞의 주석가는 본문의 청각장애인 남자가 고침을 받기 위해서는 믿음이 필요했으며 그것도 충분한 믿음이어야 했다는 의미를 담고 있다. 반면에 후자는 이 남자는 예수의 말씀을 들을 수 없었으며 믿음도 결국 들음에서 나기 때문에 결국 이 남자에게는 믿음이 없었다는 뜻이다. 두 주석가가 믿음과 치유의 상관관계를 밝히려고 하지만 이 본문에는 믿음에 관한 단어나 개념이 전혀 등장하지 않는다. 이 치유 기사에 의하면 이 남자가 예수에 관해서 무언가를 알고 있었다는 암시가 전혀 없다.

치유를 위해서는 믿음이 필요하다는 개념은 부분적으로는 로마서 10:17의 "믿음은 들음에서 나며"라는 말씀에서 비롯되었으며, 종교개혁 때 루터가 강조한 메시지이기도 하다.

하나님께서는 더는 우리의 발이나 손이나 다른 어떤 지체를 요구하지 않으시고 다만 귀를 요구하신다. …만일 어떤 그리스도인에게 무엇을 계기로 그리스도인이라는 이름에 걸맞은 존재가 되었는지를 묻는다면, 그는 분명 다른 어떤 것보다도 오직 하나님의 말씀을 듣는 것 때문에, 다시 말해서 믿음 때문이라고 대답할 것이다. 따라서 그리스도인에게 중요한 신체 기관은 오직 귀뿐이다. 그가 그리스도인으로 의롭다함을 받으며 인정될 수 있었던 것은 다른 어떤 지체의 수고 때문이 아니라 바로 믿음 때문이다.[25]

이 본문이 청각장애인들에게 잠재적으로 부정적인 영향을 미치는 이유는, 올바른 믿음을 위해서는 먼저 듣는 것이 필요하다는 입장이 이 본문을 해석할 때 지배적으로 강조되기 때문이다. 만일 예수께서 이 남자가 "믿음을 갖고" "구원을 받도록" 하기 위해서 이 남자의 청각장애를 고치셔야만 했다면, 결국 오늘날 청각장애인들 모두는 믿음이 없는 셈이다. 본문에서 이 남자가 말할 수 있는 능력이 새롭게 회복된 것도 전통적으로는, 상징적으로 접근하여 하나님의 형상대로 지음 받은 존재로 회복되기 위해서는 말하는 능력도 필요하기 때문이라고 해석해왔다. "나는 오늘 논박의 여지가 없는 진리에 대한 몇 가지 예비적인 원칙에 대해서 언급하고자 한다. 그 원칙은 말씀하시는 하나님의 속성을 통해서도 잘 드러나는데 하나님의 형상을 따라 지음 받은 인간 피조물에게는 반드시 말할 줄 아는 능력이 꼭 필요하며 바로 이 점에서 인간 피조물은 창조주와 닮았다고 말할 수 있다."[26]

하지만 오늘날 올바른 믿음을 위해서 청력이 꼭 필요한 것도 아니며 말하기가 우리가 하나님의 형상을 따라 지음 받았다는 증거가 될 수 없다는 것도 분명해졌다. 그럼에도 불구하고 이러한 입장은 아직 저명한 설교학자들 가운데에서 여전히 강조되고 있다. 프레드 크래독(Fred Craddock)은 반복해서 "믿음은 들음에서 오기 때문에 하나님의 말씀 사건에는 귀가 필요하다"고 말한다.[27] 데이빗 버트릭(David G. Buttrick)도 "믿음이 들음에서 온다면 결국 우리는 들으려고 노력해야 한다"고 하면서 이런 입장에 동의하고 있다.[28] 월터 부르거만(Walter Brueggemann)도 "하나님과 피조물인 인간을 서로 묶는 것은 오직 말(또는 언어, speech)뿐"이라고 한다. [29] 오늘날의 회중을 위하여 이 본문을 설교하는 데 필요한 해석적인 방향을 제공하는 주석가들도 청각상애의 치유와 믿음을 강하게 결부시키고 있어서, 그 영향을 받은 설교자들 역시 같은 내용을 강조하고 있다. 예를 들어 비들은 이렇게 말한다. "교회가 하나님의 말씀을 들을 때 비로소 교회는 무언가 전할 메시지를 가질 수 있다."[30] 하지만 올바른 믿음을 위해서는 듣는 것이 필수적이며 하나님의 형상을 따라 지음 받은 존재로서 꼭 필요한 것이 바로 말하기라고만 강조하면, 결국 전 세계의 수많은 청각장애인들과 언어장애인들에게 이렇게 말하는 것이나 다름없다. "여러분은 아직 하나님의 자녀가 아닙니다. 여러분은 여기에 속한 자들이 아닙니다." 그러나 이는 올바른 치유가 아니다.[31]

한편 또 다른 설교학자들은 이 본문을 은유적으로 설교하는 쪽을 택하고 있다. 이 입장에서는 본문에 등장하는 청각장애인들이 가난하며 불구와 장애 때문에 여러 억압 속에 살고 있으며 어떤 죄악이나 죄로부터 구원받아야 할 상태에 있다는 전제가 깔려 있다. 예를 들어 리거트와 히어즈는 이렇게 적고 있다. "'그 사람을 따로 데리고 무리를 떠나셨다'는 것은 이 남자가 청각장애와 언어장애로 말미암아 완전한 절망과 함께 철저한 소외의 끔찍한 현실을 경험했다는 뜻이다. 우리가 그렇게 인생의 밑바닥에 내려갈 때 비로소 우리는 드디어 듣게 되며 잃어버린 말씀을 발견하게 된다. '나는 죽음의 길을 가고 있었으나 이제 다시 새 생명을 얻었습니다. 주님을 찬양하세!' 바로 이 지점에서 믿음이 다시 회복됩니다."[32] 그런데 1세기 당시에 장애를 가지고 있던 사람들이 혼자 힘으로 생계를 꾸려갈 수 없었고 가난했으며 스스로도 압제당하는 자들로 여겼던 것이 사실이라고 하더라도, 청각장애나 언어장애를 앞의 설교처럼 "비극적인 소외"나 "인생의 밑바닥"과 같은 것으로 간주하는 것은, 결국 이런 장애를 매일의 현실로 받아들이고 살아가는 사람들에게는 예외 없이 인간성을 짓밟는 것이나 다름없다. 이것이 바로 청각장애와 시각장애를 문자적으로나 은유적으로 해석할 때의 위험한 점이다.

청각장애를 은유로 해석하는 또 다른 주석가들의 입장을 살펴보자. "이 땅의 불행과 비극은 대체적으로 '여전히 슬픈 인류의 음악'이나 '여전히 조그만 하나님의 음성'을 듣지 못하는 자들의 영적인 귀먹음 때문이다."[33] "사람들의 귀가 너무나 막혀 있기 때문에 이 땅의 슬픔의 탄식 소리를 듣지 못하며 청각이 둔해져서 불의에 대한 불평의 소리를 듣지 못하고 있다."[34] 이렇게 청각장애를 은유적으로 설명하는 사람들에 의하면 이 세상의 악이나 기근, 그리고 대부분의 불의는 우리 인간들의 "귀먹음" 때문이다.

그러면 이런 본문을 올바로 설교하는 길은 무엇인가? 이 본문에서 정말로 의도하는 것은 오늘날의 회중 가운데 또는 현대 사회에서 하나님의 음성에 귀를 기울이기를 거부하는 자들이나 또는 도움이 필요한 자들의 외침을 의도적으로 무시하려는 자들, 그리고 불의에 대항하여 투쟁하기를 거부한 자들을 기소하는 것이다. 이런 메시지에서는 이들의 강퍅함을 묘사할 때 "귀가 먹었다"거나 "벙어리"와 같은 용어를 사용하지 않고서도 얼마든지 설교할 수 있다. 우리가 이 본문을 **선택**할지라도 우리는 이 본문에서 청각장애를 가진 남자에게서 그 어떤 "악한" 행동이 발견되지 않고 있다. 또 이 이야기 자체로 볼 때 이 남자는 오늘날 우리에게 무엇을 하지 말아야 하는지에 대한 "악한 사례"로 등장하는 것도 아니다. 또 그가 하나님을 어떻게 이해하고 있었는지 예수에 대한 그의 지식이나 그의 종교적인 신앙이 어떠했는지도 오늘 우리는 잘 알 수 없다. 그는 그저 청각장애인이었으며 "치유"나 "치료"를 위해서 사람들이 예수께 데리고 나왔을 뿐이다.

이 청각장애인에 관한 이야기를 도움이 필요한 사람들의 외침이나 하나님의 음성을 무시한 것에 관한 설교 메시지로 연결시키기 위해서는, 육체적으로 들을 수 있는 **능력**이 없었던 이 남자의 이야기로부터 책임 있는 소리를 듣기를(그와 같이?) **거절한** 현대인들에 관한 유비로 해석적인 도약을 감행해야 한다. 그런데 대다수의 설교자들에게 이러한 두 세계의 차이점은 상당히 미묘해서 그 도약이란 아주 미세한 도약에 불과하다. 하지만 또 어떤 이들에게 이 도약은 거대한 도약이기도 하다. 우리는 분명 "그 남자와 같지" 만은 않다. 우리는 분명 들을 수 있지만, 그러나 우리는 들어야 할 소리를 거부하는 것을 **선택**한다.

여러 주석서들은 이러한 은유적 해석을 지지하고 있다. 그 이유는 이 이야기 자체는 은유의 기능을 하고 있으며, 그 은유적 기능이 바로 이 이야기를 복음서에 포함시킨 마가의 문학적인 의도의 일부분이라는 공감대가 형성되어 있기 때문이다. 마가는 이 이야기를 통해서 제자들이 예수가 누구인지를 이해함에 있어서 얼마나 어리석고 강퍅한지를 보여주려고 하였다. 그리고 청각장애인 남자의 치유 기사를 통해서 마가는 제자들을 이 세상에서 새로운 존재 방식을 따르는 자들로 "개종"시키려고 한다. 따라서 이런 해석 입장을 선택하여 설교를 준비하는 설교자들은, 설교 중에 "귀가 먹었다"거나 "말 못하는 벙어리"(혹은 "언어장애자")라는 표현은 사용하지 않도록 주의해야 한다. 다시 말해서 설교자들은 청중의 잘못된 행동을 묘사하는 데 신체적인 장애에 관한 표현들을 사용하는 일이 없도록 주의해야 한다.

(3) 치유 설교

이 본문을 설교할 때 이 남자의 장애를 "악하거나 나쁜 행동"으로 연결시키는 것이 아니라 장애를 갖고 있는 이유만으로 그 사람을 차별하는 공동체에 대한 은유적 해석으로 사용해보자. 그 본문을 그렇게 해석하는 것은 장애를 가진 사람을 자신의 권리를 사용하는 주체로 대우하게 만들며 또한 일정한 기준에 적합하지 않은 사람을 배척하는 문화를 또다른 관점으로 인식하게 한다.

오늘날의 우리 문화는 지배 계층이 기준이라고 인정하는 것과는 다른 피부색을 가진 사람들을 거부하고 배척한다. 또 때로는 대중 매체가 정해 놓은 사회적인 기준에 신체적으로 "부합하지" 않는 자들에 대해서도 다양한 방식으로 차별한다. 또 그 사람의 행동과 처신에 의해서가 아니라 단지 그 사람이 누구인가에 의해서 그 사람이 기준에 맞지 않는다는 이유로 배척한다. 설교를 듣는 회중 가운데 어떤 사람은 기존 사회로부터 거절당한 사람일 수도 있다. 또 반대로 일부 회중은 사람들을 차별하며 장애물을 설치하고 경계선을 그어놓은 특권 계층에 속한 사람들도 있다. 그렇다면 예수께서 이 남자에게 직접 손을 대서 치유하신 이 사건은 여러분이 설교하는 특정한 상황에 무슨 의미를 던지는가?

이 본문에서 우리는 이 청각장애인 남자 편에서 어떤 믿음을 증명하기 이전에 예수께서 먼저 치유를 베풀고 계심을 볼 수 있다. 그렇다면 우리도 치유에 대한 선결조건으로 믿음을 요구할 것이 아니라 소외된 개인들과 상처받은 이 세상에 공짜로 값없이 치유를 베풀 수 없을까?

| 제5장 |

중풍병

복음서에서 중풍병(paralysis)을 앓는 병자에 대하여 묘사하는 본문은 두 곳이다. 마태복음 8:5-13에서는 백부장의 종의 질병이 중풍병이라고 분명히 밝히고 있지만, 누가복음 7:1-10에서는 중풍병에 대해서 직접 언급하지 않고 다만 "어떤 백부장의 사랑하는 종이 병들어 죽게 되었더니"라고만 한다. 중풍병을 다루는 복음서의 본문 중에 성서일과에 포함된 본문은 마가복음 2:1-12이다(이 본문은 마태복음 9:1-8과 누가복음 5:17-26과 병행구절이다). 이 본문은 예수께서 고쳐주시기를 간청하기 위하여 그가 계신 집의 지붕 아래로 메어 달려 내려온 한 남자에 관한 내용을 담고 있다.[1]

이런 본문 이외에 복음서에는 예수께 다가와서 고침을 받고자 했던 많은 군중들 속에 포함된 중풍병자에 대해서 언급하고 있는 구절들도 있다(마 15:30-31; 21:14). 요한복음에도 치유의 능력이 나타나는 것으로 여겨졌던 연못에 들어가고자 양문 곁 행랑에서 기다리고 있던 여러 청각장애인과 지체장애인 중에 "중풍병자"도 포함되어 있음을 말하고 있다(요 5:3). 한편 마가복음에서 중풍병자에 대하여 언급하고 있는 곳은 지붕 아래로 달려 내려

온 남자의 치유에 관한 기사 한 곳뿐이다.

1. 중풍병

중풍병은 신체의 특정한 수족이나 근육을 움직일 수 없는 질병이다. 중풍병이 무기력증의 형태로 나타날 때 수족은 절뚝거리며 구부러지기 쉽다. 또 경련성 마비를 앓는 환자들에게는 마비된 부분이 뻣뻣하게 경직되는 증세가 나타난다. 하반신불수(paraplegia)나 사지마비(quadriplegia)는 중풍병으로 가장 널리 알려진 유형이다. 이런 유형의 중풍병은 척수에 부상을 당했거나, 척수가 병균에 감염됨으로 발병된다. 하반신불수는 허리부분의 척수 손상으로 인하여 머리와 팔은 움직일 수 있으나 다리는 움직일 수 없는 경우이다. 또 사지마비는 일반적으로 다리와 팔, 그리고 몸통 부분이 마비되는 것으로 알려져 있다. 하지만 척수의 손상 정도는 손상이 발생한 목이나 가슴, 또는 허리 부위의 높이에 따라 다르다. 목 부위 C4-8 레벨에 손상이 일어난 경우에는 사지마비로 이어지는 반면에, C5-6 레벨에 손상을 받은 환자라도 때로는 어느 정도 사지의 움직임이 가능한 경우도 있다. 이 경우에 근육의 움직임이 원활하지는 못하더라도 팔이 마비된 상태에서 다른 보조 수단으로 팔을 지탱하면서 머리 위치를 바꾸거나 또는 "바디 잉글리시"(body english, 이미 찼거나 던진 공이 원하는 방향으로 가도록 경기자가 그 방향으로 몸을 비트는 동작이나 몸짓-역주)를 통해서 손을 어느 정도 올리거나 내리는 동작이 가능한 경우도 있다.[2] 이러한 작은 움직임으로도 때로는 전동 휠체어의 조종간을 충분히 작동시킬 수 있다. 또 장애인들의 타이핑이나 글쓰기, 전화걸기에 때로는 마우스스틱이 사용되기도 한다.

C4-5 레벨이 손상된 환자들은 기본적인 몸단장을 위해서도 도움의 손길이 필요하지만, 때로는 공기로 작동되는 장치나 입으로 조절이 가능하도록 ("호흡 스위치" 형태로) 맞추어진 장치들을 사용하여 컴퓨터나 전동 휠체어

를 작동시킬 수도 있다.[3] 환자가 몸을 움직일 수 있는 가능성 여부는, 어느 척수 부위에 손상이 발생했으며 그 정도는 어느 정도인지에 따라서 각기 다르다. 사지마비 환자라도 경우에 따라서 말을 할 수도 있고 못할 수도 있다.

중풍병의 또 다른 일반적인 유형으로는 반신불수가 있는데, 이는 뇌의 운동중추가 손상됨으로 말미암아 신체의 왼쪽이나 오른쪽 전체나 또는 일부분이 마비가 되는 경우이다. 뇌졸중도 때로는 반신불수를 가져올 수 있다. 하반신불수나 사지마비, 그리고 반신불수와 같은 중풍병 이외에 잠시라도 전신에 마비가 찾아오는 환자도 있고, 수족 하나 그 이상의 여러 수족에 부분적으로 마비가 찾아오는 경우도 있으며, 몇몇 근육이 마비되는 환자들도 있다. 이렇게 어느 부분의 척수에 손상이 되었으며 그 결과가 하반신마비나 사지마비 또는 반신불수인가에 따라서 간헐적이거나 또는 부분적인 마비의 증세를 경험하는 환자들의 유형이 너무 다양하기 때문에, 이번 장의 논의는 일상생활에서 영구적이고 완전한 중풍 마비를 안고서 살아가는 사람들이 직면하는 문제점에 국한하고자 한다. 중풍병을 앓고 있더라도, 팔이나 머리를 움직일 수 있거나 말할 수 있는 능력이 있는지의 여부에 따라 독립적인 생활을 훨씬 수월하게 해나갈 수 있다는 점에서, 사지마비 환자들은 하반신마비 환자들과 상당한 차이를 가지고 일상생활을 꾸려간다는 점에도 주목할 필요가 있다. 사지마비 환자들의 움직임은 휠체어를 조종하고 의사소통하기 위하여 머리와 입을 움직일 수 있는 정도로 제한된다. 또 C4-5 레벨이 손상된 환자들의 경우에는 기본적인 일상생활을 위해서 시중드는 사람의 도움이 필요하다. 환자가 말을 할 수 있는가 그렇지 못한가 하는 문제도 중풍병을 앓고 있는 환자에게 주변 사람들이나 사회가 어떻게 반응할 수 있는지를 결정하는 중요한 변수로 작용한다.

하반신마비나 사지마비를 앓고 있는 대부분의 사람들은 날 때부터 마비 환자였던 것은 아니다. 척수 손상으로 인한 중풍 마비 환자의 80퍼센트는 45세 이전에 부상을 당했으며 25퍼센트 정도는 중년에 부상당한 것으로 나타났다.[4] 일반적으로 교통사고와 같은 우발적인 사고 때문에 척수가 손상되어 신체가 마비되면 사고 이후 병원이나 재활센터에서 (보통 84-116일) 물리치료와 재활치료 기간을 보내게 된다.[5] 사고 이후 치료 과정에서 기본적인 심리적 적응 기간도 대략 2-3년이 소요된다. 이때 중풍병을 앓게 된 현실에 대한 부정과 우울증, 슬픔, 그리고 분노의 문제를 다루는 과정이 계속 이어진다.

환자가 주변 사람들과 상호의존적인 관계를 맺어가도록 지도하는 것이 때로는 어려운 과제일 때도 있다. 재활치료 과정의 초기에 환자 자신의 자기 정체성에 대한 인식이 계속 변화한다. 활동적인 생활을 해 온 대다수 젊은 성인들은 스스로를 매우 독립적인 존재로 간주하거나 때로는 불요불굴(不撓不屈)의 존재로 여기는 경향이 강하다. 인생의 황금기를 보내는 이들은 자신의 유한함을 별로 생각해보지 않는다. 하지만 사고를 겪은 다음 재활 과정을 밟을 때 이들에게 독립적인 생활이란 거의 불가능한 것처럼 보인다. 일상생활의 모든 부분에서 타인에게 의존해야 하는 형편에 놓이고, 자기 몸을 스스로 힘으로 전혀 움직일 수 없게 되면, 환자는 자신이 다른 사람들에게 쓸모없는 존재라는 생각을 하게 되며 상호의존성도 인정하기 어렵기만 하다. 재활 과정의 초기에 중풍 마비를 앓는 사람들은 자신이 다른 사람들에게 전적으로 의존할 수밖에 없다는 생각을 하게 되며, 때로는 주변의 도움에 대하여 무엇으로 보답해야 하는지 고민한다. 상당수의 환자들은 적절한 지원 체계를 통해서 어느 정도 독자적인 생활을 꾸려갈 수도 있지만, 그러나 일생생활 속에서 어느 정도의 의존은 피할 수 없는 현실이다. 어떤 환자들은 자원봉사를 통해서든 또는 사례를 지불해서든 복지사나 보조적인 도움을 제공하는 사람들의 도움을 받아야 한다. 또 수족에 마비를 앓는 일부 환자들은 다양한 유형의 보조 장비의 도움을 받아야 한다. 예를 들어 수동이나 전동 휠체어라든지 또는 말할 수 없는 환자들을 위해서는 의사소통 장비라든지, 이동을 위하여 승합차나 버스에 승차하기 위해서나 엘리베이터를 이용하는 문제와 관련하여 주변으로부터 도움이 필요하다. 또 대부분의 중풍 마비 환자들을 위해서는 사회보장 제도나 복지 제도, 직업 재활 교육, 그리고 다양한 수준의 의료 서비스 차원에서 도움을 제공할 제도적인 시스템이 필요하다.

이 환자들이 느끼는 절망감 중의 하나는 이들이 의존하는 사람이나 장비 또는 서비스가 항상 이용 **가능한 것**은 아니라는 점이다. 이런 도움의 손길은 환자들의 일상생활을 위해서는 매우 중요하지만 그러나 대부분이 환자들의 통제권 밖에 있다. 이런 도움들을 적절하게 활용할 수 없다는 사실은 환자들에게는 참으로 절망스러울 수밖에 없다. 게다가 이 환자들의 일상생활을 지탱하고 의미 있게 해 주는 이런 요소(도움)들을 자기가 원하는 방향대로 통제할 능력이 없다는 사실도 괴로운 일이다. 이런 현실들은 환자들로 하여금 계속해서 자신들의 의존적인 삶의 현실을 상기시켜 주지만, 일반 사람들은 일상생활 속에서 전혀 이런 문제에 대해서 고민할 필요조차 없는 것들이다. 환자가 도움을 받는 주변 사람들이나 기구들이 항상 곁에 대기하고 있는 것도 아니고 또 그 도움의 형편도 일정하지 않다. 또 도움을 받아야 할 것들에 일관성이 없기 때문에 도움을 미리 예상하고 계획을 짜는 것도 어려운 일이다.

미국장애인법(ADA)이 통과되면서 지체 장애인들이 건물에 들어가기 위하여 경사로나 리프트 또는 엘리베이터의 도움을 받는 것이 점점 더 용이해지고 있지만 이런 장치들이 모든 건물에 다 설치되어 있는 것은 아니다. 일부 건물의 경사로는 너무 가파르거나 굴곡져 있거나 건물 내부의 장애인들을 위한 편의 시설들이 항상 이용 가능한 것도 아니다. 종교 시설은 미국장애인법에서 제외되어 있기 때문에, 접근성이 용이하도록 설비를 갖추지 않은 일부 교회 건물들은 장애인들로부터 별로 환영을 받지 못하고 있다. 건물 현관으로 이어지는 가파른 계단은 휠체어를 사용하는 사람들을 공동체의 일원으로 받아들이지 않겠다는 것을 말해주는 강력하고도 충분한 메시지이다. 경사로를 통해서 강단에 올라가도록 시설을 갖춘 일부 교회라도 친교실이나 다른 부속실은 지체 장애인들이 접근하기 쉽지 않은 경우가 많으며, 장애인들이 제단이나 성가대석에 쉽게 접근할 수 있도록 구비된 경우는 아주 드물다. 그래서 어떤 장애인이 예배에 참석하는 데 별 어려움이 없더라도, 그가 예배 인도자로나 또는 성찬 집례자나 성가대원으로 활동할 수 있는 기회뿐만 아니라 공동위원회 활동이나 여러 친교 활동에 전적으로 참여할 수 있는 가능성은 아주 요원하다. 이런 모습을 보면 현 사회나 교회 안에는 지체 장애인들은 공헌할 것이 거의 없다는 전제가 지배적으로 자리하고 있는 것처럼 보인다. 즉 베푸는 것은 한 쪽 방향일 뿐이라는 것이고 봉사는 저들을 위해서 제공하는 것이고 반대로 지체 장애인들이 기존 사회나 교회에게 제공할 수 있는 은사는 전혀 없다고 생각하는 것 같다.

교회든 사회에서든 공동체 안에서 다른 사람들과 똑같이 대우받지 못하는 것은 지체 장애인들이 직면하는 가장 큰 장애물이다. 그들은 2등급 시민으로나, 또는 무언가 인간다운 면이 부족한 존재로 취급받는 것이 일상화되어 있다. 사람들은 장애인을 보면서 혼자 힘으로 움직일 수 없다면 다른 영역에서도 무능력할 것으로 생각한다. 또 지체 장애인들은 성이 없는 무성적인 존재로 간주되기도 하며 그들의 남성상이나 여성상이 무시되기도 한다. 또 자신의 일생에 영향을 미치는 결정에 참여하려고 할 때에도 때로는 어린 아이 취급을 받을 때, 이들 장애인들은 큰 절망감에 빠질 수밖에 없다.

마가복음 2장의 중풍병자에 관한 본문에서 이 남자가 자신의 인생 전체를 바꾸어버린 치유를 결정하는 일에 적극적으로 참여하였는지에 대해서는 잘 알 수 없다.

본문: 마가복음 2:1-12

> [1] 수일 후에 예수께서 다시 가버나움에 들어가시니 집에 계신 소문이 들린지라 [2] 많은 사람이 모여서 문 앞에라도 용신할 수 없게 되었는데 예수께서 저희에게 도를 말씀하시더니 [3] 사람들이 한 중풍병자를 네 사람에게 메워 가지고 예수께로 올쌔 [4] 무리를 인하여 예수께 데려갈 수

없으므로 그 계신 곳의 지붕을 뜯어 구멍을 내고 중풍병자의 누운 상을 달아내리니 ⁵ 예수께서 저희의 믿음을 보시고 중풍병자에게 이르시되 소자야 네 죄 사함을 받았느니라 하시니 ⁶ 어떤 서기관들이 거기 앉아서 마음에 의논하기를 ⁷ 이 사람이 어찌 이렇게 말하는가 참람하도다 오직 하나님 한 분 외에는 누가 능히 죄를 사하겠느냐 ⁸ 저희가 속으로 이렇게 의논하는 줄을 예수께서 곧 중심에 아시고 이르시되 어찌하여 이것을 마음에 의논하느냐 ⁹ 중풍병자에게 네 죄 사함을 받았느니라 하는 말과 일어나 네 상을 가지고 걸어가라 하는 말이 어느 것이 쉽겠느냐 ¹⁰ 그러나 인자가 땅에서 죄를 사하는 권세가 있는 줄을 너희로 알게 하려하노라 하시고 중풍병자에게 말씀하시되 ¹¹ 내가 네게 이르노니 일어나 네 상을 가지고 집으로 가라 하시니 ¹² 그가 일어나 곧 상을 가지고 모든 사람 앞에서 나가거늘 저희가 다 놀라 영광을 하나님께 돌리며 가로되 우리가 이런 일을 도무지 보지 못하였다 하더라.

(1) 주해

이 본문은 마가복음에 나타나는 여덟 개의 논쟁 이야기들(막 2:1-3:35)에 포함되어 있다. 이 모든 논쟁 이야기들은 예수와 유대 종교 지도자들 사이에 벌어진 갈등을 다루고 있다. 그 논쟁이 안식일의 치유 사건이거나 또는 세리나 죄인들과 함께 식사를 하는 문제에 관한 것이든 관계없이, 논쟁 기사는 항상 예수께서 당시 전통적인 사회적 및 종교적 관습에 도전하였음을 보여준다. 이 본문에 나타나는 서기관들과의 논쟁은 누가 죄를 용서할 권세를 가지고 있는가 하는 것이다. 이 기사에서 특별히 사죄에 대해서 언급하는 부분은 장애를 가진 사람들에게 상당히 논란을 불러일으키고 있다.

요한복음 9장에서 예수는 날 때부터 소경된 남자의 시각장애와 죄의 인과율적 연관성을 부인하셨지만, 이 본문에서는 중풍병을 앓고 있는 이 남자에게 "네 죄 사함을 받았느니라 "(5절)고 말씀하신다. 도널드 고완(Donald E.

Gowan)이 지적한 바와 같이 이 본문의 독특한 점은 "치유 기사들 중에서 유일하게 죄의 용서가 언급되고 있다"는 점이다.[6] 고완은 "예수께서 죄와 질병을 원인과 결과의 논리로 말씀하지 않았고 이 둘을 동일시하기보다는 죄의 용서와 치유를 서로 비교했을 뿐"이라고 생각한다.[7] 그러나 이 본문에 대한 해석의 저변에 깔려 있는 일반적인 전제는, 이 남자의 죄의 용서와 기적적인 치료 사이에는 분명히 물리적인 원인과 결과의 상관관계가 있다는 것이다.

상당수의 학자들은 죄의 용서에 관한 논쟁(5b-10절)이 오래된 치유 이야기 속에 나중에 삽입된 것이라고 여기고 있어서,[8] "죄의 용서"에 관하여 서기관들과 논쟁한 부분을 삭제하고 치유에 관한 기사만을 다루고 싶은 유혹도 있다. 하지만 이 본문은 죄가 장애의 원인이라는 입장을 정당화시키는 데 종종 동원되기 때문에 우리의 논의에 이 본문을 포함시킬 필요가 있다.

1세기 팔레스타인에서 고난의 원인에 대한 일반적인 통념 중의 하나는, 그 고난은 범죄나 죄악에 대한 하나님의 형벌이라는 것이다. 당시 고난의 원인에 대한 이러한 설명은 유일한 설명은 아니더라도 분명히 한 가지 가능성으로 받아들여졌다. 요한복음의 입장에서 볼 때 예수께서 이러한 가능성을 믿었는지 안 믿었는지는 알 수 없다. 당시의 이런 설명은 분명 질병의 원인에 대한 문화적인 관점의 일부분이었다. 당시 사람들은 죄와 질병 사이에 물리적인 상관관계를 인정했을 뿐만 아니라, "질병과 치유는 죄와 용서의 관계를 설명하는 일반적인 은유로 사용되었다."[9] 죄와 질병 혹은 장애의 직접적이고 인과론적인 관계를 믿었던 사람들이 보기에 죄의 용서는 질병의 원인(죄)을 제거하는 것이고, 이는 다시 하나님의 형벌(질병)의 제거로 이어지는 것이다. 하나가 해결되면 자동적으로 그 다음 것이 해결되는 셈이다.

오늘날에도 고난의 원인에 대한 한 가지 가능한 설명으로서 우리 자신의 행동이나 범죄를 아주 부인할 수 없다. 심리적인 죄의식은 신체적인 고통을 야기할 수 있으며 판단의 착오 때문에 사고가 일어나고 그 사고로 신체적인 장애가 야기될 수 있다. 이런 경우에 "죄"는 심리적인 죄의식이나 판단착오의 원인이 될 수도 있고 그렇지 않을 수도 있다. 예를 들어 어떤 남자가 바위 위에서 잘 알지 못하는 호수로 다이빙을 했지만 판단착오로 그 호수의 바닥은 너무나 얕은 경우가 있다. 이때 그 남자의 척수는 손상되고 지체장애로 이어진다. 이런 경우에 문제의 원인은 판단 착오 때문이지 그 원인을 "죄"라고 말할 수 없다.

죄와 질병 또는 장애의 상관관계를 분석하다보면, 겉으로 나타나는 신체적인 질병과 고통의 증상은 죄악의 **가해자** 때문이 아니라 신체적인 또는 심리적인 오남용의 **피해자** 때문인 경우가 좀 더 많다는 것을 알 수 있다. 중풍병이나 시력상실, 그리고 청력상실은 심리적인 원인 때문에 일어나는 경우도 많다. 그러나 신체적인 감각의 상실은-죄와 연관시키더라도-대부분이 범죄 때문에 일어나기보다는 자기 몸에게 직접 위해를 가한 끔찍한 죄 때문에 일어나는 것이 보다 더 일반적이다. 보거나 듣거나 경험한 것이 너무나 끔찍하면 그 사건의 비참한 실체를 액면 그대로 대처할 수 없어서 심리적인 마비나 시력상실 또는 청각장애가 나타날 수 있다. 내가 알고 있는 한 여자는 청각장애를 앓고 있는데, 자기 머릿속에는 수술이 불가능한 뇌종양이 들어있다는 상상이 큰 이유가 되었다. 이 모든 증상은 그녀가 어린 소녀였을 때부터 자기 아버지로부터 신체적으로 그리고 성적으로 학대당했기 때문이다. 그녀는 주변에서 들려오는 소리를 견디지 못했으며 죽고 싶어 했다. 미국의 흑인시인이자 작가인 마야 앤젤루(Maya Angelou)는 어린 시절에 성폭행을 당했으며 그 범인을 고발했다. 나중에 이 범인에 대해서 다시 증언하게 되었을 때 그녀는 자기의 말 때문에 스스로 죽을 것만 같은 느낌이 들었고 그래서 이후로 수년 동안 한 마디도 말할 수 없었다. 심리적인 마비증세나 시각장애, 청각장애, 그리고 언어장애는 사람들이 경험한 끔찍한 사건으로 말미암은 심한 고통과 충격에 대처하기 위한 방법이다. 범죄의 피해자와는 달리 죄악을 범한 가해자 자신의 몸에 어떤 심인성 장애가 나타나는 경우는 그리 많지 않다.

물론 오늘날에도 죄와 질병 사이에 모종의 상관관계가 있는 것은 사실이다. 하지만 죄와 질병 사이의 직접적인 상관관계는 극히 제한적이며, 사람에게 폭행이 직접 가해진 경우나 또는 마약이나 음주 운전 때문에 장애를 입는 경우처럼 자기 몸에게 직접 위해를 가한 경우에는 그 악행 때문에 질병이나 신체적 장애의 증상들이 나타난다. 그러나 다른 사람에게 위해를 가한 범죄의 결과로 가해자 자신에게 장애와 같은 신체적인 질병 증세가 나타나는 경우는 아주 드물다. 그래서 장애의 원인이 그 장애를 가진 사람의 죄 때문이라고 계속 설교하는 것은 현실적으로 장애가 일어나는 물리적 원인이나 심리적 원인, 즉 장애를 가진 사람이 범한 죄 때문이 아니라 그 장애인에게 가해진 죄악 때문이라는 현실을 무시하는 치사이다.

또 이런 부류의 설교는 범죄의 희생자를 계속 비난하는 악순환을 지속시키는 것과 다름없다. 범죄의 희생된 사람은 현재 질병을 앓거나 장애를 가지고 있다. 이런 상황에서 암시적으로든 명백하게든 죄와 질병 혹은 장애의 상관관계를 단순한 인과율의 논리로 설교하는 것은, 그 범죄의 희생자에게 잘못을 덮어씌우는 것이다. 심리적인 이유로 장애를 겪고 살아가는 상당수의 사람들은 신체적으로나 성적으로 폭력을 경험한 여성들이기 때문에, 그 사람들이 어떤 죄를 범했기 때문에 그런 고통을 당할 만하다고 생각하는 것은 악순환을 지속시키는 것이나 다름없다. 1세기에는 죄와 질병의 직접적인 상관관계를 당연시 여겼더라도 그 이후로 우리는 이 상관관계의 복잡함에 대해서 많은 것을 알게 되었다.

예수께서 장애를 가진 사람들을 대하시던 1세기 당시의 상황을 이해하기 위해서는, 죄에 대한 당시의 개념이 구원과 어떤 관계를 맺고 있었으며, 헬라어의 *sozein*(구원하다)이 신체적인 질병의 치유와 영혼의 치유, 그리고 죄의 용서와 어떤 관계를 맺고 있었는지를 종합적으로 이해해야 한다.

> 예수의 공생애에서 죄와 질병은 함께 다뤄진다. 그 이유는 하나가 다른 하나의 원인이기 때문이 아니라, 예수께서는 죄와 질병의 비극 모두로부터 우리를 구원하러 오셨기 때문이다. 그래서 치유도 한 가지에 고정되지 않

고, 죄의 용서(눅 7:50; 19:9)와 (누가복음 8:36에서 귀신들렸던 자가 구원받은 사례에서도 알 수 있듯이) 심리적인 치유, 그리고 육체적인 질병의 치유 모두를 구원이라고 불렀다. 이러한 각각의 구원에는 각기 다른 유형의 소외(alienation)가 전제되어 있다.[10]

소외는 다양한 방식으로 하나님과 인간 사이뿐 아니라 인간을 서로 분리시켰다. 신체적인 장애 때문에 장애인들은 그 가족들로부터 소외되며 사회적 혹은 종교적 공동체로부터 소외되고 그 공동체의 제의에 참여하는 것도 거부된다. 1세기 당시에 *sozein*이란 단어는 귀신을 쫓아내고 죄를 용서하는 경우뿐만 아니라 육체적인 질병의 치유에 대해서도 쓰였기 때문에, 1세기 당시 죄/질병과 용서/치유의 상관관계는 당연한 것으로 받아들여졌다. 또 구원도 육체적인 것과 영적인 것을 동시에 지향했으며 예수의 사역 역시 이 모두를 포함하였다.

이 본문에서 "죄의 용서"에 관한 단락은 전통적으로 장애를 가진 사람들에 대해서 그 고난의 원인이 그들에게 있다고 그들을 비난하는 데 사용되기도 하였지만, 장애인 공동체 내에서 이 본문은 "접근가능성"에 관하여 논의하는 데에도 사용되었다. 중풍병을 앓고 있는 남자를 침상에 메워 온 사람들은 집 안으로 들어갈 수 없자 지붕이라는 파격적인 대안을 생각해 냈다.

1절: 이 이야기의 배경은 가버나움에 있는 한 집이지만, 이 집이 누구의 집인지는 잘 알 수 없다.

2절: 사람들이 예수께로부터 말씀을 들으려고 모여들었다. 그 중 일부는 예수를 따르는 사람들도 있었지만 또 일부는 그에 관한 소문이 논란을 일으켰기 때문에 호기심에 찾아오기도 했고, 또 일부는 그를 고소할 정보를 모으기 위해서 찾아오기도 했다. 독자들은 이 무리 중에 서기관들도 끼어 있음을 나중에 알게 된다.

3절: 이 치유 기사의 주인공이 등장한다. 이 남자는 다른 사람이 운반해야 주어야 할 정도로 심각한 장애를 가지고 있었다. 그래서 그는 이동할 때에 다른 사람의 도움이 꼭 필요했다. 당시 이 남자가 어떻게 일상생활을 꾸려 갔는지에 대해서는 알 수 없다. 또 그가 거지였는지 그리고 예수께로 옮겨 올 당시에 가족들이 그를 돌보고 있었는지에 대해서 본문은 침묵하고 있다. 본문이 말하는 것은 그가 여러 사람들에 들려서 예수께로 왔다는 것뿐이다. 그런데 중풍병자와 이 남자를 상에 메워 온 사람들이 구체적으로 몇 명이고 이들이 서로 어떤 관계인지에 대해서도 잘 알 수 없다. 다만 이 사람들 중에 네 명이 그 남자가 누워 있는 침상 자리를 메워 왔다는 사실뿐이다. 그렇게 예수께로 올 때 이 남자가 무엇을 생각했으며 자기 스스로나 자기 인생에 대해서 어떤 느낌이 들었는지에 대해서도 전혀 알 수 없다. 만일 그가 태어날 때부터 중풍병을 앓고 있었다면, 그 남자 주변에 모여든 사람들은 그의 장애를 그 남자의 죄나 또는 부모로부터 유전된 죄 때문이라고 생각했을 수도 있다.[11] 신체적인 장애가 너무나도 심각해서 그 남자는 당시의 유대 공동체에 속한 일원으로서의 온전한 지위를 전혀 누릴 수 없었다.[12] 또 대부분의 사람들 역시 장애를 가진 그를 거부하였다. 이런 정황을 생각할 때 이 남자를 예수께로 데리고 온 이 사람들의 정체는 매우 궁금하다. 이들이 당시의 종교 공동체로부터 파견된 사람들이라고 생각하기는 어려워 보인다. 또 이 본문에 대한 일부 주석에서처럼 중풍병자의 "친구"라고 보기도 어렵다. 아마도 이들은 대부분의 경우가 그러하듯이 사회적인 행동규범보다는 피로 맺어진 관계가 더 중요하다고 생각했던 가족들이나 친척들이었을 것이다. 그런데 흥미로운 점은 그 중풍병자와 동행했던 사람들은 이 때문에 사회로부터 배척될 수 있는 위험을 감수했으리라는 것이다.

4절: 이 남자를 메고 온 사람들이 군중들 사이를 헤치고 들어갈 수 없다는 것을 깨닫자 의지를 굽히지 않았을 뿐만 아니라 기발한 방법을 생각해 냈다. 이들은 예수께 다가갈 다른 가능성을 생각해 보았던 것이다.

장애인 공동체 내에서는 이 구절은 장애인들의 접근성에 관한 이슈를 지지하는 데 종종 사용되곤 한다. 현관문으로 연결되는 계단 때문에 장애인들이 교회나 회당 안으로 들어갈 수 없다면 신앙 공동체에 속한 사람들은 상상력을 사용해야 한다는 것이다. 이런 경우에는 경사로를 만들거나 창문으로 연결된 문을 만들어서 모든 사람들이 예배당으로 들어갈 수 있도록 배려해야 한다는 것이다.

이 본문에서 중풍병자를 메워 온 사람들은 "지붕을 뜯어 구멍을 냈고 그를 그 속으로 집어넣었다." 1세기 당시 팔레스타인 지방의 지붕은 나무 들보로 짜였으며 여기에 나뭇가지들이 덮이고 마지막에 진흙으로 틈새를 메웠다. 또 건물 밖 측면 벽에는 지붕으로 이어지는 계단이 설치된 경우도 있었다.[13] 지붕에 구멍이 만들어지자 이 네 사람은 중풍병자가 누워 있는 침상 매트를 아래로 내렸다. 그 매트는 들것처럼 생겼으며 이 불쌍한 남자의 침상으로 쓰였던 것이다.[14]

당시 이 중풍병자는 어떤 경험을 하게 되었을까? 그 남자는 침상에 누워 있었기 때문에 그가 접하는 일상은 늘 자기 위로 볼 수 있는 것들이나 주변에 들려오는 소리들뿐이었다. 당시 이 남자는 자기 주변에 무슨 일이 벌어지고 있는지를 보기 위하여 왼쪽으로 오른쪽으로 고개를 돌릴 수 있었는지에 대해서는 우리는 알 수 없다. 또 그가 말할 수 있었는지도 잘 알 수 없다. 이 본문에서 그 남자는 예수께서 고쳐주신 이전이나 이후에 전혀 아무 말도 하지 않고 있다. 그 남자가 방 안의 군중들 사이로 내려질 때 분명히 그는 침상에 그대로 누워 있었을 것이며 공중에 매달려 내려오면서 다만 위로 천장에 난 구멍을 바라보면서 자기를 아래로 내리고 있는 네 사람에게 모든 것을 맡겨야만 했었다. 당시 이 남자는 예수를 만나는 것 때문에 들뜬 상태였을까, 아니면 자기 때문에 만들어진 지붕의 구멍이나 주변의 소동 때문에 당황했을까? 아니면 자신의 중풍병도 자기가 예전에 범했던 죄 때문이라는 생각을 계속 굳히고 있었을까? 그동안 사람들이 자기를 대한 태도나 방법 때문에 자기는 전혀 무가치한 사람이라고 생각하고 있었을까?

5절: 이 구절에서는 몇 가지 독특한 요소들이 발견된다. 예수께서는 **저희의** **믿음을** 보셨다고 한다. 예수께서 인지하신 믿음은 중풍병자의 믿음이 아니라 그 남자를 데리고 온 사람들의 믿음이었다. 이 "믿음"은 예수를 하나님으로 이해한 부활 사건 이후의 예수의 신성에 대한 믿음이 아니라 "하나님의 도움과 능력에 대한 '열정적인 갈망'"이었다.[15] 지체 장애를 앓는 사람들에 대해서 그들의 믿음만 충분하다면 곧 치유될 것이라고 말하는 경우가 종종 있다. 하지만 이 본문에서 예수께서 주목하신 것은 그 남자의 믿음이 아니라 그를 데리고 온 사람들의 믿음이었다. 예수로 하여금 그 남자를 치유하도록 자극한 것은 바로 그 사람들의 믿음이었다. 슈바이처는 이 남자를 데리고 온 네 사람의 "대담함과 굳은 결심"이 "예수의 인격과 성품에 대한 완전한 지식보다 더 중요했다"고 말한다.[16]

이 구절의 또 다른 독특한 점은 이 본문이 복음서의 치유 기사들 중에서 예수께서 "네 죄 사함을 받았느니라"고 말씀하시면서 치유 요청에 응답하신 유일한 본문이라는 것이다. 물론 치유에 대한 요청이 말로 된 것은 아니지만, 이 남자를 메워 온 사람들의 굽힐 줄 모르는 행동을 통해서 그들의 의도가 충분히 전달되었을 것이다. 이들의 요청에 대해서 예수도 이 남자를 "소자"라고 부르면서 응답해 주셨는데, 이 소자라는 표현은 한 사람이 다른 사람에 대해서 책임을 지는 관계를 암시할 뿐만 아니라 이 남자의 삶에서 찾아보기 어려웠을 공동체의 소속감을 암시하기도 한다.

앞에서 잠깐 언급한 바와 같이 이 본문의 뒷부분에서는 논쟁의 기사가 이어지는데 상당수의 학자들은 원래의 이야기에 나중에 논쟁 기사가 삽입되었을 것으로 추정한다. 그래서 10절의 하반절 "중풍병자에게 이르시되"라는 구절은 5절의 상반절에서 끝나는 단어들로 다시 반복되는 점에 주목하면, 1-5a절과 11-12절은 하나의 온전한 단락으로 읽혀진다. 그 다음 5b-10절은 누가 죄를 용서할 수 있는 권세를 가졌는지를 놓고 서기관들과의 논쟁을 다루고 있다.

6-7절: 서기관들은 치유 요청에 대한 예수의 응답이 자신들의 전통적인 신앙에 위배된다고 생각했다. 오직 하나님만이 죄를 용서할 수 있다고 믿었기 때문이다. 이 점은 이사야 43:25에서도 분명하게 언급되고 있으며, "신성모독에 대한 처벌은 돌로 쳐 죽이는 것"이었다(레 24:16).[17] 유대교의

사상에서도 심지어 메시아조차도 죄를 용서할 수 있을 것으로 기대하지 못했다.[18]

8-9절: 마가는 예수께서 서기관들의 마음과 생각을 아시고 그들의 의심에 대해서 직접 말로 반박하셨음을 보여준다. 예수는 "중풍병자에게 '네 죄 사함을 받았느니라' 하는 말과 '일어나 네 상을 가지고 걸어가라' 하는 말이 어느 것이 쉽겠느냐?"고 물으셨다. 치유 기사 속에 논쟁 이야기가 삽입됨으로 예기치 못했던 역학관계가 형성되었다. "유대교에서는 결코 치유의 능력이 죄를 용서하는 능력까지 암시하지는 않았다."[19] 하지만 sozein이란 헬라어 단어는 치유와 죄의 용서 모두를 뜻하는 단어로 사용될 수 있었다. 당시 유대인들은 메시아라도 죄를 용서할 것이라고는 기대하지 않았기 때문에 그리고 치유의 능력이 사죄의 능력을 암시하는 것도 아니었기 때문에, 죄의 용서와 치유를 함께 연결시키는 것이 어떻게 예수가 메시아임을 서기관들에게 증명해 보는 데 도움이 되었는지를 이해하는 것은 쉽지 않다.

치유와 죄의 용서의 상관관계는 유대교보다는 부활 사건 이후 초대교회의 "인자"신학에서 찾아볼 수 있다.[20] 초기 기독교 공동체의 저자였던 마가는 당시 공동체가 처한 상황을 염두에 두고 복음서를 저술하고 있었다. "당시 본문을 중심으로 저자와 독자 사이에 대화가 진행되었던 창조적인 **환경**은, 예수의 이름으로 죄의 용서를 선포하는 것이 신성모독이라고 비판을 받고 있던 교회였다."[21] 초대 교회는 이 본문이 다루고 있는 두 가지의 일, 즉 예수의 이름으로 신체적인 치유와 함께 죄의 용서를 병행하고 있었다.

10절: 중풍병자를 고치신 예수의 치유 사건은 예수가 이 땅에서 죄를 용서할 권세를 가지고 있음을 증명한다. 초대 교회의 상황을 고려할 때 10절은 예수께서 직접 하신 말씀이 아니라 초기 기독교 교회에 의해서 전체 이야기에 삽입된 것으로 간주하는 학자들도 있다.[22]

11절: 마가의 치유 기사의 클라이맥스 부분에서 예수는 "일어나 네 상을 가지고 집으로 가라"고 말씀한다. 바디매오의 치유 기사(막 10:46-52)에서와 마찬가지로 여기에서도 예수는 다만 말씀으로만 이 중풍병자를 고치신

다. 이는 고대의 이적 이야기에서는 매우 예외적인 경우이다.[23]

12절: 중풍병자로 무력하게 지내다가 갑자기 일어서서 그동안 누웠던 매트를 손에 들고 걸어 나가는 이 남자의 모습은 그 남자의 죄가 사해졌다는 예수의 말씀보다 더 놀랄만한 것으로 과학적으로 증명되거나 다시 실행될 수 없는 기적이다. 이 치유 사건을 지켜본 군중들도 그와 같은 것은 전혀 본 적이 없었기 때문에 다들 놀랄 수밖에 없었다. 그 기적에 대한 반응으로 이들은 예수가 아니라 하나님께 영광을 돌렸다. 그들은 예수의 능력이 하나님께로부터 비롯되었다고 생각했다.

이 중풍병자가 치유된 이후에 그 남자에게 무슨 일이 있었는지는 추측에 불과하다. 치유 사건에 대한 그의 생각이나 느낌은 전혀 알려진 바가 없다. 걸을 수 있게 되었음에도 불구하고 그는 한 마디 말조차 하지 않았다. 그의 근육은 아주 오랫동안, 아마도 평생 동안 전혀 움직일 수 없었을 것이다. 오늘날 우리의 생각으로는 그 남자는 직업 훈련과 아울러 상당한 기간 동안의 물리 치료가 필요했을 것이라고 추정해 볼 수 있다. 그러나 마가의 입장에서는 치유의 목적은 죄를 용서하는 예수의 권위를 증명하는 것이었으며 초대 교회 역시 이와 동일한 관심사를 가지고 있었다. 이러한 본문 구성은 예수께서 사람들을 하나님으로부터, 그리고 서로 간에 소외시키는 여러 악조건들을 무너뜨리기 위해서 이 땅에 오셨음을 강조할 뿐만 아니라, 초대 교회의 사역 역시 육체와 영혼 모두를 치유하는 것이었음을 확증한다.

(2) 전통적인 설교

마가와 초대교회 공동체에게는 죄를 용서하는 예수의 권세가 중풍병자였던 한 남자의 치유보다 더 중요한 까닭에, 설교자들은 죄 용서에 관한 주제에 집중하는 경향이 있다. 그리고 이렇게 죄 용서라는 주제에 집중되다보면 중풍병의 원인도 죄 때문이라는 입장이 암시적으로나 명시적으로 강조된다.

설교에서 강조해야 할 이 본문의 초점을 어떻게 잡아야 할 것인지에 대하여 설교자들이나 주석학자들의 입장은 다양하다. 상당수의 주석학자들은 죄와 질병 사이의 인과관계를 강조해야 한다고 주장하는데 이럴 경우에는 치유를 위해서는 먼저 죄의 용서가 필요하다. 바클레이는 "죄가 용서되지 않으면 질병은 결코 고쳐지지 않습니다. 이 병자는 하나님께서 진노하시던 사람이었습니다."라고 주해하고 있다.[24] 이런 견해를 가진 사람들에게는 사람들이 독감에 걸리는 이유도 하나님께서 그들에게 진노하셨기 때문이고 하나님께서 우리의 죄를 용서하셨기에 결국 독감도 낫는 것이라고 설교하는 것도 그리 이상하지 않다.

이렇게 노골적으로 죄와 질병을 직결시키는 사람은 그리 많지 않겠지만 이와 비슷한 견해들이 이 구절을 다루는 주석서들 중에 상당수 발견된다. 이런 주석서들에서는 질병의 원인으로 여전히 죄를 지목하고 있다.

> 질병은 죄의 파괴적인 효력을 드러내는 것이기 때문에 치유와 용서는 불가분의 관계에 있습니다.[25]

> 인간의 삶 속에 죄와 고난은 서로 결합되어 있다는 것이 바로 성경과 우리 경험 모두가 증언하는 바입니다.[26]

> 성경은 죄와 고난을 좀 더 우주적인 차원에서 결합시키면서 하나님으로부터의 소외가 바로 인간 세상의 모든 비극의 원인이라고 말씀합니다.[27]

그러나 크리스토퍼 리브(Christopher Reeve, 슈퍼맨 역을 맡았던 영화배우)가 승마 중 말에서 떨어져 전신마비 상태로 투병 중 사망한 이유가 하나님의 소외 때문이라고 말할 수 없다. 또 하나님의 소외 때문에 어떤 어린이가 날 때부터 시각장애인으로 태어나는 것도 아니다. 그럼에도 불구하고 어떤 설교자들은 이러한 입장을 되풀이한다. "이 병자가 아무런 이유도 없이 벌을 받고 있는 것이 아닙니다. 그의 사례는 구약성경에서 계속해서 선포되고 있는 진리를 잘 보여주고 있습니다. 바로 모든 고난의 원인은 인간이 하나님으로부터 분리되어 있기 때문이라는 사실입니다."[28] 또 어떤 설교자들은 이 주제를 심리적으로 접근하려고 하지만 결국 똑같은 메시지를 강조하고 있다. "질병의 원인을 외부적인 것들에서 찾으려고 하는 것이 일반적입니다. …그러나 어느 때고 변함없는 진리는 진짜 문제는 죄와 탐욕, 시기, 교만, 이기적인 욕망 때문이라는 사실입니다."[29]

하지만 이 본문에 대한 또 다른 해석 방법들도 있다. 어떤 이들은 이 본문에서 믿음을 강조할 것을 주장한다. 이 본문에서 주목할 점은 중풍병자의 믿음이 아니라 그 남자를 예수께 데리고 온 사람들의 믿음이 중요하다는 것이다. 그래서 일부 학자들은 치유가 일어나기 위해서는 **당사자가 아니라 주변 사람**의 믿음이 필요하다고 생각한다.[30] 일반적으로는 치유를 받은 사람의 믿음이 부각되겠지만 이 경우에 치유를 위한 믿음은 환자 당사자가 아닌 다른 사람들에게서 발견된다. 즉 "이 남자는 스스로도 어떻게 할 수 없었으며 따라서 그를 예수께로 데리고 왔던 친구들의 탁월한 노력"이 중요하다는 것이다.[31] 따라서 설교를 듣는 회중들도 공동체 내의 무력한 자들뿐만 아니라 이 세상의 무력한자들을 위하여 충분한 믿음을 가져야 한다는 것이다. 하지만 이러한 설교는 중풍병을 앓고 있는 환자들은 공동체에게 도움이 될 만한 것은 하나도 없고, 도리어 믿음이 견실하고 신체도 건강한 사람들로부터 무언가를 뺏어올 뿐이라는 통속적이고 잘못된 편견을 강조한다.

이 본문이 때로는 은유적으로 설교될 때도 있다. 은유적인 관점의 해석은 죄로 말미암은 결과를 문자적으로 신체적인 중풍마비가 아니라 은유적인 관점의 중풍마비로 이해한다. 다시 말해서 죄는 우리의 행동을 마비시키고 다른 사람들과 건강한 관계를 맺을 수 있는 능력을 마비시키며 하나님의 말씀에 순종하려는 열심을 마비시킨다는 것이다.

(3) 치유 설교

이 본문을 장애를 가진 사람들의 관점에서 접근할 때, 죄와 질병을 직결시키는 전통적인 입장과 달리 어떤 메시지들을 설교할 수 있을까? 예수께서는 중풍병자를 지붕 아래로 달아 내리던 사람들의 믿음을 주목하시긴 했지만, 그 믿음에 관하여 입 밖으로 무어라 크게 말씀하시지도 않았고 또 그 남자의 죄를 용서하고 중풍병을 고치기 전에 믿음을 요구한 것도 아니었다. 즉 예수는 치유에 대한 선행조건을 요구하지 않았다. 치유를 위해서 먼저 그 중풍병자가 무언가를 믿어야 한다거나 또는 예수의 제자가 되어야만 했던 것도 아니다. 오늘날 교회는 누군가가 공동체 일원으로 인정하기 전에 예수 그리스도에 대한 믿음을 전제조건으로 요구하는 경우가 많다. 하지만 예수는 그 남자의 삶에 치유의 손길을 베풀기 전에 어떤 조건을 요구하지 않았다.

예수의 치유 사역은 공동체와 그로부터 소외된 자들 사이를 나누어 놓은 소외의 장벽을 무너뜨렸다. 오늘날 장애인 공동체에 속한 일부 장애인들은 만일 예수께서 장애를 가진 병자들에게 기적적인 치유를 베푸시지 않고 오히려 장애를 가진 사람들을 배척하는 통속적인 관습을 가진 **공동체** 그 자체를 치유하셨더라면 더 좋았겠다고 생각하는 경우도 있다. 만일 예수께서 이런 잘못된 관습을 따르는 공동체를 치유하셨더라면, 예수께서 치유하지 않았던 모든 병자들도 치유된 공동체로 돌아와서 공동체를 세워가는 중요한 일원이 되었을 것이다. 하지만 몇몇 사람을 치유하는 것과 사회적인 태도와 구조를 송두리째 바꾸는 것 중에 어느 것이 더 쉬웠을까? 오늘날에도 장애인들에 대한 사회의 부정적인 태도와 가치를 바꾸는 것보다, 한 개인을 기적적으로 치유하는 것이 더 용이해 보인다. 장애를 가진 사람들은 여전히 무시당하기 일쑤이며 인간관계나 활동에서 중심 역할을 하기에는 무언가 부족한 사람들로 여겨지고 있다. 사회적인 구조나 사람들의 태도를 바꾸기 위해서 노력하는 것은 너무 힘들다. 하지만 사람들과의 인간관계로부터 소외되는 것이 신체적인 장애보다 더 고통스럽기 때문에, 이러한 잘못된 사회적인 구조와 태도들이 바뀌기 전까지는 완전한 치유는 아직 요원할 수밖에 없다.

이 본문에서 예수는 중풍병을 앓고 있던 이 남자를 치유해 주셨을 뿐만 아니라, 소외와 억압을 지속시키는 사회의 조직적인 구조들에도 도전하셨다.[32] 중풍병의 원인은 죄 때문이라는 신념이 당시 문화 속에 깔려 있었고 그 결과 장애인들이 느끼는 고립과 소외를 더욱 가중시켰다. 죄와 고통을 직결시키는 것은 고통의 피해자들을 이해하던 1세기의 방식이나 다름없다. 그것이 바로 말로 잘 설명할 수 없는 것들을 이해하던 1세기의 방법이었다. 하지만 예수는 그 남자의 죄를 용서하시고 그의 중풍병을 직접 고쳐주심으로 모든 소외의 원인을 근본적으로 무너뜨리셨다. 병에서 회복된 그 남자는 다시 걸을 수 있게 되었을 뿐만 아니라 자기에게 전가되었던 불명예스런 낙인을 제거할 수 있었다. 그 낙인이란 바로 주변 사람들이 이 남자를 무가치한 자로 여기게 했던 낙인이며, 또 자기 생각에도 스스로를 무가치한 자라고 믿게 만들었던 낙인이었다.

오늘날 상당수의 교회들이 이 시대의 사회악의 문제를 임시방편으로 해결하려든다. 일부 교회는 극빈자들을 위하여 무료 급식소를 운영하기도 하고 추수감사절이나 성탄절 구제헌금을 걷기도 하며 불우 어린이들을 위한 장난감 모으기 행사(Toy for Tots)를 진행하는가 하면, 무주택자들을 위한 구호소를 운영하기도 한다. 하지만 이런 사역의 저변에는 아직도 사회적 및 인종적인 억압 구조가 깔려 있으며 때로는 이런 문제는 전혀 다뤄지지 못하고 있다. 저변에 깔린 구조적인 형태의 소외를 다루지 않고 그저 소외라는 물리적인 증상만을 다루려고 한다면 우리 삶 속에 진정한 치유는 그만큼 멀어질 수밖에 없다.

죄와 질병의 상관관계를 진지하게 다루는 것도 이 본문에 대한 또 다른 해석 방법이 될 수 있다. 하지만 올바른 치유를 지향하는 설교는 죄와 질병의 관계를 다루더라도 이 주제에 대한 전통적인 입장 대신, 다시 말해서 사람이 범한 죄악 때문에 자동으로 질병이 파생되는 것이 아니라, 사람들에게 행해진 폭행과 죄악으로 인하여 그 피해 당사자들에게 질병과 고통이 발생하는 측면에 집중하는 것이 바람직하다. 물론 그렇더라도 자신의 죄악에 대한 죄책감이 고난을 초래하거나, 심지어 심인성 질환의 한 유형으로 신체적인 질병 증세가 나타난다는 점을 부인하는 것은 아니다. 하지만 죄와 질병의 인과관계를 기계적으로만 강조하고 이 논리를 보편화시키는 것은, 대부분의 경우에 고통을 당하고 있는 희생자에 대한 비난을 지속하는 것이나 다름없다. 이럴 때는 오히려 상당수의 환자들이 가해자들로부터 당한 폭행과 죄악 때문에 고통이나 심지어 심리적인 마비 증세나 시각장애, 또는 청각장애를 겪고 있는 현실을 먼저 있는 그대로 인정하는 것이 당사자들에게는 치유로 이어지는 작은 계기가 될 수 있다. 죄와 질병의 상호관계를 새롭게 이해함으로써 연약한 자들에 대한 소외의 장벽이 무너질 수 있기 때문이다.

이 본문을 설교할 수 있는 또 다른 가능성은, 공동체로부터 소외된 사람을 예수 그리스도의 가르침과 치유의 현존 앞으로 데리고 오는 파격적인 방법을 모색하였던 사람들의 지혜와 결단에 집중하는 것이다. 이 본문은 장애인 공동체 내에서 접근성과 관련해서 해석되곤 한다. 즉 폐쇄적인 건물과 사람들의 배타적 태도 때문에 그동안 하나님의 사랑에서 소외된 사람들이 하나님의 사랑과 예수의 가르침, 그리고 신앙 공동체의 치유 능력에 새롭게 접근 가능하도록 만드는 문제와 관련하여 이 본문이 활용될 수 있다. 일반적으로 교회의 건물은 장애인들에 대한 회중의 입장과 태도를 반영한다. 치유 기사를 어떤 관점에서 설교하느냐에 따라서, 그리고 설교에서 채택하고 있는 죄와 질병의 상관관계에 대한 신학적 입장이 어떠한가에 따라서, 장애인들에 대한 교회의 배타적인 태도(이해관계가 걸린)가 무너질 수도 있고 더욱 악화될 수도 있다.

공동체 내에는 나이와 성적 성향, 인종, 국적, 또는 신앙 유형의 차이 때문에 기존 신앙 공동체로부터 무시당하고 배척당한 사람들이 있기 마련이다. 이런 상황에서 올바른 결심과 상상력, 그리고 지혜가 있다면 이들을 예수의 가르침과 치유의 현존 앞으로 데리고 나오기 위하여 우리가 모색할 수 있는 파격적인 방법은 무엇일까? 소외된 사람들을 예수의 가르침과 치유하는 현존 앞으로 데리고 나오기 위해서 우리는 어떤 대안을 모색할 수 있을까?

A Healing Homiletic

| 제6장 |

나병과 만성질환

복음서의 여러 치유 기사들은 예수께서 이사야 35:5-6에 나타난 종말론적 약속을 어떻게 성취시키는지를 보여주고자 시각장애를 가진 환자나 청각장애, 중풍병(절름발이), 또는 언어장애를 가진 환자들에 대한 치유 사건을 묘사하고 있다. 또 복음서는 이들뿐 아니라 "귀신들린 자들"과[1] "부정한 자"로 취급당하던 사람들에 대한 치유 사건도 아울러 함께 묘사하고 있다. 이들 중에 (눅 9:37-43a; 막 9:14-29; 마 17:14-21에서 간질을 앓던 소년을 제외하고) 신체적인 불구를 가진 자는 아무도 없었지만 이들도 예수의 치유 사역에 포함되었다. 부정한 자로 간주되었던 자들에 대한 예수의 치유 기사들 중에 가장 유명한 기사는 나병환자들에 대한 치유 기사이다. 그런데 고완(Donald Gowam)이 언급한 바와 같이 나병환자들은 당시 공동체로부터 배척당하던 사람들의 범주에 포함되어 있었다.

신약성경에서 부정한 자로 간주된 사람들은[나병환자를 포함해서] 공동체로부터의 소외의 실상을 보여주는 전형적인 사례이다. 이들은 불구자들에 대한 전통적인 목록 속에 포함되던 사람이며, 이들은 당시 공동체의 삶에 동참하는 것에서 계속 배제되었던 까닭에 선지자들은 관심을 쏟아야 할 대상으로 이들을 지목했다. 복음서의 여러 치유 기사들도 이러한 패턴에 해당되는 것으로 간주된다. 12년 동안 혈루증을 앓던 여인도 제의적인 차원에서 부정한 자로 취급당해야만 했다.[2]

복음서에는 예수께서 나병환자를 고치셨던 일을 개략적으로 언급하는 구절들이 나온다(마 10:8; 눅 7:22). 또 시몬(마 26:6; 막 14:3)도 "나병환자"로 알려져 있다. 하지만 복음서에서 나병환자에 관하여 자세히 묘사하고 있는 곳은 오직 두 군데뿐이다. 마가복음 1:40-45의 나병환자 치유 기사(이 구절은 마 8:1-4와 눅 5:12-14와 평행구절이다)와 누가복음 17:11-19에서 열 명의 나병환자 치유 기사가 이에 해당한다. 이 두 구절은 개정공동성서일과에도 실려 있다. 개정공동성서일과에는 나병환자에 대한 이 두 구절 이외에 제의적인 불결함에 관하여 다루는 본문, 즉 마가복음 5:25-34의 혈루증을 앓던 여인의 치유 기사(마 9:20-22; 눅 8:43-48)도 함께 실려 있다.[3]

1. 제의적인 정결규례

"정결"(淨潔, clean)과 "부정"(不淨, unclean)에 대한 개념은 레위기 11-17장과 민수기 19장의 제의적인 정결 규례에서 찾아볼 수 있다. 구약의 정결 규례는 사람이나 사물을 "부정"하게 만드는 여러 다양한 상황들을 다루고 있으며, 부정하게 된 사람이나 사물이 성전에서 그 무엇과도 접촉하는 것을 철저하게 금하고 있다. 부정이나 불결함은 거룩함에 대한 치명적인 위협으로 여겨졌으며 그런 이유로 거룩하신 하나님의 임재를 나타내는 성전에 접근할 수 없었다.[4] 성경에 기록된 제의적인 정결 규례는 만일 성전이 부정한 사람이나 사물에 의해서 더럽혀지면 하나님은 성전에서 떠나가실 것이라는 믿음을 반영한다. 다른 종교들 역시 자기들만의 독특한 정결법들을 갖추고 있었으나, 레위기에 언급된 제의적인 정결 규례들은 이방인이 아닌 오직 유대인들에게만 적용되었다.[5]

토라는 정결법에 대한 분명한 합리적 근거를 명확하게 언급하고 있지는 않다.[6] 하지만 "구약시대에 랍비들은 부정함을 일종의 전염병으로 여기지 않았고 구약의 정결법도 준 위생학적인 원칙들로 생각하지 않았음이 분명하다. 만일 랍비들이 부정을 전염병과 직접 결부지어 이해했었다면 부정한 자로 간주된 이방인들은 이미 질병의 차원에서 부정한 자들이기 때문에 굳이 여러 제의적인 정결규례로 배제할 필요도 없었을 것이다."[7] 정결규례에 대한 신학적인 근거는 레위기 11:44-45에서 찾아볼 수 있다. 여기에서 하나님은 "내가 거룩하니 너희도 거룩할지어다"라고 말씀하신다. 즉 이 신학적인 근거가 언급된 이후에 부정해지는 원인들과 아울러 정결케 하는 의식들이 자세히 소개된다. 어떤 학자들은 정결규례에서 한 사람의 몸은 더 큰 공동체에 대한 상징으로 여겨졌다고 믿는다. 사람의 몸의 그 표면이나 경계부위에는 내부로 통하는 입구(구멍)가 있다. 그 중에 입은 정결하거나 부정한 음식이 몸 안으로 들어갈 수 있는 입구를 상징한다. 또 출산이나 월경, 그리고 설정(泄精)도 사람을 "부정"하게 만드는 원인이었으며, 나병도 그 환자 신체의 경계(피부)나 그 환자가 거주하는 집의 경계인 벽이 부정하게 되었음을 보여주는 상징이었다.[8] 한 사람의 몸의 경계(피부)가 부정한 것들에게 침범당하는 것을 보호하기 위하여 마련된 (피부병에 관한 일련의) 정결 규례들은, 결국 공동체 전체의 종교적이며 사회적인 삶의 경계가 부정한 것들에게 침해당하지 않도록 보호하려는 공동체적 의지를 상징적으로 보여준다.[9]

정결규례의 합리적인 근거에 대해서는 여전히 논쟁 중이지만, 구약의 레위기는 제의적인 부정의 원인을 분명히 언급하고 있다. 『유대예루살렘백과사전』(Encyclopaedia Judaica Jerusalem)은 제의적인 부정의 원인을 "병과 인간의 생식기로부터 나온 유출물들, 그리고 특정 동물의 죽은 시체와 특별히 인간의 시신"으로 구체적으로 지목하고 있다.[10] 이런 원인들 중에 신체적인 유출물처럼 자연스러운 것들도 있지만, 또 다른 것들 중에는 악한 행동이나 상황 때문에 비롯된 것들이 있어서 그것은 그 자체로 부정한 것으로 여겨졌다. 다른 장애와 마찬가지로 나병도 죄악이나 악행에 대한 형벌로 여겨졌다(대하 26:16-21; 왕하 5:15-27).

부정한 상태는 육체적인 건강상태 그 자체와 별개였으며, 그래서 부정은 한 사람에게서 또 다른 사람에게나 또는 한 사람에게서 다른 물건에게로, 그리고 한 물건에서 다른 사람에게로 전염될 수 있었다. 이때 전파되는 것은 신체적인 질병이 아니라 **부정한 상태**이다. 곰팡이가 묻어있는 벽이나 물건도 나병에 감염된 것으로 여겨졌기 때문에 사람뿐만 아니라 물건도 부정을 초래할 수 있었다.

최초로 발현된 부정을 가리켜서 "부정의 아비"(the father of impurity)라고 불렀다. 이 "부정의 아비"와 접촉한 사람 역시 부정한 사람으로 간주되는데, 비록 이 "2차 감염자"에게 "부정의 아비"와 같은 신체상의 부정한 증상이 나타나지 않더라도 이들은 자신의 부정한 상태를 또 다른 사람들에게 전파시킬 수 있었다. 이렇게 부정을 퍼뜨리는 감염의 연결고리는 일반적으로 2대나 3대까지 일어나기 때문에 그 부정이 무한정 전파되지는 않았다. "다만 월경 중의 여인과의(또는 추론적으로 볼 때 출산 이후나 또는 비정상적인 유출병을 가진 여인이나 출산 이후 최초로 부정한 상태에 있는 여인과의) 성관계에서만 4대까지 이어지는 연결고리가 발견된다."[11]

부정에는 전염성 부정과 비전염성 부정의 두 가지 유형이 있다. 먼저 전염성 부정에 해당한 사람은 공동체 내의 거룩한 영역과 속된 영역 모두를 불결하게 만들 수 있다. 그래서 이 범주에 해당하는 부정한 자들에 대해서는 성전에 접근하는 것뿐만 아니라 다른 사람들과의 접촉을 금하는 일종의 격리 조치가 필요했다. 반면에 비전염성 부정에 해당하는 사람은 거룩한 영역만 불결하게 만들었다. 이러한 비전염성 부정에 해당하는 사람은 전염성 부정에 해당하는 사람들처럼 성전으로부터 철저하게 배격되었지만, 동네를 돌아다닐 수 있었고 성소 밖의 성전 뜰이나 "거주" 지역에 머무를 수 있었다.

구약시대에 정결 의식(purification rituals)은 부정케 된 사람을 깨끗케 하는 유일한 수단이었다. 부정케 된 사람이 얼마나 오랫동안 부정한 상태로 지속되는지 그리고 이들에게 어떤 의식이 필요한지는 부정의 종류와 그 정도에 따라 달랐다. 부정 중에 가장 가벼운 형태의 부정은 "부정에 접촉한 이후로 그날 저녁까지" 지속되었다.[12] 반면에 가장 심한 정도의 부정은 칠 일간 지속되었다. 그런데 오늘날 우리가 눈여겨보는 개정판 공동성서일과에 정결 규례와 관련된 세 본문은 일반적인 규칙에서 제외된 부정에 대하여 다루고 있다. 나병 환자나 생식기로부터 비정상적인 유출물이 있는 남자나 여자의 경우는 그 상태가 사라질 때까지 부정한 상태가 지속되었다.[13] 그리고 이들에 대해서는 다시 그 증세가 나타나지 않음을 확인하기 위하여 다시 칠 일간 더 기다려야만 했다. 부정케 된 사람과 사물은 그 부정으로부터 벗어나기 위하여 부정하다고 판결된 기간의 마지막 시점에 씻거나 목욕해야만 했다. 이런 사람이나 사물 이외에 특히 토기나 화로, 그리고 가마는 한 번 부정해지면 다시금 정결케 될 수 없으므로 전부 깨뜨리고 부숴야만 했다.[14]

일단 부정한 상태가 되면 공동체의 종교적인 삶에 전혀 참여할 수 없으며, 전염성 부정을 가진 사람의 경우는 가족들과의 삶과 사회적인 삶에도 전혀 참여할 수 없기 때문에, 부정으로 말미암은 사회적 차별과 소외는 충격적인 경험일 수밖에 없었다. 또 "부정한 상태는 하나님께도 혐오스럽다"는 공통의 믿음 때문에 부정케 된 사람들의 소외 경험은 더욱 가중될 수밖에 없었다.[15]

예수는 분명 레위기의 정결 규례들에 대해서 잘 알고 있었을 것이다. 또 그는 그리스의 정결 규례나 정결과 부정에 대한 쿰란 공동체의 입장에 대해서도 잘 알고 있었을 것이다.[16] 쿰란 공동체에서 정결과 부정에 대한 입장은, 레위기에 언급된 부정에 대한 신체적인 증상을 가진 사람들을 기준으로 정하지 않고, 쿰란 공동체에 속하면서도 이 공동체의 윤리적인 교훈과 제의적인 관례를 따르거나 혹은 무시하는지의 여부에 달렸다. 그래서 공동체 내에서 "신실한" 일원(一員)이었던 사람들은 "정결한" 자로 간주되었으며, "신

실치 못한" 자들은 "부정한" 자들로 간주되었다.[17]

예수의 가르침과 사역은 전통적인 정결 규례에 도전하면서 정결과 부정에 대한 개념을 육체적인 영역으로부터 도덕적인 영역으로 전환시켰다. 마가복음 7:14-23에서 예수는 입으로 들어가는 특정 음식 자체를 정결하거나 부정하다고 선언했던 전통적인 규례에 이의를 제기하면서, 정결의 개념에 대한 논의를 마음으로부터 입 밖으로 나오는 것으로, 그리고 다른 사람들과의 올바른 관계를 반영하는 것으로 바꾸고 있다. 예수께서 죄인과 세리들과 함께 식사를 나눌 때나 (죽은 자와 같은) 나사로와 접촉할 때, 나병 환자와 접촉하고 혈루증을 앓는 여인이 자신을 만지는 것을 기꺼이 허용하면서 그 동안 사람들을 "부정하다고" 억눌렀던 전통적인 정결 규례에 도전하였다.

2. 성경시대의 나병

오늘날 나병은 한센병이라고도 불린다. 그런데 오늘날의 한센병, 또는 나병이 레위기에 언급된 부정한 피부질환과 동일하지 않다는 점이 분명하다. 물론 한센병이 구약이나 예수 시대에 나병을 가진 환자로 간주되는 여러 피부 질환들 중의 하나에 속했을 가능성은 충분하다. 히브리어의 *sara'at*(짜라아트, 문둥병 또는 나병)란 단어와 헬라어의 *lepra*(레프라, 문둥병)라는 단어의 기본적인 의미는 "비늘처럼 벗겨지는 피부 질병"을 뜻한다.[18] 구약성경에서 *sara'at*(짜라아트)는 사람이나 직물, 그리고 건물의 벽에도 해당된다. 반면 신약에서 *lepra*(레프라)는 다양한 종류의 피부 질환에 국한된다. 또 오늘날의 마른버짐(psoriasis, 건선), 습진(eczema), 그리고 지루(seborrhea, 피지선의 분비 과잉)와 같은 피부질환도 성경 시대에는 나병과 동일한 것으로 여겨졌을 수 있다.

오늘날 우리는 마른버짐을 가진 사람을 제의적으로 부정하다고 낙인찍어서 공동체의 활동에 참여하지 못하도록 소외시킬만하다고 생각하지는 않을 것이다. 하지만 한센병은 또 다른 문제가 있다. 왜냐하면 오늘날에도 한센병을 앓는 사람들은 여전히 사람들로부터 거부당하고 있기 때문이다. 나병환자들에 대한 이러한 반응은 부분적으로는 "나환자 수용소"에 관한 통속적인 이야기들로부터 비롯되기도 하고, 그 질병은 매우 전염성이 강하다는 믿음 때문에, 그리고 성경 본문에 나병 환자와 관련된 여러 가지 부정적인 의미들 때문이기도 하다.

오늘날 우리는 이 질병을 일으키는 원인에 대해서 예전보다 더 많은 의학 지식을 갖고 있으며 이 질병에 대한 올바른 처방이 중요하지만 그렇다고 무조건 환자를 일반 사람들로부터 꼭 격리시켜야만 하는 것은 아니다. 나병환자는 전 세계적으로 대략 5백 50만 명이 넘지만 미국에서 매년 이 질병에 새롭게 감염되는 환자는 200명도 채 되지 못한다. 그나마 이들 대부분도 최근에 미국으로 이민 온 사람들에게서 발견되고 있다.[19] 우리 대부분은 현재 나병을 앓고 있는 환자를 개인적으로 잘 모르지만, 이 질병을 앓고 있는 사람들은 부분적으로는 성경의 정결 규례에 관한 왜곡된 해석으로 말미암아 빚어진 잘못된 편견이나 태도 때문에 기존의 사회나 신앙 공동체로부터 심각한 차별과 소외를 경험하고 있다.

구약성경에서 나병환자와 관련된 정결 규례는 레위기 13:1-46과 14:1-32에서 발견된다. 구약시대에 나병은 이에 접촉하는 다른 사람들이나 사물도 함께 부정하게 만드는 "부정의 아비" 중에서 가장 심각한 것으로 간주되었다. 이 질병이 전염성 있는 질병으로 여겨졌는가 하는 문제는 별개였다. 질병 그 자체가 전염되지 않더라도 그 질병으로 말미암은 부정한 상태나 형편이 전파되는 것이 문제였다.

나병은 "부정의 아비"였을 뿐만 아니라 전염성 부정에 해당했기 때문에 나병을 가진 환자들에게는 여러 가지 제한이 뒤따랐다. 이들은 성전에 접근하는 것도 차단되었을 뿐만 아니라 성전이나 회막 주변의 거주 지역에도 머무를 수 없었다. 이들은 일반 사람들이 거주하는 진 밖에서 가족들과 친구들로부터 떨어져 혼자 지내야만 했다(레 13:46). 이들은 나병환자로서 부정한 상태에 있다는 표시로 자기들이 입고 있던 의복을 찢고 머리는 풀어 헤쳐 놓아야 했다. 또 이들의 부정한 상태가 계속되면서 부정한 자로 간주되는 한에는 다른 일반 사람들을 만날 때마다 입술을 가리고 "부정하다"고 외쳐야만 했다.

만일 질병의 증세가 사라지면 제사장은 정결 의식을 행하는데 이 의식에는 산 새 두 마리와 백향목, 홍색실, 그리고 우슬초가 동원되었다(레 14:4). 산 새 두 마리 중에 한 마리는 흐르는 물 위 질그릇 안에서 잡고(레 14:5), 다른 새는 산대로 취하여 백향목과 홍색실과 우슬초와 함께 가져다가 흐르는 물 위에서 잡은 새의 피에 담근다(6절). 그 다음에 그 새의 피를 나병 환자에게 일곱 번 뿌린 다음에 그 환자가 부정한 상태에서 해방되었다는 표시로 그 산 새를 놓아주었다.

이 의식이 끝나면 그 환자는 온 몸을 씻고 의복을 빨고 머리의 털을 다 밀고 물로 몸을 씻어야 한다(레 14:8). 그 다음에 이 사람은 다시 칠 일간 진이나 장막 밖에 머물러 있다가 그 다음에 진 안으로 들어오는 것이 허락된다(8절). 칠 일째 날에 이 사람은 다시 머리털뿐만 아니라 수염과 눈썹을 포함하여 몸의 모든 털을 다 밀고 의복을 빨고 몸을 씻어야 한다(9절). 그리고 여덟째 날에 양과 곡식 그리고 기름으로 제사를 드린 다음에 비로소 정결 의식이 모두 끝난다(10절). 의식이 모두 끝나고 이 사람에게 정결하다고 선언하면 비로소 이 남자는 공동체 안에서 자신의 완전한 회원의 자격을 회복할 수 있다.

예수의 공생애 시대에 나병 환자들은 자선을 얻기 위하여 사람들이 많이 거주하는 마을 주변에 함께 모여 살았다. 이들은 직업도 없고 살 장소도 없고 게다가 공동체의 거룩한 삶(종교의식들)뿐만 아니라 일상적인 활동까지도 더럽힐 수 있었기 때문에 나병 환자들은 자연히 일반 사람들로부터 격리되어 가난한 삶을 살 수밖에 없었다. 마가복음에서도 나병 환자는 고독한 모습으로 등장한다.

본문: 마가복음 1:40-45

> ⁴⁰ 한 문둥병자가 예수께 와서 꿇어 엎드리어 간구하여 가로되 원하시면 저를 깨끗케 하실 수 있나이다 ⁴¹ 예수께서 민망히 여기사 손을 내밀어 저에게 대시며 가라사대 내가 원하노니 깨끗함을 받으라 하신대 ⁴² 곧 문둥병이 그 사람에게서 떠나가고 깨끗하여진지라 ⁴³ 엄히 경계하사 곧 보내시며 ⁴⁴ 가라사대 삼가 아무에게 아무 말도 하지 말고 가서 네 몸을 제사장에게 보이고 네 깨끗케 됨을 인하여 모세의 명한 것을 드려 저희에게 증거하라 하셨더니 ⁴⁵ 그러나 그 사람이 나가서 이 일을 많이 전파하여 널리 퍼지게 하니 그러므로 예수께서 다시는 드러나게 동네에 들어가지 못하시고 오직 바깥 한적한 곳에 계셨으나 사방에서 그에게로 나아오더라.

(1) 주해

대부분의 학자들은 이 본문이 여러 치유 기사들 중에서 특별히 예수의 말씀과 행동에 집중하는 기본적인 치유 내러티브라는 점에 동의한다.[20] 즉 이 본문은 나병환자가 깨끗케 해달라고 요청하자 예수는 말씀과 만짐으로 이에 응답하시고 나병환자는 고침을 받고 예수를 떠난다는 내용을 담고 있다. 또 이 본문은 비교적 짧고 간단하다. 그런데 이 본문에서 가장 독특한 점은 41절과 43절에서 예수께서 격한 감정을 나타내는 부분이다. 복음서에서 예수께서 격한 감정을 나타내는 경우는 그리 많지 않고 특히 치유 기사에서 이런 경우는 오직 이 본문뿐이다. 이 본문은 예수께서 이미 더러운 귀신들을 쫓아내고 여러 사람들을 고치신 다음에 이어지면서 마가복음에서 서기관들과의 대립을 묘사하는 단락의 앞부분에 위치하고 있다.

39절: 예수는 온 갈릴리에 두루 다니면서 "여러 회당에서 전도하시고 또 귀신들을 쫓아내셨다"고 한다.[21] 본문의 이야기는 이렇게 갈릴리에서 시작된다. 나병 환자 한 사람이 예수에게 다가왔다. 당시 예수는 "부정하다고"

낙인이 찍힌 사람들에 대한 당시의 관습을 그대로 따르실까, 아니면 그런 규례에 개의치 않고 정결 규례에 대한 순응에 대해서 자유로운 입장을 취하실까?

40절: 나병 환자가 예수께 다가와서 그 앞에 무릎을 꿇는다. 이 환자는 예수와의 적당한 거리를 유지하지 않고 또 그 앞에서 "부정하다, 부정하다"고 소리치지도 않는다. 대신 그는 예수께 곧장 다가와서 그에게 직접 자신을 알린다. 그는 예수가 제사장이 아니란 것을 알면서도 그에게 거리낌 없이 접근함으로써 당시 모두가 지키던 정결 규례를 범하고 있다. 하지만 필사적인 마음 때문에 그는 당시의 규례를 과감하게 내던져버리고, 얼마나 큰 대가를 지불하든 관계치 않고 절박한 심정으로 도움을 구하였다. 이 병자에 대해서 당시 공동체는 무슨 도움을 줄 수 있을까? 아마도 이 남자는 예수가 정결 규례에 대해서 유연한 입장을 취하며 부정한 자들에게 직접 손을 대서 그런 규례를 어기기도 했다는 사실을 주위 사람들로부터 전해 들었을 수도 있다. 또는 이 본문에는 비록 이 남자의 믿음에 대해서 직접 언급하고 있지는 않지만 예수의 능력에 대한 나름대로의 믿음이 있어서 직접 예수와 대면해보기로 결단했을 수도 있다. 어떤 이유에서든 이 나병 환자는 당시의 정결 규례를 어기고 직접 예수께 나아가서, 예수가 법적으로 정당하게 가지고 있지 않은 권리(나병환자를 깨끗하다고 선언할 권리)를 행사하여 자신을 직접 깨끗하게 해 줄 것을 요청하였다. 즉 이 남자는 오직 제사장만이 할 수 있는 것을 예수께 요청한 것이다.

이 남자는 예수께 무릎을 꿇고 엎드려서 "원하시면 저를 깨끗케 하실 수 있나이다"고 말하였다. 이 본문은 복음서에서 병자가 예수께 선택권을 양도하는 유일한 치유 내러티브이다. 이 나병 환자는 자신이 예수에게 당시의 종교법(정결 규례)을 어길 것을 요청하고 있음을 잘 알고 있어서, 예수가 자신의 부탁을 거절할 수 있는 기회도 예수께 함께 허락했다. 이 남자는 예수에게 무언가를 강요하지 않았다. 그는 예수의 능력을 잘 알고 있었지만 최종 결정은 예수께 맡겼다. 그는 자기의 질병을 치유해 달라거나 고쳐달라고 요구하지 않고 깨끗케 해달라고 다시 말해서 "정결하다"고 인정해 달라고, 그래서 다시 공동체의 온전한 일원으로 돌아갈 수 있게 해 달라고 요청했다. 질병 그 자체가 나쁜 것이 아니라 공동체의 정결에 위협이 될 것으로 판단되기 때문에 비롯되는 사회적인 매장이 견딜 수 없는 것이다. 그래서 이 병자는 사회적인 오점이 제거되어서 자신의 가족과 친구들과의 관계가 다시 회복될 수 있게 해 달라고 요청했다.

이런 열망은 오늘날에도 장애를 가진 많은 사람들에게서 그대로 찾아볼 수 있다. 이들은 사회적인 낙인이나 매장만 해결된다면, 장애 그 자체는 얼마든지 감당할 수 있고 적응할 수 있다.

41절, 43절: 41절에서는 *orgistheis*(올기스떼이스, "분노하다")와 *splagchnizesthai*(스플랑크니제스따이, "민망히 여기다", "동정심을 느끼다", "동정심으로 인해 움직이다")라는 단어 사이에 충돌이 일어난다. 고대의 역본은 *orgistheis*라는 단어를 사용했는데, 이 단어는 43절의 *embrimaomai*(엠브리마오마이, "진노하며 말하다", "분개하다", "비난하다", "투덜대다", "엄히 꾸짖다")와 의미상 일치한다. 그러나 좀 더 최근에 발견된 역본은 41절에서 *orgistheis* 대신 *splagchnizesthai*를 사용하고 있는데 이는 43절에서 *embrimaomai*라는 단어로 표현되는 분노와 분개와는 대조적으로 깊은 동정심을 묘사한다. 만일 이 두 가지 대조적인 단어 중에서 41절에서 좀 더 동정적인 의미를 담은 단어인 *splagchnizesthai*를 선택하더라도 43절에서는 다시 예수의 분노에 직면하게 된다. 개정판 RSV(the New Revised Standard Version)는 43절의 *embrimaomai*를 "엄히 경고하다"는 의미로 번역하고 있다. 그렇다면 예수는 무엇 때문에 분노하였을까? 학자들은 예수의 분노의 원인을 여러 가지로 설명한다. 어떤 학자는 "이 병자를 희생에 처하게 만든 당시의 상징적인 정결 규례에 대하여 분노하였다"고 말한다.[22] 또는 "예수는 나병환자가 악의 화신임을 알아보았기 때문에 분노했다. 그 병자는 악마의 권세를 예수의 눈앞에 가져왔다"고 설명하는 학자도 있다.[23] 또 다른 합리적인 설명으로는 당시에는 이 남자와 같은 행동은 금지되었던 차에 이 남자의 무례한 접근과 함께 주제넘은 요구에 예수는 화가 났다는 입장도 있다.[24] 그러나 40절에서 이 남자는 예수에게 선택권을 부여하고 있음에 비추어 볼 때, 이 남자의 요구는 결코 무례한 요구라 볼 수 없다. 또 다른 학자는 "은사 치유자를 찬양하면서도 자신의 십자가와 관련해서는 아무것도 감당하려들지 않는 이 남자의 영적인 무지 때문에" 예수가 분노하였다고 설명하기도 한다.[25] 하지만 이 해석은 이 남자의 무지를 은유적이며 부정적인 관점에서 이해할 뿐만 아니라, 예수께서 고친 이 남자에 대해서 본문의 분명한 근거도 없이 부정적으로 판단하고 있다. 또 다른 학자는 "예수의 분노는 나병 환자와 관련된 상황이나 또는 그 환자의 모습에서 일어났을 뿐 그 환자에게 직접 쏟아진 것은 아니다"고 설명한다.[26] 혹은 "예수께서 이 남자를 치유한 것은 동정심 때문이 아니다. 치유의 이유는 예수가 모든 불경건한 것들에 대항하여 자신의 독특한 권위를 행사하였던 좀 더 포괄적인 구속 사역 속에서 찾아보아야 할 것"을 주장하는 학자도 있다.[27] 예수는 나병 자체보다는 그 질병으로 말미암은 비극에 대해서, 그리고 그 질병을 가진 사람을 부정하다고 낙인찍은 당시의 파멸적인 관습에 분노하였을 것이다.

나병 환자를 차별하고 소외시킨 당시의 종교 제도에 분노하였든, 아니면 하나님의 선한 피조물을 망가뜨린 질병에 분노하였든 예수는 결국 그 남자의 비극 속에 다가가서 그를 깨끗케 하기로 결심하였다. 또 예수는 직접 그를 만지는 쪽을 선택하였다. 이 선택을 통해서 예수는 토라의 규정에 개의치 않고 나병환자를 깨끗케 할 수 있는 제사장의 역할을 떠맡았다.

이 치유 기사에서 예수는 말과 물리적 접촉 모두를 사용하여 이 남자를 고쳤는데 이런 사례는 약간 드문 경우이다. 복음서에서 이런 경우가 나타나는 곳은 이 외에 두 곳이 더 있다. 마가복음 5:41에서 예수는 회당장의 딸의 손을 잡고 그 아이를 죽은 자리에서 소생시킨다. 그리고 마가복음 7:33에서도 예수는 손으로 청각장애인의 귀를 만지신다. 이 나병 환자에 대해서도 예수는 한 번의 만짐을 통해서 그 남자를 용납하심으로써, 공동체로부터 소외되었던 사람들을 품어 안는 자비로운 공동체의 새로운 비전을 제시하신다.

당시의 정결 규례로 보자면 예수는 이 남자를 만짐으로써 "부정"에 오염되었다. 하지만 마가는 예수께서 그렇게 "부정"해지고 또 주위 사람들로부터 용납하기 어려운 존재가 됨으로써, 그 대신에 나병 환자였던 이 남자는 정결케 되고 용납할만한 존재로 변화하였음을 보여준다. 예수께서 나병 환자의 몸에 손을 댄 행동은 당시의 문화에 속한 사람들에게는 가장 충격적인 행동이었을 것이다. 하지만 "이 본문에서 기적적인 치유에만 집중하다 보면 마가의 치유 기사에서 중요한 관심사인 당시의 문화적 역동성을 놓치고 만다."[28]

42절: 이 구절에서 우리는 문둥병이 그 사람에게서 즉시로 사라지고 그 남자는 깨끗하여졌다는 사실을 알게 된다. 이 본문만으로는 우리는 이 남자가 그동안 앓아온 나병이 어떤 유형이었는지, 그리고 그에게 어떤 신체적인 변화가 발생하였는지도 잘 알 수 없다. 하지만 그가 "깨끗케" 되었다는 것이 결국 그의 인생에 엄청난 종교적 사회적 그리고 문화적 의미를 가져왔다는 점은 분명하다.

44절: 마가복음의 전형적인 표현으로 예수는 이 남자에게 "아무에게 **아무 말도 하지 말고** 가서 네 몸을 제사장에게 보이고 네 깨끗케 됨을 인하여 모세의 명한 것을 드려 저희에게 증거하라"고 말씀하신다. 예수는 손을 내밀어 나병 환자에게 대심으로 당시의 정결 규례를 위반하셨다. 그런데 예수는 자신이 어긴 동일한 율법에 규정된 정결 규례를 이행하기 위하여 이 남자를 제사장에게 보내고 있다. 예수의 이러한 모습은 서로 모순되어 보이지만, 그러나 율법을 파기하고 또 지키는 두 가지 모습 모두 예수의 사역의 많은 부분과 서로 일치한다. 이 구절은 예수께서 사람들에게 부정적인 영향을 미치는 구약의 율법에 도전하더라도 그 율법과 제사장을 존중하였음을 보여주려는 의도가 숨어 있을 수도 있다. 또는 기존 질서를 무너뜨리고 새로운 사회로 변화시키는 "무자격 한계 타파자라 할지라도 국가의 공식적인 삶을 관장하는 공인들에 대한 규정은 지켜야 한다"는 의미를 담고 있는 본문일 수도 있다.²⁹⁾ 이 남자를 다시 제사장에게 보냄으로써 예수는 신앙 공동체의 새로운 비전과 그 남자가 되돌아가야 하는 실제 세상 사이에 끼어 있었다.

그 남자가 바쳐야 하는 예물에 대한 규정은 레위기 13-14장에 자세히 언급되어 있다. 제사장에게 자기 몸을 보인 다음이라도 이 남자는 제의적으로 정결하다고 공식적으로 선언되기 전에 칠일을 더 기다려야만 했다.

예수는 이 남자에게 일어난 것에 대해서 아무에게도 아무 말하지 말라고 명하였지만 피부 질환이 갑자기 사라지는 것은 숨긴다고 숨겨질 만한 것이 아니다. 그런데 예수께서 사람들에게 알려지기를 원하지 않은 것은 치유 자체보다는 그 환자와의 만남, 특히 그 환자를 접촉한 일이다. 예수가 이 남자에게 아무에게도 말하지 말라고 명한 이유는, 아마도 그 치유 사건이 사람들에게 널리 알려질 것에 대한 두려움(마가복음에서 종종 예수의 은닉성에 대한 이유로 확인되듯이)이라기보다는 만일 종교 지도자들이 예수가 이 환자와 접촉한 사실을 알게 되면 예수도 부정한 자로 간주되기 때문일 수도 있다. 그래서 "깨끗해진 이 나병환자의 임무는 이적을 대중들에게 널리 퍼뜨리는 것이 아니라 당시의 사고체계에 대항하는 것을 돕는 것이었다."³⁰⁾ 당시의 사고 체계에 대항함에 있어서 예수는 기꺼이 모든 위험을 감수하였는데 이 점은 다음 구절에서 더욱 분명해진다.

45절: 이 구절에 따르면 이 남자는 예수의 명령을 따르지 않고 제사장에게 곧장 가지 않고 "나가서 이 일을 많이 전파하여 널리 퍼지게 하였다"고 한다. 그 결과 "예수는 더는 드러나게 동네에 들어가지 못하시고 오직 바깥 한적한 곳에 머무르시게 되었다." 나병을 앓는 환자와 접촉함으로 예수도 부정한 자가 되고 말았다. 사람들이 예수의 행동을 알게 되자 예수도 기피 대상이 되고 부정한 자로 간주되고 말았다. "마을에서는 아무도 예수를 환영하지 않았고 그래서 예수는 마을 바깥 한적한 곳에 머무르게 되었다." 그러나 마을 밖 "사방에서는" 관습에 얽매이지 않고 자비로운 예수의 행동에 이끌리어 예수를 찾는 많은 사람들이 그에게 나아왔다.

(2) 전통적인 설교

오늘날에도 우리 주변에는 한센병을 앓고 있는 사람들이 존재한다는 점을 인정할 필요가 있다. 물론 그 환자들의 숫자는 그리 많지 않지만 그들을 보이지 않는 존재처럼 여기거나 성경의 정결 규례에 근거하여 그들을 배척하는 것은 바람직하지 않다. 우리 주변에는 성경 시대라면 분명 나병 환자로 간주되었을 피부 질환을 앓고 있는 사람들이 많이 있다. 그러나 오늘날에는 마른버짐, 또는 습진을 앓는다는 이유로 그들을 사회로부터 격리해야 할 사람들이라고 생각하지는 않는다. 치유 본문을 설교하는 상당수의 설교자들은 한센병을 실제로 앓고 있는 환자들의 입장에 대해서, 시각장애인이나 청각장애인 또는 중풍 마비 환자들의 입장만큼이나 잘 고려하려 들지 않는다. 한센병 환자들이 설교의 초점이 되어야 할 필요는 없지만 오늘날에도 그들이 여전히 존재한다는 사실을 설교자들은 잊어서는 안 된다.

이 본문에 대한 전통적인 설교에서 죄와 믿음이 보편적인 주제로 부각되어 왔다. 이 본문에는 죄나 믿음과 같은 용어가 직접 언급되고 있지 않음에도 불구하고, 나병 환자의 죄와 믿음이 종종 설교되곤 하였다. 이 본문에 대한 설교적인 제안에서도 어떤 치유든 치유가 일어나기 위해서는 먼저 믿음이 선행조건이라는 점이 강조되곤 한다.[31] 때로는 죄에 더 주목하는 경우도 있다. "나병은 죄를 상징합니다."[32] "나병처럼 죄는 전염성이 있습니다."[33] 하지만 나병은 쉽게 전염되는 질병도 아니고 악한 상태에 있는 것이 아니라 부정한 상태를 나타냈다.

일부 학자들은 죄와 나병의 상관관계에 주목하지 않고, 즉 죄와 나병을 원인과 결과의 인과관계로 보지도 않고 나병을 악한 상태에 있다고 여기지 않고, 다만-본문에 분명하게 언급되지는 않았지만-나병을 귀신들림으로 이해하기도 한다. "나병환자는 더러운 영에 의하여 사로잡혀 있는 상태이다."[34] "예수는 나병의 원인이 되는 귀신을 쫓아내셨다."[35] 하지만 나병의 원인을 귀신들림으로 이해하는 것은 성경적인 입장과 거리가 멀다. 나병은 부정함을 말하는 한 가지 상태였을 뿐이다.

최근에는 나병에 대한 통속적인 생각이 일반 사회나 교회 내에서 부정하다거나 접촉해서는 안 된다고 생각되는 사람들에게, 특히 인체면역결핍바이러스(HIV)를 갖고 있거나 후천성면역결핍증(AIDS)을 앓는 사람들에게 그대로 적용되기도 한다. 우리 사회에서 HIV와 AIDS 환자들을 부정한 사람들로 낙인찍는 것이 현실이다. HIV와 AIDS 환자들이라도 우리보다 더 부정하지 않은데도 이들은 질병 때문에 그렇게 취급받고 있다.

설교자로서 우리는 강단에서 교회 회중들을 교육할 때 HIV와 AIDS를 앓는 환자들과 관련된 용어를 올바로 사용하도록 주의해야 한다. 불행히도 오늘날 사회적으로 용납되지 않은 사람들을 "부정한 자들"이나 "불결한 자들"로 낙인찍는 불문율 정결 규례들 때문에 HIV와 AIDS 환자들을 가리켜서 "현대판 나병환자들"(modern-day lepers)이라고 부르고 있다.

만일 오늘날에 문자적인 의미의 나병(그 문제에 있어서는 청각장애자나 시각장애자도 포함한다.)이 이 지구상에 더는 존재하지 않는다면 "나병환자"라는 단어는 그저 역사적인 의미나 은유적인 의미만 담고 있을 것이다. 하지만 한센병을 앓고 있는 사람들은 오늘날에도 여전히 존재하며 성경의 시대였더라면 나병환자라고 낙인찍혔을 다양한 피부 질환을 앓고 있는 사람들 역시 이보다 훨씬 더 많다. 그래서 HIV와 AIDS 환자들을 "나병환자"라는 단어와 연관지어 표현하는 것은 HIV와 AIDS 환자들에게도 불쾌할 뿐만 아니라 한센병 환자들은 불결하고 전염성이 강해서 멀리해야 할 사람들이라는 잘못된 인식을 더욱 고착화시키는 일이다. 또 "문둥병"이나 "문둥병환자"라는 용어도 부정적인 의미를 담고 있기 때문에, 오늘날 한센병을 앓는 환자들을 "문둥병환자"라고 부르지 않도록 해야 한다.

부정확하고 부당하며 빈약한 정보에 근거하여 HIV와 AIDS 환자들을 무조건 비하하는 현실을 타개할 목적으로 설교하고자 할 때나, 또는 기존 사회가 어떤 사람은 용납하고 또 어떤 사람들은 배척할지의 차별적인 기준을 어떻게 만들어내는지를 묘사할 때에도, "문둥병"이나 "나병환자"와 같은 직접적인 표현보다는 은유적으로 "부정한 자"란 표현을 사용하는 것이 더 바람직하다.

(3) 치유 설교

이 본문을 치유 설교의 차원에서 올바로 설교하고자할 때 어떤 또 다른 가능성을 모색할 수 있을까? 그 중에 한 가지 방법은 오늘날에도 어떤 사람들은 용납하고 또 어떤 사람들은 배척하는 비공식적인 종교적 또는 사회적인 경계선으로서의 우리들만의 "정결 규례"가 존재한다는 사실에 초점을 맞추는 것이다. 사회적으로 볼 때 이러한 경계선은 경제적이고 인종적인 차별을 따라 그어져 있다. 또 종교적인 영역에서 이러한 경계선은 도덕적인 기준을 중심으로 설정되어 있다. 교회는 무엇이 거룩하고 무엇이 속된 것인지, 그래서 무엇이 하나님을 불쾌하게 하는지를 결정하여 그 표준에 들지 않는 사람들을 배척한다. 죄의 한계 역시 신앙 공동체에 의해서 자의적으로 결정되기도 하며 죄 속에 거하는 것으로 판단되는 사람들은 "부정"하고 "불결"하기 때문에 결국 거룩한 영역에 접근할 수 없는 사람들로 배척을 받는다. 오늘날 우리는 구약성경에서 무엇이 정결하고 무엇이 부정한지 규정했던 고대의 기록된 율법은 조롱하면서도 여전히 우리들 나름의 불문율 정결 규례를 따라 살아가고 있는 셈이다. 하지만 사람들을 경계선 밖으로 몰아내는 것은 그들을 절망적인 상황으로 내모는 것이다. 사회로부터 소외되어 절망 속에 빠진 사람들은 더는 잃을 것이 없다.

하지만 예수는 당시의 관례에 따라 만들어진 사회적 혹은 종교적인 경계선을 그대로 고집하지 않았다. 그는 나병환자에게 다가가서 그를 만졌다. 그렇게 함으로써 예수는 당시의 규례에 도전하고 새로운 자비의 규례를 확립하셨다. 그는 계속해서 사회 밖으로 나아가서 소외된 사람들을 공동체 중앙으로 다시금 인도해 들였다.[36] 그의 이러한 행동에는 많은 희생이 뒤따랐다. 그는 자신 역시 "부정한 자"로 낙인찍히는 위험을 감수하였고 그래서 기존 사회로부터 배척당하기도 하였다. 하지만 예수는 기꺼이 그 위험을 무릅쓰고 여기에 뛰어들었고, 그래서 그 남자의 자기 정체성을 변화시킬 뿐만 아니라 그의 개인적이고 종교적인 인간관계들까지 변화시켰다.

우리가 기존의 관례적인 경계선을 뛰어 넘을 때 그 결과로 사람들이 바뀌게 되고 우리 역시 변화한다. 새로 형성된 관계는 자신을 예전과 달리 새롭게 정의하도록 유도하기 때문이다. "예수는 '치유' 사건을 통해서 항상 새로운 자기 이해를 가져왔으며 그 결과 부정하다고 기존의 거룩한 공동체로부터 차별당하고 소외당했던 사람들이 정결케 된 모습을 회복하게 되었고 공동체의 온전한 일원으로 받아들여졌다."[37] 예수의 치유를 계기로 차별이 수용으로, 배척이 용납으로, 소외와 단절이 관계의 회복으로, 낙망이 소망으로 변화하였다.

오늘날 (장애인들을 포함하여) 사회적 기준으로부터 배제된 사람들은, 기존 공동체가 어떤 행동은 악하다거나 또는 어떤 상태(예를 들면, 노숙자)는 "부정하다"고 낙인찍어서 거룩한 영역에 들어올 수 없다고 차별해 놓은 불문율의 정결 규례에 계속 도전하고 있다. 죄와 부정 역시 우리만의 불문율인 정결 규례의 저변에 자리하면서 우리와 다른 이들을 차별하는 일종의 합리적 근거로 작용하고 있다. 장애나 불구는 죄 때문에 생겼다는 편견 때문에, 그리고 이들은 어느 정도 온전하지 않고 그래서 거룩한 존재가 아니라는 근거 없는 믿음 때문에 장애인들도 사회적 경계선 밖에서 차별당하고 있다. 교회 내의 신자들도 장애인들에게서 분명히 찾아볼 수 있는 온전함의 부족을 가리켜서 죄의 표시라거나 또는 최소한 하나님이 기뻐하지 않는 모습이라고 생각하기 때문에, 이들은 거룩한 장소에 어울리지 않다거나 또는 그런 장소에서 예배하는 거룩한 사람들과 뒤섞여 지내기 불편하다고 생각한다. 우리가 속한 공동체 회중들에게도 이러한 암묵적인 정결 규례들은 한두 가지 존재하며 장애를 가진 사람들이나 공동체 밖에 "소외된 사람들"이 계속 접근하면서 자신의 소망을 계속 알리고 있다. 한 마디로 그들은 공동체에 소속되기를 원한다. 이 본문의 나병환자처럼 이들 대부분은 "만일 원하시거든"이라고 말하면서 교회에게 선택권을 부여하고 있다. 하지만 불행히도 상당수의 교회들은 예수와 달리 아니오라고 말하는 쪽을 택하고 있다.

이들과 접촉하면 자신들이 더럽혀질까 두려워서든, 아니면 감당해야 할 위험이 너무나 막중해서든, 이들을 차별하는 장애물은 여전히 남아 있으며 이들은 여전히 공동체 밖으로 소외되어 있다. 하지만 이들의 소망에 예라고 대답함으로써 우리는 그들의 삶에 존중과 용납과 긍정해 주는 치유의 손길을 베풀 수 있다.

본문: 누가복음 17:11-19

> 11 예수께서 예루살렘으로 가실 때에 사마리아와 갈릴리 사이로 지나가시다가 12 한 촌에 들어가시니 문둥병자 열 명이 예수를 만나 멀리 서서 13 소리를 높여 가로되 예수 선생님이여 우리를 긍휼히 여기소서 하거늘 14 보시고 가라사대 가서 제사장들에게 너희 몸을 보이라 하셨더니 저희가 가다가 깨끗함을 받은지라 15 그 중에 하나가 자기의 나은 것을 보고 큰 소리로 하나님께 영광을 돌리며 돌아와 16 예수의 발아래 엎드리어 사례하니 저는 사마리아인이라 17 예수께서 대답하여 가라사대 열 사람이 다 깨끗함을 받지 아니하였느냐 그 아홉은 어디 있느냐 18 이 이방인 외에는 하나님께 영광을 돌리러 돌아온 자가 없느냐 하시고 19 그에게 이르시되 일어나 가라 네 믿음이 너를 구원하였느니라 하시더라.

(1) 주해

열 명의 나병환자에 관한 이야기는 오직 누가복음에서만 발견되는데, 일부 학자들은 이 본문은 앞에서 언급한 마가복음의 나병환자 치유 기사(막 1:40-45)에 대한 누가복음의 수정판일 것으로 추정한다. 즉 일부 학자들은 누가는 마가의 기사에 자신의 관점을 덧붙여서 만들었다고 주장하며, "이 전체 내러티브의 저자는 누가"일 것으로 추정한다.[38] 또 상당수의 학자들은 11절과 19절이 누가에 의해서 덧붙여졌을 것으로 추정한다. 그래서 누가의 내러티브는 이적 이야기를 선포 이야기로 바꾸었다. 본문의 초점은 열 명의 나병환자를 고친 기적(11-14절)에서 찬양과 감사의 주제(15-18절)로 이동하는데, 이러한 변화는 "열 사람이 다 깨끗함을 받지 아니하였느냐 그 아홉은 어디 있느냐 이 이방인 외에는 하나님께 영광을 돌리러 돌아온 자가 없느냐?"는 예수의 수사적인 질문에 의해서 더욱 분명해진다. 치유가 필요한 환자의 상황과 어떻게 그 치유가 발생하는지에 집중하는 대부분의 이적 이야기와 달리 이 본문은 열 명의 나병환자의 치유 대신 하나님의 영광에 대한 선포를 더욱 강조한다.[39]

이 내러티브는 아홉 명의 유대인들과 한 명의 사마리아 이방인을 서로 비교한다. 비유대인 출신의 누가가 이방인 공동체를 대상으로 복음서를 기록하고 있다는 점을 고려할 때 이러한 비교는 이해할 만하다. 왜냐하면 새로 성장하는 이방인 기독교 공동체에게 이방인 중에 올바른 신앙의 모델을 보여주는 것이 중요했을 것이다. 고침을 받고 돌아와서 하나님께 감사한 이유로 예수로부터 찬사를 받은 사람은 이방인이다. 이런 이유로 열 명의 나병환자의 치유에 관한 이 내러티브는 치유 기사에서 선교 이야기로 발전한다.[40] 이 치유 기사는 또한 열왕기하 5장의 군대장관 나아만의 치유 기사와 연결시켜 이해할 수 있다. 나아만도 나병환자였으며 그 역시 이방인이었다. 하지만 치유를 경험하자 되돌아와서 감사하고 회심하여 이스라엘의 하나님을 경배하는 자가 되었다. 이와 마찬가지로 사마리아 출신의 나병환자들도 이방인이었지만 치유 후에 되돌아와서 하나님께 감사하고 찬양함으로 자신의 믿음을 보여주었다. 그래서 나아만 장군의 이야기와 이 본문 모두 치유 사건 자체보다는 치유된 이후의 회심의 경험에 더 많은 관심을 쏟고 있다.[41] 이 본문에서 또 눈여겨 볼 점은 치유 사건은 예수 앞에서 직접 일어나지 않고 열 명의 나병환자들이 제사장에게로 가는 중에 일어났다는 것이다. 일반적인 치유 내러티브에 비추어 볼 때 예수로부터 멀리 떨어져 치유가 발생했다는 점은 매우 이례적이다.

구약의 유대 율법에 비추어 볼 때 이방인들은 레위기의 정결 규례를 준수할 의무가 없었다.[42] 그래서 정결하다고 선언을 받고 또 일련의 정결 의식을 준수하도록 하려는 목적으로 이방인을 유대 율법에 규정된 대로 유대 제사장들에게 보내는 것은 부적절하게 보일 수도 있다.

또 유대인들이 사마리아인들과 함께 지내는 것도 역시 부적절하다. 그래서 이 나병환자들의 무리가 유대인들과 사마리아인들로 함께 이루어져 있다는 것도 매우 드문 경우이다. 그러나 가족과 사회로부터 소외되었다는 공통의 처지 때문에 그들 사이를 가로막고 있던 인종적인 장벽도 쉽게 무너졌을 것이다.

11절: 본문에 따르면 예수는 누가복음 9:51 이후로 계속 예루살렘을 향하여 길을 가고 있었다. 예수는 그 도중에 사마리아와 갈릴리 사이를 지나가게 되었고 여기서 열 명의 나병환자들을 만나게 되었다.

12절: 1세기에 나병환자들은 무리를 지어서 사람들이 모여 사는 지역의 변방을 지나가면서 그곳에 사는 사람들로부터 자선을 부탁하곤 했다.

13절: 이 나병환자들은 예수를 만나자 바디매오처럼 "우리를 긍휼히 여기소서"라고 외쳤다. 하지만 이들은 바디매오처럼 예수를 가리켜서 "다윗의 자손이여"라고 부르는 대신에 "선생님이여"라고 불렀다. "선생님"이란 호칭은 기독론적인 의미를 담고 있지 않아 보인다. 이 호칭은 말 그대로 "선생님"이나 또는 자신들보다 더 높은 권위를 지닌 인물을 존중하는 의미를 담고 있을 것이다. 자비를 요청하는 외침은 "인간적인 동정과 잠깐의 친절"을 구하거나 아니면 자선에 대한 요청일 것이다.[43] 이 나병환자들은 나병을 고쳐달라거나 치유를 구하지 않았다. 또 예수도 바디매오의 치유 사건에서처럼 이 질병을 앓고 있는 사람들에게 무엇을 원하느냐고 되묻지도 않았다. 예수와 이들 사이에 자세한 대화가 전혀 오가지 않았다.

14절: 예수가 자기를 부르는 사람들을 보자 이들에게 "가서 제사장들에게 너희 몸을 보이라"고 명하였다. 예수는 마가복음 1:40-45에서 보여준 행동과 정반대로 당시의 정결 규례를 어기지도 않고 또 나병환자들의 몸을 직접 만지지도 않았다. 또 자신이 "부정한 자"로 낙인찍히는 위험을 감수하지도 않았다. 예수는 다만 이들을 부정한 자가 되게 만든 질병이 무슨 질병이든 관계없이 이미 그 질병이 다 나았다고 말씀하신다. 그 질병이 호전된 증세가 눈으로 확인되기도 전에 제사장에게 가서 자기 몸을 보이라고 명령하실 뿐이다. 이 명령을 듣고 당시 나병환자들은 무슨 생각을 했을까? 이들은 자신들의 피부가 크게 달라졌다는 것을 확인하지 못했으면서도 제사장에게 몸을 보이러 길을 떠나기 시작했다. 이들이 예수와 멀어지면서 자신들에게 어떤 이적적인 치유가 일어날 것을 기대했다고 믿기는 어렵다. 아무런 말이나 몸짓이나 물리적인 요소를 전혀 사용하지 않고 치유하는 것이나 게다가 멀리 떨어져서 병자를 고치는 일은 매우 드문 경우이다. 또 예수는 (예를 들어서 연못에 몸을 씻으라거나 나아만 장군처럼 강물에 몸을 일곱 번 담그라는 식으로) 올바로 잘 따르면 병을 치유할 것이라 생각되는 어떤 지침도 없이 무조건 병자들을 떠나보냈다. 그럼에도 불구하고 이들은 가서 제사장에게 자기 몸을 보이라는 예수의 명령에 그대로 순종하였다. 일부 학자들은 예수의 명령을 그대로 이행하려는 이들의 의지를 믿음으로 간주하기도 한다. 이들이 그렇게 제사장에게 가는 중에 놀랍게도 몸이 깨끗해졌다.

15절: 그 무리 중에 사마리아인이 자기의 고침 받은 것을 알고서 예수께로 되돌아와 하나님께 영광을 돌렸다. 사마리아인은 유대의 정결 규례를 따를 필요가 없는 입장에서 유대 제사장에게 몸을 보이러 가는 것은 어리석은 행동일 수 있다. 그는 레위기에 규정된 정결 규례를 따를 필요가 전혀 없었다. 이 상황에서 그는 자기가 원하는 곳이면 어디로든 갈 수 있었다. 하지만 온전한 회심이 바로 그에게 일어났다. 이 사마리아인은 자신이 고침 받은 것이 바로 하나님의 능력 때문임을 깨달았다. 자기 몸에 질병이 사라졌음을 알게 되자마자 그는 하나님께 영광을 돌렸다. *doxazo*(독사조, 찬송하다)라는 헬라어 단어는 "영광스럽게 하다"라는 뜻도 담고 있으며 오늘날 우리가 사용하는 "영광송"(doxology)이라는 예전적인 용어의 어원이다.

16절: 이 구절에서 우리는 예수께 돌아와 하나님께 영광을 돌린 사람이 사마리아인, 즉 유대인들 입장에서 외국인이요 이방인이란 사실을 처음 알게 된다. 그는 예수의 발아래 엎드리어 감사를 표하였다. 여기에서 '감사하다' 는 헬라어 단어 *eucharisteo*(유카리스테오)로부터 "성만찬"(Eucharist) 이란 단어가 파생되었다.

17-18절: 나병환자의 치유 장면은 예외적으로 간략하게 처리되고, 이후 전체 내러티브의 흐름은 이 두 구절을 통해서 신학적 진술을 선언하는 방향으로 선회하고 있다. 예수는 "다른 아홉 명은 어디 있으며 이 이방인 외에 하나님께 영광을 돌리러 돌아온 자가 없느냐"고 묻는다. 다른 아홉 명은 예수가 명한 것과 본래의 공동체로부터 받아들여지기 위하여 모세의 율법이 이들에게 요구하는 것을 이행하는 중이었다. 이들은 깨끗하게 되었다고 공개적으로 선언되기 전에는 예수뿐만 아니라 이들과 접촉하는 사람들은 누구든지 부정하게 만들 소지를 갖고 있었다. 하지만 사마리아인은 이들에게 적용되는 동일한 법에 얽매일 필요가 없었으며 그래서 자유롭게 예수께 되돌아올 수 있었다. 이 부분에서 저자 누가는 새로운 이방인 개종자가 여호와 하나님에 대한 신앙의 전통을 조상으로부터 물려받은 유대인들의 믿음과 동일하거나 아니면 이들보다 더 위대한 신앙을 소유하고 있음을 보여주기 위하여 이 이방인을 다른 이방인 개종자들에 대한 일종의 역할 모델로 제시하기를 원했다.

19절: 이 마지막 구절에서 누가는 사마리아인의 하나님을 향한 감사와 찬양을 믿음과 구원이란 주제와 연결시키고 있다. "네 믿음이 너를 구원하였느니라"는 말은 "네 믿음이 너를 온전케 하였느니라"는 의미로도 번역할 수 있다. 치유가 일어나기 위해서 먼저 믿음이 요구되었던 것은 아니다. 치유는 값없이 거저 주어진 선물이었고 이 남자가 하나님의 능력을 알아보고 하나님을 찬양하기도 전에 일어났다. 하지만 이제 이 남자는 하나님으로부터 주어진 치유를 믿게 되었고 새롭게 발견한 믿음 안에서 이 남자의 삶은 "온전함"으로 충만하게 되었다. 이 남자가 예수의 발아래 엎드려 있는 중에 예수는 "일어나 네 길을 가라"고 말씀하신다.

(2) 전통적인 설교

이 본문을 설교하는 설교자들은 감사와 배은망덕을 서로 대조시키면서 우리는 항상 하나님께 감사해야 한다는 사실을 잊지 말아야 할 것을 강조하곤 한다. "배은망덕은 신체적인 나병보다 더 나쁜 나병입니다"[44] 또는 "우리가 받은 모든 축복에 대하여 가던 길을 멈추고 하나님께 감사하기 보다는 그저 우리가 원하는 것을 얻는데 필요한 일만 하려는 경향이 있습니다"라고 설교하는 경우도 있다.[45] 물론 사마리아인이 예수께로 되돌아와서 사례한 것은 분명 사실이다. 하지만 예수가 이 남자에게 보인 반응은 "왜 다른 아홉은 나에게 되돌아와서 감사하지 않느냐?"가 아니라 "이 이방인을 제외하고는 하나님께 되돌아와서 감사하는 자가 하나도 없느냐?"였다. 이 질문에서 예수는 자신에게 감사하라거나 영광 돌릴 것을 요구한 것이 아니다. 예수는 자기 이름이 기록된 감사 카드를 찾고 있는 것이 아니다. 예수가 중시하는 것은 이 남자가 이스라엘의 하나님을 마음으로 새롭게 깨닫게 되었다는 것이며 자신의 삶 속에 하나님께서 찾아오신 것에 대하여 하나님을 찬양하고 그 하나님께 영광과 존귀를 돌리는 그 남자의 통찰에 주목한 것이다.

이 본문을 설교할 때 전통적으로 설교자들이 강조하는 또 다른 보편적인 주제는, 순종과 더불어 예배의 중요성이다. "감사하는 마음이 담긴 예배 없이 맹목적인 순종은 충분하지 않습니다."[46] 여기에서 강조하는 것은 아홉 명의 유대인들은 예수의 명령에 그저 순종만 했지 하나님을 예배하지 않았다는 것이다. 하지만 예수의 명령에 순종하여 제사장에게 몸을 보이러 감으로써 이들 유대인들도 당시의 정결 규례에 참여하였으며 이를 통해서 그들은 나름대로 하나님을 예배하였다. 이들도 예배에 동참하였지만 사마리아인과 다른 정황 속에서 예배에 참여한 것이다.

누가에게는 이방인의 믿음과 아홉 명의 유대인들의 믿음을 서로 대조시키는 것이 중요하겠지만, 그러나 그 유대인들도 제사장에게 가서 자신들의 악성 피부 질환이 사라졌음을 알리고서 하나님을 찬양했는지 그러지 않았는지 우리는 알 수 없다. 자기 몸을 제사장들에게 보이라는 예수의 명령을 이행하는 중에 이들이 기뻐하지 않았다고 보기는 어렵다.

하지만 혹시 이들이 기뻐한 원인은 그저 자신들의 고통이 끝났기 때문은 아니었을까? 이들은 혹시 예전에 자기들을 부정하다고 정죄했던 율법과 동일한 율법을 말씀하신 하나님을 이제 와서 고침 받았다고 다시 찬양하는 것이 너무나도 고통스럽다고 생각하지는 않았을까? 혹시 이들은 그동안의 생지옥 같은 삶이 이제 끝났다는 안도의 눈물을 흘리지는 않았을까? 종교적인 차별과 배척은 사람들의 신앙에 종종 부정적인 영향을 미친다. 이런 차별은 자신들은 하나님의 마음에 들지 않으며 그래서 하나님께서 그들을 사랑하지 않는다는 메시지를 전달한다. 우리는 교회에서도 일부 사람들을 배척하고서는 그들이 하나님께 감사하지도 않고 찬양하지도 않았기 때문에 그들은 신앙이 없을 것이라고 판단한다. 만일 하나님께서 그들을 사랑하지 않는다면 왜 우리가 나서야 하나? 하는 식이다. 교회는 이들에 대해서 이중의 메시지를 보낸다. 먼저 장애나 불구를 가진 사람들을 신앙 공동체 안으로 환영하거나 받아들이지 않으면서 고침을 받으려거나 또는 현재의 고난을 지탱하려면 충분한 믿음이 있어야 한다거나, 또는 최소한 지금 누리고 있는 것이 있다면 그 부분에 대해서라도 하나님께 감사하는 능력이 있어야 할 것이라 생각한다. HIV와 AIDS를 앓고 있는 사람들에 대해서도 믿음이라는 장벽을 설치해 놓고 있으며, 알코올과 약물에 중독된 사람들, 집이 없이 거리에서 생활하는 사람들에 대해서, 그리고 우리 사회에서 부정하다고 생각되는 사람들에 대해서 신앙이라는 장벽을 설치해 두고 있다. 그리고는 이들을 그저 믿음이 부족한 자들로 또는 구제불가능한 자들이라고 무시한다.

(3) 치유 설교

이 본문에서 예수가 정작 칭찬하는 믿음을 가진 자는 하나님을 찬양할 것이라고는 전혀 기대하지 않았던 자, 질병 때문에 그리고 이방인이란 이유 때문에 이중적으로 차별을 당해야 했던 공동체 바깥사람이었다. 이것이 바로 누가가 이방인이란 이유 때문에 새롭게 자라나는 믿음마저 의심 받는 사람들에게 복음을 전할 때 그 마음속에 자리하고 있던 메시지였다. 오늘날에도 우리가 속한 공동체 바깥사람들은 우리에게 무엇을 교훈하고 있는가? 우리 가운데 "이방인"으로 간주되는 사람들은 우리에게 어떤 교훈을 말하고 있는가? 그동안 "부정하다"거나 "불결하다"고 간주되었던 사람들의 믿음으로부터 우리는 무엇을 배울 수 있을까?

누가의 내러티브는 본문의 초점을 열 명의 나병환자의 치유로부터 이방 사마리아인의 회심으로 이동시킨다. 그렇더라도 이 본문에 깔린 치유의 요소는 결코 무시되어서는 안 된다. 예수는 사회로부터 배척당한 자들의 음성에 응답하셨으며 자기들 스스로의 방법으로 본래 공동체로 다시 복귀할 수 있도록 하셨다. 유대인들에 대해서는 "깨끗하다"고 인정받을 수 있는 정결 규례를 이행하도록 제사장들에게 보냈고 사마리아인은 자기 본래의 길을 가도록 보냈다.

이 치유 기사는 사마리아인만을 강조하면서 나머지 아홉 명의 유대인은 무시하려는 경향이 있다. 그러나 이 본문에서는 아홉 명의 유대인 역시 중요하다. 이 본문의 초두에서 이들 유대인들은 사마리아인들과 함께 지내서는 안 된다는 당시의 종교적인 규정을 개의치 않고 사마리아인과 함께 지냈음을 볼 수 있다. 그들 중에는 사마리아인도 포함되었다. 이들은 외국인이고 이방인이라는 이유로 그 한 사람의 사마리아인을 차별하지 않았다. 유대인 나병환자들은 당시의 문화적이고 종교적인 관습을 과감히 무너뜨리고 그를 자기들 모임의 일원으로 받아들였다. 공동체가 분열되고 서로 대립될 때 진정 하나되기 위해서는 서로 다른 차이를 무시해야 한다는 것이 이들로부터 배울 수 있는 중요한 교훈이다. 다른 사람들과 하나되기 위하여 그동안 서로를 가로 막은 인종적이고 종교적인 차별을 극복할 때, 비로소 우리는 오늘날 많은 사람들이 느끼고 있는 소외감에서 해방될 수 있다.

3. 만성질환

성서일과에서 제의적인 정결에 관하여 다루고 있는 세 번째 본문은 열두 해 동안 혈루증을 앓던 여인에 관한 이야기이다. 이 여인은 나병환자가 "부정하다"고 낙인 찍혔던 것과 같은 방식으로 이 질병 때문에 오랫동안 "부정한 자"로 낙인찍혀 살았다. 이 본문에서 "부정"은 매우 중요한 요소로 다뤄지고 있지만 본인은 이 본문의 또 다른 사항에 초점을 맞추고자 한다. 이 여인은 잘 완쾌되지 않은 질병을 오랜 세월 동안 짊어지고 살아가는 많은 사람들을 대표한다. 오늘날 빨리 치료되지 않고 오랜 시간 그 증세가 지속되는 질병을 가리켜서 만성 질환(chronic illness)이라고 한다.

만성 질환의 종류는 매우 다양하다. 여기에는 관절염(arthritis)이나 각종 암(cancer), 치매(dementia), 당뇨병(diabetes), 간질(epilepsy), 심장질환(heart disease), 호흡기 질환(respiratory diseases), 뇌졸중(strokes), 약물중독(substance addiction), 다발성 경화증(multiple sclerosis), 겸상적혈구성 빈혈(sickle cell anemia), AIDS같은 여러 희귀 질환들이 포함된다.[47]

대부분의 교회 회중 속에는 나름의 만성 질환을 앓고 있는 사람들이 있다. 앞에서 소개한 여러 만성 질환의 목록들에서 알 수 있듯이 각각의 만성 질환은 증상도 독특하고 각기 독특한 세부 유형으로 자세히 나뉘지만 몇 가지 점에 있어서 공통적인 부분이 있다. 만성 질환을 앓고 있는 사람들 중에는 날 때부터 질병을 가지고 태어났거나 어린 시절부터 그 질환을 앓는 경우가 있다. 그래서 그 만성 질병을 짊어지고 생활하는 것이 이제는 자신의 자연스러운 삶의 일부분으로 자리 잡혔다. 이들은 성인이 되어서 앓게 된 사람들과 다소 다른 방식으로 이 질병에 반응한다. 일부 환자들은 질병을 전적으로 부인하지만 또 어떤 환자들은 자기 몸속의 질병을 인정하면서도 다른 사람에게는 이 사실을 숨기기도 한다. 진단결과 만성 질환으로 처음 판명이 났을 때 당사자나 가족들은 치료될 가망이 전혀 또는 거의 없다는 사실 때문에 커다란 절망감을 느낀다. 시간이 흐르면서 일부는 그 질병을 자신의 정체성의 일부분으로 받아들이기도 하고 또 어떤 이들은 자기 삶이 그 질병에 의해서 완전히 좌지우지됨에 따라 환자로 살아가기 시작한다.[48] 그런데 질병이 한 사람의 인생에 깊숙이 침투하더라도 그 질병에 어떻게 대처할지를 배워감에 따라 자아 정체감도 여기에 영향을 받는다.

만성 질환을 앓는 대부분의 환자들은 무기력감과 통제력 상실감, 그리고 소외감을 경험한다. 앞으로 무슨 일이 벌어질지를 예측할 수 없다는 점도 이들을 더욱 절망감에 빠뜨린다. 또 만성 질환을 앓는 많은 사람들은 더는 자신의 몸을 의지할 수 없다. 일부는 자기 몸을 전혀 신뢰할 수 없다는 절망감을 느끼기도 하고 자기 몸이 갑자기 자신을 배신할지도 모른다고 걱정하거나 또 어떤 환자들은 자기 몸이 전혀 이질적인 존재처럼 느껴지기도 한다.[49] 체력의 정도나 근력, 지구력, 그리고 한 장소에서 다른 장소로 이동할 수 있는 능력, 그 어느 것 하나라도 매 순간순간 전혀 예측할 수 없다. 어떤 환자들에게는 증세가 완화되거나 잠복하는 기간이 며칠이나 몇 달, 또는 심지어 몇 년이 걸릴 때도 있지만, 또 다른 환자들에게는 그저 몇 분이나 몇 시간 간격으로 증세가 재발되기도 한다. 어느 순간에 몸이 어떻게 될지를 전혀 모른다는 사실이 이들에게는 더욱 절망적이다.

거의 대부분의 만성 질환 환자들은, 신체적인 기능을 정상대로 유지하고 문제가 악화되는 것을 막기 위하여 식이요법부터 운동, 약물 투여, 수면, 휴식 기간 등등의 모든 것들을 철저하게 준수해야 한다. 이러한 규정들을 따르다보면 다른 일상생활도 그만큼 제약을 받을 수밖에 없다. 또 너무나 위축된 활동 때문에 환자들은 소외감과 무익한 존재라는 느낌에 사로잡히곤 한다.[50] 마틴 마티(Martin Marty)는 만성 질환을 앓는 사람들이 다른 사람들의 행동이나 태도에 대해서 어떻게 생각하는지에 대해서 이렇게 묘사하고 있다. "환자 당신은 사람들이 가까이 하기를 원하는 유쾌한 타입의 사람이 아니다. 그래서 어디엔가 숨어 지내는 것이 더 나을 수도 있겠다. 슬픔을 잊어버리기 위해서 약을 먹어라. 사람들 앞에 나타나기 전에 먼저 표정을 밝게 고쳐라. 우리도 감당해야 할 짐이 많이 있다. 굳이 당신이 그렇게 특별한 대우를 받아야 할 이유가 뭔가?"[51] 만성 질병에 시달리는 많은 사람들은 사람들이 자신들을 대우하는 방식에 종종 화를 내기도 하지만, 혹시 그 때문에 다른 사람들에게서 소외되거나 심지어 버림받을까 두려워 그런 분노를 제대로 표현하는 것조차 주저한다.

만성 질병을 앓는 사람들에게는 더 나은 삶의 질을 위해서뿐만 아니라 자신의 행복에 대하여 책임을 감당하기 위해서라도 병을 스스로 관리하는 것이 매우 중요하다. 이들은 항상 부작용이 뒤따를 수 있는 약을 먹어야 할지 말아야 할지, 또는 바닷가로 여행을 가는 것이 좋은지 아니면 이 일로 혹시 차질이 생기지는 않을지 늘 고민하고 어느 쪽으로든 위험이 동반되는 결정을 내려야 한다. 하지만 질병을 환자 본인이 스스로 관리하는 것은 생존을 위해서 뿐만 아니라 그 질병 중에도 바람직한 삶을 영위하기 위해서도 꼭 필요하다.[52]

만성 질병을 앓는 사람들을 대상으로 하는 사역을 위해서는 특정 질병에 대한 자세한 지식과 그 질병에 동반되는 여러 민감한 부분들을 잘 알고 있어야 한다. 토바 슈와버 커슨(Toba Schwaber Kerson)과 로렌스 커슨(Lawrence A. Kerson)은 만성환자에 대해서 주의해야 할 몇 가지 기본적인 처신에 대해서 이렇게 설명한다.

질병이 존재하지 않는 척 가장하는 것은 별 도움이 되지 않는다. 모든 것이 잘 될 것이라는 식의 거짓된 희망을 심어주는 것도, 그 환자에게는 '아무 일 없는 것처럼' 처신해야 하는 과도한 스트레스가 될 수 있다. 이런 처신은 환자에게 신체적으로 무리를 가하는 것이며 서로간의 관계도 손상될 수 있다. 지나치게 과잉보호하지 않는 것도 중요하다. 지나친 과잉보호 때문에 환자는 보답할 능력이 전혀 없다는 생각에 자신이 무가치하다고 느낄 수 있다.[53]

마가복음 5:25-34에 기록된 여인은 12년 동안 만성질병을 앓아왔다. 치유를 원하는 이 여인의 동기는 아마도 두 가지일 것이다. 그녀는 부정한 자신의 처지로부터 깨끗케 되기를 원했을 것이다. 그래서 자신이 속했던 본래의 공동체로 되돌아가기를 원했다. 또 다른 동기는 자신을 철저하게 파괴시키는 만성 질병을 고침받기를 원했다. 이렇게 절망적인 상황으로부터 벗어나는 치유를 구하는 것은 오늘날에도 만성 질병을 앓고 있는 사람들의 공통된 입장이다.

본문: 마가복음 5:25-34

> [25] 열 두 해를 혈루증으로 앓는 한 여자가 있어 [26] 많은 의원에게 많은 괴로움을 받았고 있던 것도 다 허비하였으되 아무 효험이 없고 도리어 더 중하여졌던 차에 [27] 예수의 소문을 듣고 무리 가운데 섞여 뒤로 와서 그의 옷에 손을 대니 [28] 이는 내가 그의 옷에만 손을 대어도 구원을 얻으리라 함일러라 [29] 이에 그의 혈루 근원이 곧 마르매 병이 나은 줄을 몸에 깨달으니라 [30] 예수께서 그 능력이 자기에게서 나간 줄을 곧 스스로 아시고 무리 가운데서 돌이켜 말씀하시되 누가 내 옷에 손을 대었느냐 하시니 [31] 제자들이 여짜오되 무리가 에워싸 미는 것을 보시며 누가 내게 손을 대었느냐 물으시나이까 하되 [32] 예수께서 이 일 행한 여자를 보려고 둘러 보시니 [33] 여자가 제게 이루어진 일을 알고 두려워하여 떨며 와서 그 앞에 엎드려 모든 사실을 여짜온대 [34] 예수께서 가라사대 딸아 네 믿음이 너를 구원하였으니 평안히 가라 네 병에서 놓여 건강할찌어다.

(1) 주해

열두 해 동안 만성질병을 앓아온 여인에 관한 이야기는 "혈루증 여인"이나 "유출병 여인"에 관한 이야기로도 알려져 있다. 아마도 비정상적인 월경 출혈이 이 여인에게 닥친 고난의 원인이었을 것이다.[54] 이 여인은 이 질병이 지속되는 한 레위기의 정결 규례에 따라서 "부정한 자"로 낙인찍히게 되었다(레 15:25-30).

이 여인은 자신이 부정할 뿐만 아니라 그녀가 만지는 것도 무엇이건 부정해졌다. 그녀의 남편과 아이들, 그녀가 누웠던 침대와 입었던 의복들, 그리고 식사를 했던 그릇들 모두가 그녀의 접촉 때문에 부정해졌다. 성관계도 금지되었으며 이러한 상태로 12년을 지낸 후 그녀는 아마도 그 어떤 사회적인 대인관계로부터도 완전히 소외되어 혼자 남게 되었다. 설령 정결 규례에 의해서 "부정하다"고 낙인이 찍히지 않았다고 하더라도, 12년 동안 만성 질병을 앓다보니 그녀의 가족들에게도 가혹한 고통이 주어졌을 것이다. 질병으로 말미암은 허약한 심신과 피로만으로도 집 안에서 그녀에게 주어진 책임들을 제대로 감당하기 어려웠을 것이다. 정결 규례가 아니더라도 그녀는 가족들이나 친구들로부터 외면을 당할 수밖에 없었다.

마가복음에 의하면 이 여인은 여러 의원들에게 많은 돈을 허비하였다고 한다. 이것을 보면 그녀는 한 때 어느 정도 재력이 있었음을 알 수 있다. 하지만 열심히 질병을 고치려다보니 (만성 질병을 앓는 환자들의 상당수가 그러하듯이) 결국 남는 것은 기근과 부정과 불명예뿐이었다. 그녀는 종교적으로도 부정할 뿐만 아니라, 공적인 자리에 남편을 동반하지 않고 혼자 돌아다님으로써 성 역할을 규정해 놓은 당시의 사회 규범까지 침해하였다. 그래서 그녀는 이중으로 버림받을 수밖에 없었다.

마가는 이 치유 기사를 사회로부터 존경받는 회당장 야이로의 거의 죽게 된 딸에 관한 이야기 중간에 삽입해 놓았다. 예상치 못한 반전을 부각시키기 위해서 두 이야기를 서로 병렬시켜 놓은 것이다. 야이로는 사회적으로도 높은 지위에서 존경받는 부유한 회당장으로서 예수의 발아래 무릎을 꿇으면서 그의 권위 앞에 경의를 표시하면서 예수에게 적절한 요청을 하고 있다(22절). 열두 살 된 자기 딸이 거의 죽게 되었다고 탄원하고 있다. 그런데 이러한 야이로와 직접적으로 대비되는 것이 바로 만성 질병으로 인하여 부정해진 상태 때문에 그리고 가족이나 그 어떤 사회적인 인맥도 전혀 없어서 멸시받는 익명의 한 여인이다. 이 여인은 갑자기 무례하게 예수 앞에 나타나서 예수와 회당장 두 사람의 중요한 일거리를 훼방하고 있다. 이 여인은 사람들에게 나타나서는 안 되고 또 누구도 만져서는 안 되기 때문에 몰래 그리고 꾀를 부려 예수께 접근하였다. 12년 동안이나 만성 질병을 앓아왔으며 사회적으로도 "죽은 자"나 마찬가지이기 때문에 그녀는 자신의 입장을 스스로 변호할 수밖에 없었다. 하지만 이 내러티브의 마지막 부분에서 이 여인은 결국 고침을 받고 "딸"로 불리면서 사회적 관계도 회복된다.

25절: 마가는 이야기의 초두에 이 여인이 열두 해 동안 비정상적인 유출병으로 고생하고 있음을 밝히고 있다. 그렇게 된 원인이 무엇이든 관계없이 혈루증 때문에 이 여인은 "부정한 자"로 낙인이 찍히게 되었고 그래서 가족을 포함하여 전체 사회로부터 배척받게 되었다. 이는 또 12년 동안 성전 예배나 종교적인 지원도 전혀 받지 못하고 살아야만 했다는 뜻이기도 하다. 이 여인의 이름이 누구인지 본문만으로는 알 수 없지만, 그녀의 이야기는 베로니카(또는 베레니스, Berenice)라는 이름으로 빌라도행전 7장에서 다시 반복되고 있다.[55]

26절: 이 여인은 여러 의원들에게 치료를 받는 중에 예전에 가지고 있었던 재물이 얼마였든 관계없이 모두 다 소비하고 말았다. 하지만 증세는 나아지지 않고 더 악화되어만 갔다. 그 결과 이 여인에게는 사회적인 차별과 소외에 더하여 가난까지 더 가중되었다.

27-28절: 그러던 차에 이 여인은 예수에 관한 소문을 듣게 되었고 군중들 틈에 섞여서 예수 뒤로 다가와서 그의 겉옷을 만졌다. 27절, 한 절은 많은 내용을 말하고 있다. 심한 절망감 때문이든 아니면 예수에 대해서 들었던 소문을 그대로 믿었기 때문이든 관계없이, 이 여인은 위험을 무릅쓰고 군중들 틈에 들어가서 혼자서 누군가의 겉옷을 몰래 만졌다. 다른 남자의 동의 없이 여자가 낯선 남자를 만지는 것은 사회적으로 용납되지 않았다.[56] 게다가 이 여인은 "부정한" 여자이기 때문에 더욱 다른 사람을 만져서는

안 된다.
　예수의 뒤로 와서 겉옷을 만지는 것도 마찬가지이다. 왜냐하면 부정한 자가 남의 겉옷을 만지면 그 겉옷 역시 부정해지고 그 겉옷을 입고 있던 사람도 부정해지기 때문이다. 그러나 이 여인이 예수의 겉옷을 만진 행동은 이 여인이 예수가 단순한 치유의 능력이 아니라 신성한 능력을 가진 자로 믿었음을 암시한다. 또 예수의 말이나 어떤 행동이 없이도 치유될 수 있으리라고 믿었다. 혼자서 예수의 겉옷을 만지는 믿음만으로도 충분하다고 생각했을 것이다.
　그런데 사실 이 여인의 입장에서는 어떻게 예수에게 접근할 것인지에 대해서 별다른 선택의 여지가 없었다. 관례적인 방식으로 예수께 나아가려면 남편이나 다른 남자가 함께 동행해서 그녀를 대신해서 자신의 사정을 예수에게 말해 주어야 한다. "가부장적인 사회 체계 때문에 당시 여성은 사회적으로나 대인관계에서든 공적인 생활에서 독자적으로 행동할 수 없었다."[57] 하지만 그녀 주변에는 자신을 대신해서 그녀의 형편을 말해 줄 사람이 하나도 없었다. 또 만일 당시 관례대로 사람들 틈에서 "부정하다 부정하다"고 소리쳤다면 주변의 군중들은 그녀가 예수께 접근하는 것을 결코 허락하지 않았을 것이다. 그녀의 행동은 여인의 처신에 대한, 그리고 "부정한 자"에 대해서 암묵적으로 정해진 당시의 모든 관습을 조목조목 어긴 것이다. 그녀는 확신에 찬 마음으로 대담하게 자신의 형편을 교묘히 숨기고 있었다. 그녀는 당시 관습을 어기고 타파하기로 결심하였으며 이를 실행에 옮기기로 결단하였다. 이제 더는 잃을 것도 없었다. 그녀는 이미 사회적으로 버림받은 자인데 더는 잃을 것이 뭐란 말인가? 그녀는 이미 사회적으로 존재하지 않은 것처럼 마치 죽은 자처럼 취급받고 있었다.
　29절: 예수의 겉옷에 손을 대는 순간 그녀는 자기 몸에 출혈이 멈추는 것을 즉시 알게 되었고 이는 일시적인 처방 이상의 치유라는 것을 즉시 느낄 수 있었다. 이 치유를 위해서 예수는 아무 말도 하지 않았고 또 아무런 행동도 하지 않았다. 그저 예수의 겉옷만을 만진 이 여인의 주도적인 행동에 의해서 갑자기 치유가 일어났다.

30-31절: 예수는 하나님의 지혜와 능력으로 치유의 능력이 자기에게서 흘러 나간 줄을 스스로 아시고 군중들을 향하여 "누가 나를 만졌느냐"고 물으셨다. 하지만 이때도 제자들은 예수가 정녕 누구인지를 알지 못하고 의심스럽다는 듯이 그리고 심한 불만을 담아서 이렇게 되물었다. "무리가 에워싸 미는 것을 보시며 '누가 내게 손을 대었느냐' 물으시나이까?" 이 질문은 회당장 야이로의 딸을 고치러 그 집에 빨리 가야하는 상황에서 왜 갑자기 가던 길을 멈추고 그런 이상한 질문을 하느냐는 뜻이다.

32-33절: 하지만 예수는 제자들의 오해에 전혀 괘념치 않고 또 전혀 서두르지도 않고 천천히 군중을 살펴보는데, 자기를 만진 사람이 누구인지 알아보기도 전에 이 여인이 먼저 "두려워 떨면서" 예수께 나왔다. 예수를 만지기 위해서 당시의 모든 관습을 무너뜨린 대담하고도 꾀 많은 여인이 이제 두렵고 떨리는 마음으로 나오고 있다. 그녀에게 무슨 일이 일어났을까? 메리 앤 톨버트(Mary Ann Tolbert)는 이렇게 설명한다.

> "체면을 중시하는" 사회로부터 이미 추방당한 입장에서 이 여인은 아무런 거리낌 없이 대담하게 예수께 몰래 접근하였다. 하지만 그 덕분에 치유된 그녀는 이제 종교적 및 사회적 공동체 안으로 다시 회복될 수 있게 되었다. 이러한 상황에서 그녀의 두려워 떠는 모습은 다시 남성 중심의 체면과 수치의 문화 속에서 다시금 종속적인 여인으로 살아가야 하는 그녀의 (역설적이지만) 새로 회복된 관습적인 지위를 반영한다.[58]

예수께 다가간 이 여인은 그의 발아래 엎드려 방금 일어난 모든 사실을 예수께 고했다. 이 여인이 예수의 발아래 엎드린 이유가, 자신의 부적절한 행동 때문에 꾸지람과 비난을 받을 것이라고 예상했기 때문인지 아니면 이제 비로소 예수의 신성을 완전히 깨달았기 때문인지, 아니면 이 두 이유 모두 때문인지 정확히는 알 수 없다. 모든 일을 예수께 말함으로써 이 여인은 자신의 행동을 자백하는 동시에 자신이 체험한 예수의 능력에 대해서 증언하였다. 하지만 당시 사회적인 관례로 비추어 볼 때 이 여인의 증언은 매우 신빙성이 약했을 뿐만 아니라 의심스러운 것으로 여겨졌을 것이다.

34절: 하지만 예수는 여인이 정결 규례를 어긴 것이나 무례한 행동을 꾸짖지 않았다. 오히려 예수는 이 여인을 "딸"이라고 부르면서 12년 동안 전혀 누리지 못했던 다른 사람들과의 인간관계를 회복해 주셨다. 예수는 "딸아 네 믿음이 너를 구원하였으니 평안히 가라 네 병에서 놓여 건강할지어다"라고 말씀하신다. "네 믿음이 너를 구원하였다"는 말에서 예수는 치유적인 선언을 말씀하는 것이 아니다. 이미 치유는 일어났다. 예수는 치유를 자신의 공적으로 주장하기 보다는 오히려 그 공적을 이 여인에게 돌리고 있다. 1세기 이전이나 1세기 중에 "믿음"과 "구원"(sozo, 소조) 두 단어는 모두가 비기독교 문서와 비유대적인 헬라 문서들에서 치유와 관련된 일반적인 용어였다.[59] 그래서 이 말을 듣고 있던 주변의 군중들은 무슨 일이 일어났으며 그 상황에서 예수의 말씀이 무슨 뜻이었는지를 충분히 이해했을 것이다.

"평안히 가라"는 표현은 유대인들의 전형적인 축복의 표현이며 "네 병에서 놓여 건강할지어다"는 "몸조심하여 건강하게 지내라"거나 "고통에서 벗어나 건강하라"는 의미를 담고 있는 고대 그리스의 축복에서 유래된 것이다.[60] "예수는 이 이야기의 끝부분에서 유대인들의 축복과 헬라인들의 축복을 결합시키면서 유대의 전통이나 헬라 전통 또는 유대-헬라 두 전통을 함께 이어받은 사람들에게 적합한 사회-수사학적인 환경을 형성하고 있다."[61] 이렇게 예수는 주변에 둘러선 군중들 모두가 이해할 수 있는 언어로 말씀하고 있다. 또 이 한 마디의 말씀을 통해서 예수는 우리에게 종교간 대화와 다문화적인 의사소통의 가능성을 제시하고 있다.

이 여인의 이야기는 이제 야이로의 집에서 온 메신저에 의해서 끊어지기 때문에 그 후로 이 여인은 어떻게 되었는지 더는 알 수 없다. 레위기의 정결 규례에 따르면 피가 멈추더라도 정결 의식을 준수하고 마지막에 "깨끗하다"고 선언되기 전에 적어도 칠 일간 격리되어 있어야 했다.

(2) 전통적인 설교

이 본문에 대한 전통적인 설교에서는 종종 이 여인의 믿음이 강조되곤 한다. 또는 옷을 통해서라도 예수의 능력이 전달되리라고 믿었던 이 여인의 믿음을 강조하는가 하면, "진짜 믿음이란 인식과 신뢰, 그리고 모험을 뜻한다"고 설교하기도 한다.[62] 또 일부 설교자들은 **여성**의 믿음의 본으로 이 본문을 설교하기도 한다.

이 본문에 대한 설교에서 종종 강조되는 또 다른 대중적인 주제는, 문제가 생길 때 처음부터 예수를 의지하지 않고 마지막 순간에 가서야 비로소 예수께 의지했던 이 여인의 어리석음이며, 그와 마찬가지로 오늘날에도 "우리에게 필요한 것은 오직 예수뿐인데도 여러 의사들을 찾아다니면서 시간을 허비하는 자들"을 비난하곤 한다.[63] 그러나 이런 관점의 해석은 이 여인이 의학적인 도움을 찾아 돌아다니던 당시에 예수는 이 여인 곁에 없었다는 사실을 간과하는 것이다. (열 두 해를 혈루증으로 앓았다면 12년 전 예수는 불과 10대 후반에 불과하지 않았을까?). 게다가 만성 질병을 앓는 사람들은 예수만으로는 충분하지 않다는 사실을 잘 알고 있다. 그렇다고 질병에 대처하는데 믿음이 중요하다는 사실을 부인하는 것은 아니다. 그러나 의학적인 도움을 찾는 것이 믿음이 부족한 증거는 아니다. 어떤 설교자의 조언에 따라 믿음만을 의지하고 약을 복용하는 것을 중지하거나 의학적인 도움을 더는 찾지 않기로 결심하다 그 결과로 사망에 이른 여러 사람들의 끔찍한 이야기는 이미 널리 알려져 있다.

페미니스트의 입장에서 볼 때 이 여인의 대담하고 확신에 찬 행동과 기존 사회의 관습을 타파하려는 적극적인 의지는 매우 고무적이다. 그녀는 자신과 가족을 위한 온전한 행복을 찾기 위하여 관습에 얽매이지 않고 적극적으로 노력하였다. 그동안 공동체로부터 차별당하고 버림받고 가난하게 만든 사회적 종교적 규범을 대담하게 허물어뜨렸다. 자신의 치유를 위해서 누군가로부터 허락을 기다리지 않고 적극적으로 먼저 나서서 주도권을 행사하였다. 고침을 받는 것만이 능사가 아니다. 왜냐하면 이미 여러 종류의 다차원적인 질병이 환자들을 괴롭히고 있기 때문이다. 환자들에게 정말로 견디기 힘든 것은 질병 때문에 다른 사람들과의 인간관계마저 철저하게 차단된다는 사실이다. 그래서 사회로부터 차별당하고 버림받은 사람들은 이 여인과 마찬가지로 스스로를 위해서 그리고 공동체의 복리를 위하여 용기를 갖고 담대해져야 한다. 왜냐하면 예수께서 버림받고 멸시받은 자를 가리켜 "딸"이라고 부르시면서 바람직한 공동체를 위한 올바른 모델을 보여주셨기 때문이다.

(3) 치유 설교

장애를 가지고 있거나 만성 질병을 앓고 있는 환자들의 관점에서 볼 때, 이 여인의 행동은 믿음보다는 필사적인 열망에서 비롯되었다고 볼 수 있다. 전혀 나아지지 않는 혈루증 때문에 가족들과 헤어지고 사람들과의 인간관계로부터 완전히 차단되고 아무런 도움도 없이 가난 속에서 아픈 몸으로 더러워진 옷을 계속 빨면서 살아야 했던 이 여인을 재촉한 것은 바로 그러한 필사적인 열망뿐이었을 것이다. 제의적인 정결 규례 때문에 오랫동안 성전에 들어오지도 못하고 사람들로부터 거절당하면서 살아왔기 때문에 하나님과 전통적인 신앙에 대한 그녀의 신앙은 아마도 상당히 퇴색되었을 것이다. 그럼에도 불구하고 예수는 당시의 관례를 무너뜨리고 그녀에게 절실히 필요한 새로운 공동체의 비전을 허락해 주셨다.

당시 이 여인 주변에 모여 있던 군중들에게 가장 충격적인 사실은, 예수가 "부정한 자"로 낙인찍혀 홀로 되었으며 관습을 허물어뜨린 한 여인과 아무런 거리낌 없이 직접 대화를 나누시는 것이었다. 하지만 예수는 그렇게 함으로써 당시 사람들이 용납하던 명예와 지위에 대한 생각을 무너뜨릴 뿐만 아니라 적합한 행동과 부적합한 행동, 용납할만한 행동과 용납할 수 없는 행동이라고 생각했던 편견도 뒤바꾸었다. 당시 사람들은 그러한 사회적인 규범이 없다면 삶은 혼란스러울 것으로 생각했다.

오늘날에도 우리 사회는 계속 이런 혼란을 경험해왔다. 남자와 여자 사이, 다른 문화권에 속한 사람들 사이에 작용하는 사회적인 규범들이 계속 도전받고 있다. 오래된 사회 규범이 무너지고 인간 공동체에 새로운 비전이 제시될 때 때로는 혼란감도 가중된다. 하지만 예수는 기존의 관습에 계속 머무르지 않았다. 그는 이 여인의 대담한 행동을 존중하시며 평화로이 이 여인을 떠나보냈다.

34절에 나타난 예수의 축복의 말씀은 유대 공동체와 헬라 공동체 모두에게 해당되는 것이다. 그리고 차별과 소외보다는 평화를 가져오는 방식으로 문화와 언어의 장벽을 넘어 의사소통하는 방법을 배우려는 자들에게도 바람직한 모델을 제시한다.

| 제7장 |

정신질환

복음서에는 악마나 더러운 귀신들린 사람에 관하여 다루고 있는 내러티브가 여섯 개 있다. (1) "귀신들려" 언어장애가 된 자(마 9:32-34), (2) "귀신들려" 시각장애와 언어장애가 된 자(마 12:22-32; 눅 11:14-23; 막 3:19b-30), (3) 수로보니게 여인의 딸(막 7:24-30; 마 15:21-28), (4) 회당에 더러운 귀신 들린 자(막 1:21-28, 눅 4:31-37), (5) 경련을 일으키는 소년(눅 9:37-43a, 막 9:14-29, 마 17:14-21), (6) 무덤에 살던 거라사 지방의 남자(눅 8:26-39, 막 5:1-20, 마 8:28-34).

마가복음은 수로보니게 여인의 딸과 무덤에 살던 거라사 출신 남자의 두 경우에만 "악마"나 "악마적인"이란 표현을 사용하고, 다른 곳에서는 "더러운 귀신"이란 표현을 사용한다. 요한복음에는 예수께서 귀신을 쫓아낸 이야기가 실려 있지 않다. 요한복음에서 귀신에 대하여 언급하는 구절들은 모두가 사람들이 예수가 귀신들렸다고 비난하는 것과 관련되어 있다(요 7:20; 8:48-52; 10:19-21). 예수의 행동은 사람들이 보기에 너무 기이하여 "저가 귀신들렸다"고 하는 말을 들었다(요 10:20).

앞에서 언급한 처음 네 개의 내러티브에 대해서는 자세한 정보가 별로 없어서 "악마"나 "더러운 귀신"의 정확한 정체에 관하여 자세히 설명하기가 쉽지 않다. 개정판 공동 성서일과에서 경련을 일으키는 소년에 관한 본문은 산상변모주일을 위한 보조 본문으로 포함되어 있기 때문에 이 책에는 포함시키지 않았다. 이 책에서는 거라사 지방의 남자에 관한 누가복음 본문만 다루고자 한다. 오늘날의 시각으로 볼 때 이 남자의 행동은 어떤 정신 질환 때문일 것으로 추정할 수 있다.

1. 성경시대의 귀신들림

신약성경의 시대에는 귀신들림에 대한 믿음이 매우 보편적이었으며 이 믿음은 다양한 형태로 나타났다. 귀신과 관련하여 복음서에서 우리가 얻을 수 있는 내용들은 바울 서신에서 얻을 수 있는 것과 다르며 귀신에 대한 헬라인들의 입장 역시 팔레스타인 유대주의의 입장과 달랐다. 그리스인들의 입장에서 볼 때 "귀신은 죽은 자의 영혼이나 유령으로 간주되었다."[1] 또 귀신들림은 당사자에게 유익할 수도 있고 해로울 수도 있었다. 선한 영혼들은 중재권을 가지고 있으며 미래를 예언할 수 있도록 영감을 주고 신들과 인간 사이를 중재할 수 있다고 믿었다. 오늘날에도 다른 종교들 중에서 이와 비슷하게 선한 귀신과 여신들이 추종자들에게 축복을 가져다주거나 미래의 불행을 경고할 수 있다는 신앙을 종종 찾아볼 수 있다.

하지만 복음서에서 악마와 귀신들은 항상 악하고 반대로 천사들은 항상 선한 존재로 묘사된다. 악마나 "더러운" 귀신은 귀신들린 사람들을 해롭게 하거나 항상 악한 일만 일삼는다. 반면에 거룩한 영은 좋은 결과를 가져온다. 유대교의 관점에서 볼 때 귀신들림을 방지할 수 있는 가장 우선적인 방법은 토라를 연구하고 하나님의 율법을 순종하는 것이다.[2] 또 기독교의 맥락에서 볼 때에 성령의 은사를 발휘하는 것이 결국 귀신을 멀리하는 방법이다. 오늘날 일부 기독교에서는 방언의 은사를 가지고 있는지의 여부가 "거룩한" 영의 "지배"를 받는지 아닌지를 판단하는 수단이 되기도 한다.

하지만 사도 바울은 주술로 귀신을 쫓아낸다는 마술사들과 대결하였다. 바울은 귀신은 악한 존재들로서 사람들을 멸망시키고 예수를 믿지 못하도록 영향력을 행사한다고 생각하였고 귀신을 조종하려는 시도를 사악한 죄로 정죄하였다.[3] 공관복음서의 기록에 의하면 예수께서 고치신 여러 질병들 중에 귀신 때문에 발병된 것은 그리 많지 않다. 귀신들림으로 말미암은 질병에 관한 언급도 제한적이며 그 질병의 증세도 예수 당시의 질병의 범주로 비추어 볼 때 쉽게 설명하기 어려운 것들이다.[4]

하지만 복음서의 저자들은 악한 권세를 대항하여 이기시는 예수의 권세를 보여주고자 그런 본문들을 복음서에 실어 놓았다. 복음서에 등장하는 기이한 행동을 하는 사람들은 선과 악이 서로 대결하는 드라마의 주인공보다는 그 선과 악 사이에서 벌어지는 전쟁터나 마찬가지였다.[5] 이들이 등장하는 복음서의 내러티브들은 사납게 날뛰면서 사람들의 동의도 없이 그들의 삶을 지배하면서 파멸을 일삼는 악마에 대해서 묘사한다. 이런 상황에서 예수는 귀신을 내어 쫓음으로써 "독단적이고 폭력적이며 절대적인 억압을 해결하셨음"을 선포한다.[6]

오늘날 "악마"란 용어는 은유적으로 사용되곤 한다. 알코올이나 약물 중독에 빠진 사람들이나 정신 질환을 앓고 있는 사람이나 삶을 자기 힘으로 통제할 수 없다고 느끼는 사람들은 그런 경험을 "귀신"들렸다고 표현하기도 한다. 이런 은유적 표현은 자기 이외의 어떤 존재가 자신의 삶과 의지를 지배하는 것 같은 느낌을 말한다. 하지만 이는 은유적인 표현일 뿐이며 문자적인 뜻은 아니다. 즉 악한 영이 몸속으로 들어와서 실제로 거주한다는 뜻은 아니다.

오늘날 귀신들림 현상을 정의하는 것들은 이 책에서 다 다루기에는 너무나도 복잡하다. 그러나 이 책에서 살펴보고자 하는 것은 귀신들림을 언급하는 본문을 어떻게 설교할 것인가 하는 것이다. 어떤 사람이 간질병을 앓고 있으며 약물로도 이 문제를 쉽게 해결하지 못한다거나, 또는 누군가가 정신 질환을 앓고 있는 상황에서, 이들은 귀신들렸다는 뜻으로 이런 본문을 설교한다면 우리는 그렇지 않더라도 이미 힘든 삶을 살아가고 있는 이들에게 더욱 감당키 어려운 짐을 지우는 셈이다. 한 엄마는 간질 때문에 고생하는 자기 아들에 관하여 이렇게 적고 있다.

> 여러 번 발작하는 중에 그는 거의 물에 빠져 죽을 뻔했고, 맨발로 모닥불을 걸어 다니는가 하면 자동차에 치이기도 하고 눈 더미 속에 파묻혀 있다가 얼어 죽을 뻔했습니다. 학교에 다닐 때에는 발작이 일어나서 다른 학생들에게 방해가 될까 싶어서 복도에서 공기놀이를 하거나 교실 밖 운동장 구석에 앉아 있곤 했습니다. 20세 정도 되었을 때 그는 자신이 귀신들린 것이 아니라 너무나도 용감하고 힘센 영에 붙들렸다는 것을 깨닫게 되었습니다.[7]

정신 질환을 앓고 있는 이들을 가리켜서 암시적으로나 분명하게든 '귀신들렸기 때문'이라고 말한다면 그들의 믿음에 얼마나 큰 충격이 될까? 이러한 편견과 낙인의 문제를 어떻게 다루어야 할까? 이런 편견과 낙인으로 이들과 하나님 사이에 장벽을 설치하는 것은 아닌가? 하나님의 사랑과 도움을 간절히 찾고 있는 이들에게 사실은 악마와 짝하고 있으며 이는 그들의 실수다라고 말하는 것은 아닐까? 이런 메시지가 문제가 되는 이유는 그 내용이 너무 직접적이고 노골적이기 때문만은 아니다. 이런 메시지를 통해서도 정신 질환을 앓고 있는 가운데 힘겨운 삶의 투쟁을 이어가는 사람들의 불굴의 용기와 인내심을 무너뜨리기가 충분하기 때문이다. 귀신들림 현상이 악하다는 이유로 설교자가 복음서에서 간질과 정신 질환을 귀신들림과 동일시하는 해석 입장을 취하면, 결국 그 설교를 듣는 청중의 입장에서는 오늘날의 정신질환이나 간질 역시 악하다는 뜻이다.

귀신 들림을 어떻게 받아들이든 관계없이, 정신 질환을 앓고 있던 거라사 지방의 남자에 관한 성서일과 본문과 간질을 앓고 있던 소년에 관한 본문을 설교할 때, 마치 오늘날에 간질이나 정신질환 환자는 귀신들렸기 때문이라는 뜻으로 설교하지 않도록 주의해야 한다. 정신 질환을 앓고 있는 사람들은 당사자뿐만 아니라 그 가족이나 사랑하는 사람들 모두는, 귀신들렸기 때문이라는 부당한 메시지가 아니더라도 이미 사회적인 낙인으로 심한 고통을 당하고 있다.

2. 정신질환

귀신들림에 대하여 다루고 있는 성서일과 본문은 누가복음에 등장하는 무덤에서 살았던 거라사 지방의 남자에 관한 본문(눅 8:26-39)이다. 이 남자의 설명할 수 없는 이상한 행동 때문에 많은 사람들은 그가 일종의 정신질환을 앓고 있었을 것으로 추정한다.[8]

현대 의학과 정신병학, 그리고 심리학은 다양한 형태의 정신질환에 대해서 우리에게 많은 정보를 알려주지만 그러나 아직도 배워야 할 것들이 수도 없이 많다. 정신질환이나 정신장애 분야는 매우 복잡하다. 일부 정신 장애의 경우에는 그 정신 장애의 병인학(病因學, etiology)이나 "병태생리학의 과정들"(patho-physiologic processes)이 어느 정도 밝혀졌지만, 상당수의 정신 장애에 대해서는 아직까지도 그 원인에 대한 병인학이 분명히 밝혀지지 않았다. 일부 정신 질환은 생화학적인 불균형 때문일 수도 있고, 또 다른 경우는 정서적인 장애나 사회적인 원인 때문에 비롯되는 경우도 있다. 대부분의 정신질환은 심리학적이며 사회적, 그리고 생물학적인 여러 요인들이 결합되어 나타난다. 뇌의 기형적 구조와 화학 작용, 유전적 특질, 주변 환경, 남용, 가족 내의 역학 관계 등등의 모든 것들이 다양한 유형의 정신질환으로 분류되는 질병의 원인으로 작용할 수 있다.[9]

정신 질환은 가벼운 우울증에서부터 심각한 정신분열증에 이르기까지 광범위한 정신적 장애들로 나뉜다. 정서와 불안장애, 해리장애와 망상장애, 수면장애와 성장애, 인격장애 이 모든 것들이 정신 질환의 범주에 해당한다. 일부 정신 질환은 환자의 귀에 무엇을 말하고 어떻게 행동할지 지시하는 음성이 들리기도 한다. 일부 정신 질환에 대해서는 교회 내의 여러 사람들 보기에 "귀신"을 축출하는 것이 필요한 것처럼 보일 수도 있지만, 치료 과정을 시작하는 사람을 돕기 위해서는 전문가로부터 정확한 정신병적인 진단과 적절한 약물치료가 절대적으로 필요하다. 약물 치료가 꼭 필요한 상황인데도 불구하고 축귀를 위한 치유 예배를 계기로 약물 치료를 중단하여 결국 긍정적인 결과보다는 부정적인 결과를 초래할 수도 있다.

정신 질환에는 여러 가지 복잡한 문제들이 연루되어 있기 때문에 신경 쪽의 문제인지 정신 쪽의 문제인지를 구분하는 고전적인 구분은 더는 무의미하다. 생리학적인 불균형에 따른 질환들은 당뇨병과 같이 생화학적인 문제로 야기된 다른 질환들과 본질적인 면에서는 큰 차이가 나지 않는다.[10] 환경적으로나 성격적인 원인에 따른 질병을 앓는 사람들에게는 통증의 느낌이나 증세가 매우 심각하며 환자 자신이 혼자서 통제하기가 매우 어렵다. 또 대부분의 경우에 항상 치유의 과정은 길고도 힘들 수밖에 없다. 비록 질병과 싸우는 많은 사람들에게 약물 치료나 상담이 도움이 되기는 하지만, 이런 질병이 즉시 치료되는 경우는 매우 드물다. 정신 질환을 앓는 사람들뿐만 아니라 그 주변 사람들에게 이 질병들은 매일 매일 계속 싸워야 하는 현실이다. 정신 질환은 때로는 만성으로 나타나기도 하며 환자와 그 가족들의 힘과 인내력, 그리고 경제적인 자원 모두를 고갈시키기 일쑤다.

이들 환자들은 때로는 자신의 사고 과정과 느낌조차도 신뢰할 수 없다는 느낌이 들곤 한다. 신체적인 장애를 가진 환자들처럼 이들도 자기 스스로의 몸을 통제할 수 없다는 무기력감에 빠지기도 한다. 신체적인 장애를 가진 환자들은 몸이 제대로 움직이지 않을 때면 자기 정신이라도 의지하곤 한다. 이렇게 되면 몸과 마음이 분리되는 이원론을 따르게 되지만 그 나름대로 장애를 이기는 적절한 전략이 될 수 있다. 그러나 정신 질환을 앓는 환자들에게는 자기 정신조차 의지할 수 없기 때문에 마치 자기 자신에게서 배신당한 것 같은 느낌이 들 수 있다. 이는 자아의 이미지에도 상당히 부정적인 영향을 미칠 수 있다.

정신 질환자들에게는 다른 신체적 장애나 불구를 가진 환자들에 비하여 자신들을 차별하는 심각한 사회적인 낙인이 뒤따랐다. 종교적인 영역에서 일부 사람들은 사람을 하나님의 형상대로 지음 받은 존재로 특징짓는 것은 사고할 수 있는 능력이라고 생각한다. 그런데 중증의 정신 질환자들은 종종 사고 능력이 뒤떨어지곤 한다. 추론 능력이 손상되었기 때문이다. 그래서 사람됨의 결정적 특징이나 사람이 하나님의 형상대로 지음 받은 증거를 사고능력에서 찾는 것은, 정신 질환자들이 늘 경험하는 차별과 탄압을 더욱 심화시키는 것이다. 기성 사회나 일부 교회는 이들을 하류 시민으로 대하거나 인간보다 열등한 존재로 차별하면서 거룩한 영역에는 어울리지 않는 존재로 무시하기도 한다. 의식적으로든 무의식적으로든 정신 질환을 앓는 사람들을 우리 나름의 관례적인 불문율 정결 규례에 따라서 "부정하다"고 낙인찍어 차별할 수 있다.

과거에 기존 사회와 조화되지 못하는 사람들로 낙인찍힌 정신 질환자들 상당수가 사회로부터 격리되어 병원이나 요양소에 수용되었다. 하지만 1980년대에 들어서 미국에서는 상당수의 정신병원들이 입원 환자들을 요양시설에 따로 격리하는 정책을 철회하였다.

사회로부터 격리되어 사람들의 시선과 관심에서 소외되는 것보다는 지역 공동체에 들어가서 주류 사회의 일원으로 살아갈 수 있도록 기존 사회로 이들을 다시 되돌려 보낸 것이다. 하지만 상당수의 공동체와 일부 지역 교회들은 이러한 탈수용화(脫收容化, deinstitutionalization) 정책을 반대하면서 지역 내에 정신 지체 장애인들이 거주할 수 있는 그룹 홈(group home) 시설이 들어서는 것을 반대하기도 하였다. 그 결과 정신 질환을 앓는 사람들에게는 기존 사회로부터의 차별과 고립이 더욱 심화될 뿐만 아니라 머무를 집도 구하기 어렵게 되었다. 오늘날에도 집이 없는 상당수의 사람들 중에는 정신 질환자들도 많이 섞여 있다.[11] 그래서 정신 질환의 문제와 그에 따른 후속 문제점들을 함께 고려하지 않고서는 무주택자들을 대상으로 하는 사역도 효과적으로 진행하기 어렵다.

본문: 누가복음 8:26-39

> ²⁶ 갈릴리 맞은편 거라사인의 땅에 이르러 ²⁷ 육지에 내리시매 그 도시 사람으로서 귀신들린 자 하나가 예수를 만나니 이 사람은 오래 옷을 입지 아니하며 집에 거하지도 아니하고 무덤 사이에 거하는 자라 ²⁸ 예수를 보고 부르짖으며 그 앞에 엎드리어 큰 소리로 불러 가로되 지극히 높으신 하나님의 아들 예수여 나와 당신과 무슨 상관이 있나이까 당신께 구하노니 나를 괴롭게 마옵소서 하니 ²⁹ 이는 예수께서 이미 더러운 귀신을 명하사 이 사람에게서 나오라 하셨음이라 (귀신이 가끔 이 사람을 붙잡으므로 저가 쇠사슬과 고랑에 매이어 지키웠으되 그 맨 것을 끊고 귀신에게 몰려 광야로 나갔더라) ³⁰ 예수께서 네 이름이 무엇이냐 물으신즉 가로되 군대라 하니 이는 많은 귀신이 들렸음이라 ³¹ 무저갱으로 들어가라 하지 마시기를 간구하더니 ³² 마침 거기 많은 돼지 떼가 산에서 먹고 있는지라 귀신들이 그 돼지에게로 들어가게 허하심을 간구하니 이에 허하신대 ³³ 귀신들이 그 사람에게서 나와 돼지에게로 들어가니 그 떼가 비탈로 내리달아 호수에 들어가 몰사하거늘 ³⁴ 치던 자들이 그 된 것을 보고 도망하여 성내와 촌에 고하니 ³⁵ 사람들이 그 된 것을 보러 나와서 예수께 이르러 귀신 나간 사람이 옷을 입고 정신이 온전하여 예수의 발 아래 앉은 것을 보고 두려워하거늘 ³⁶ 귀신 들렸던 자의 어떻게 구원 받은 것을 본 자들이 저희에게 이르매 ³⁷ 거라사인의 땅 근방 모든 백성이 크게 두려워하여 떠나가시기를 구하더라 예수께서 배에 올라 돌아가실새 ³⁸ 귀신 나간 사람이 함께 있기를 구하였으나 예수께서 저를 보내시며 가라사대 ³⁹ 집으로 돌아가 하나님이 네게 어떻게 큰 일 행하신 것을 일일이 고하라 하시니 저가 가서 예수께서 자기에게 어떻게 큰 일 하신 것을 온 성내에 전파하니라.

(1) 주해

이 본문을 읽다보면 무덤 사이에 살면서 자기 힘으로 통제할 수 없는 어떤 질병 때문이나 또는 충격적인 기억 때문에 집에 들어가지 못하고 무덤 사이에 살던 무주택 남자에 대해서 동정을 금할 수 없다. 동물권리옹호론자들도 이 내러티브에서 뒤에 물에 빠져 죽는 많은 돼지 떼들에 대해서 동정의 목소리를 높일 만하다. 하지만 이러한 고통과 괴로운 이야기 속에는 여러 이미지들과 행동들로 가득 찬, 정교하게 정돈된 본문이 자리하고 있다.

이 본문의 저자 누가는 구전과 마가복음으로부터 뜻밖의 사건과 예기치 못한 반전, 그리고 예시들의 여러 문학적인 요소들을 본문에 포함시켰다.[12] 누가의 솔직한 묘사와 복잡한 상징적 표현들은 해석자들에게 풍부한 연구거리를 제공한다.

이 본문에 무덤과 돼지 떼가 언급된 점을 근거로 초대교회 그리스도인들은 이 이야기가 이방인 지역에서 일어났다고 생각하였을 것이다. 무덤은 부정한 장소라 여겨졌으며 돼지 역시 유대인들에게는 분명 부정한 동물로 간주되었다. 유대 율법에 따르면 이방인 지역 역시 부정한 곳이었기 때문에 거라사 지방 역시 더러운 귀신들이 머물기에 완벽한 장소였다.[13] 하지만 여기에서도 예수는 당시의 정결 규례에 도전장을 던지면서 "부정한 자들" 가운데 나타나셨다. 나중에 예수의 제자가 되고 자기 동네 사람들에게 설교자와 선교사 역할을 감당했던 이 이방인 남자에 대한 이야기는, 사도행전에서 전개되는 이방인 선교의 토대를 놓았다.[14]

본문에서 물의 이미지 역시 중요하다. 초대 교회 그리스도인들은 귀신은 물을 아주 혐오한다고 생각하였다(눅 11:24 "더러운 귀신이 사람에게서 나갔을 때에 물 없는 곳으로 다니며 쉬기를 구하였다"). 그래서 초기의 축귀의식에서는 세례의 물이 사용되었으며, 근대에 들어와서도 뉴잉글랜드 식민지에서조차 마녀로 기소된 사람을 물에 빠뜨려 판별하였다(**오즈의 마법사**에서도 서쪽의 사악한 마녀도 물을 뿌리자 녹고 만다)[15]. 누가는 이 내러티브를 예수께서 폭풍우 가운데 자신의 권능을 계시하시고 이를 목격한 제자들이 두려워하는 장면 직후에 위치시키고 있다. 그리고 여기에서도 우리는 무덤가에서 예수의 권능을 목격하고 또 다시 공포와 두려움에 사로잡힌 사람들을 보게 된다.

물의 이미지는 또한 출애굽기의 이미지들도 떠올린다. 출애굽기에서는 애굽의 포악한 군대들이 모두 바다에 빠져 죽는데 누가복음 본문에서도 포악한 군대 귀신들이 모두 바다에 빠져 몰살한다. 일부 학자들은 군사적이고 정치적인 이미지를 담고 있는 "군대"라는 단어와 또 다른 몇 개의 단어들이 이 본문에 등장하는 것은 결코 우연이 아니라고 믿는다. "동물 떼"라는 단어도 "군대의 신참 훈련병"이나 "훈련 중인 동물"의 의미로 쓰였다. 38절에서 예수께서 이 남자를 "보내신 것"도 "군사적인 명령"을 암시하며, "돼지 떼의 돌진"도 전쟁터로 몰려가는 군대를 떠올린다. 그래서 "귀신들"은 로마의 군사적인 권력을 암시하면서 귀신 떼가 익사한 장면은 "로마의 권력으로부터의 정치적인 해방"을 떠올린다.[16] 이방의 군대가 침입해 들어와서 점거하게 되면 그 이방 권력은 종종 적군으로 보일 뿐만 아니라 은유적으로는 귀신처럼 보인다. 그래서 식민지는 자연히 "귀신에 의해서 점거된 것"처럼 보인다.[17]

또 다른 학자들은 이 본문을 사회-심리적인 관점에서 해석하면서 정신 질환과 정치적인 압제를 서로 연결시키기도 한다. "아마도 이 남자는 어린 아이였을 때 로마의 군대가 자행하는 잔학행위들을 목격했기 때문에 [군대]라는 단어가 그의 마음에 붙어 다니며 그를 괴롭혔는지도 모른다. …로마 군대의 잔혹한 행동이 그의 마음에 깊은 상처를 남기고 결국 그를 미치게 만들었을 법도 하다"라고 윌리엄 바클레이는 설명한다.[18] 체드 마이어(Ched Myers)는 경제적인 착취와 정치적인 탄압의 현장에서 이 남자의 정신 질환은 아마도 "그러한 탄압에 대항하려거나 또는 이로부터 벗어나려는 간접적인 투쟁"이었을 수도 있다. "이 남자가 자기 몸을 스스로 상하게 하였다는 마가복음의 묘사는 아마도 로마로부터 정복당한 공동체의 깊은 절망과 고뇌가 응축되어 있는 마음속의 식민지를 암시하는 것일 수 있다"[19]고 말한다.

이 내러티브는 어쩌면 정치적으로 그리고 경제적으로 착취당하는 공동체의 이야기이거나, 전혀 대항할 수 없는 악마적인 이방의 권력에 의해서 지배당하고 있다고 생각하는 공동체의 이야기일 수도 있다. 하지만 이 이야기는 한 때 도시에 살았으나 그곳에서 너무 심하게 괴롭힘을 당하고 공동체 밖으로 추방당해서 이제는 집도 없고 벌거벗은 상태에서 무덤 사이에서 살면서, 더는 자신의 정체성이나 행동을 전혀 통제할 수 없는 지경에 이른 힌 남자에 대한 이야기이다. 마가와 달리 누가는 이 본문에서 고통 받고 있는 이 남자와 "귀신 떼"를 아주 분명하게 구분 짓고 있다.[20] 예수도 직접 "귀신 떼"와 이 남자와 직접 대화를 나누시고 이 남자는 다시 집으로 돌려보내고 있다.

26절: 예수께서 육지에 내렸다고 말하는 도시의 정확한 이름은 잘 알 수 없다. 복음서의 저자에 따라서 "가다라 지방"(Gadarenes, 마 8:28)이라고 표현하기도 하고 또 "거라사 지방"(Gerasanes, 막 5:1; 눅 8:26)이라고 표현하기도 한다. 누가복음은 "거라사 지방"(Gerasanes)이라는 용어를 사용한다. 하지만 거라사 도시는 바다로부터 30마일이나 떨어져 있으며[21], 해안에 가까운 도시들 중에 이런 이름과 부합하는 도시는 하나도 없다. 그래서 "갈릴리 맞은편 거라사인의 땅에 도착하였다"는 누가의 묘사는 약간 모호하다. 그러나 본문에서 정확한 지명은 그리 중요하지 않으며, 그 도시가 갈릴리 바다 근처의 이방인 땅에 위치해 있음을 확인하는 것으로 충분하다.

27절: 이 구절에서 이 남자에 관한 몇 가지 정보들이 제공된다. 이 남자는 원래 도시에서 살던 사람이었지만 지금은 귀신들려 있다. 그는 오랫동안 옷을 입지도 않고 또 집에서 살지도 않았다. 본문은 그가 한 때 도시에 있는 집에서 생활하면서 비교적 정상적인 삶을 살았음을 암시한다. 하지만 일단 그에게 문제가 생기자 그는 집 밖으로 쫓겨났고 결국 도시를 떠나야만 했다. 그리고 그 삶은 통제할 수 없게 되었고 때로는 전혀 예상치 못한 행동들이 나타났다. 가족과 친구들로부터 소외된 그는 이제 무덤 사이에서 살게 되었다. 당시에는 많은 사람들이 산의 동굴을 파서 무덤으로 사용하였기 때문에 실제로 무덤에서 생활하는 것이 충분히 가능했을 것이다. 그런데 무덤은 유대인들 생각에 부정한 장소로 간주되었을 뿐만 아니라, 당시 일반인들 생각에 무덤은 귀신들이 사는 장소라 여겨졌다. 그래서 이 남자는 죽은 자들과 함께 살면서 마치 그가 원래 속했던 공동체로부터 완전히 죽은 자처럼 살았다.

오늘날에도 여러 정신 질환을 앓고 있는 사람들이 가족과 친구들로부터 소외되어 살아가는 경우를 종종 찾아볼 수 있다. 일상생활이 점점 통제가 불가능해지고 행동도 변덕스럽고 심지어 제어할 수 없는 지경이 되면 가족들로부터도 버림 받는 일이 있다. 그 중 일부는 정신 병원으로 추방되기도 하고 또 일부는 집 밖으로 쫓겨나 거리의 무덤 같은 곳을 떠돌게 된다.

28절: 본문에 따르면 이 남자가 예수를 보는 순간 그 앞으로 달려 나와 엎드려 이렇게 소리치는 것을 볼 수 있다. "지극히 높으신 하나님의 아들 예수여 나와 당신과 무슨 상관이 있나이까 당신께 구하노니 나를 괴롭게 마옵소서." "지극히 높으신 하나님의 아들"이란 용어는 유대적인 명칭이라기보다는 헬라적인 명칭이며 그래서 이방인 지역에 더 어울리는 표현일 것이다.[22] 마가복음과 마찬가지로 누가복음에서도 제자들은 예수가 누구인지를 잘 이해하지 못했다. 하지만 여기에서 누가는 한 이방인이 예수를 지극히 높으신 하나님의 아들로 정확하게 이해했음을 보여준다.

"괴롭히다"로 번역된 단어는 "고문하다"나 "시험하다"는 뜻도 담고 있다. 여기에서 누가는 독자들로 하여금 예수께 말하는 이는 그 남자 자신이 아니라 바로 귀신이라고 믿도록 하고 있다.

해리성 인격장애(다중인격장애) 환자나 환청을 듣는 환자, 심지어 약물에 중독된 환자는 누군가가 혹은 무언가가 자기 생각과 말, 그리고 행동을 통제하는 것 같은 느낌이 든다. 이런 경험은 병마와 싸우고 있는 환자들에게는 괴로운 것이고 고문하는 것이나 다름없다.

29절: 누가는 사건의 흐름을 거슬러 올라가서 이 남자나 혹은 "귀신"이 왜 이렇게 대답하는지의 이유를 설명한다. 귀신은 이 남자의 삶을 완전히 지배하는 것은 아니더라도 여러 번 "그를 붙잡았다." 그래서 과거에 이 남자는 쇠사슬과 족쇄에 채워 지켜졌지만 그는 이것들을 다 끊어버리고 들판으로 뛰쳐나갔다.

쇠사슬과 족쇄는 오늘날 정신 질환을 앓는 사람들 중에 자신에게나 다른 사람들에게 위험한 행동을 할 우려가 있는 사람들에게 사용되는 구속복이나 그 밖의 다른 억제 수단들을 떠올린다. 이는 사람을 통제하는 외적인 수단이다. 적절한 약물과 치료를 통해서 일부 환자들은 질병을 치료하여 쇠사슬과 족쇄를 풀어버리고 사회로 복귀할 수 있다. 하지만 또 다른 이들은 억지로 쇠사슬을 풀어버리고 광야에서 방황할 수밖에 없는 적대적인 세상으로 나아가기도 한다.

30절: 예수가 이 남자에게 이름을 묻자, 이 남자는 "군대"라고 대답한다. 여기에서 "군대"는 간단히 "수가 많다"는 뜻이지만 예수 시대에 이 용어는 주로 군사적인 맥락에서 사용되었다. 그래서 이 용어는 "군대의 점령과 잔혹함, 그리고 파괴와 관련된 이미지들을 떠올린다."[23] 그래서 누가는 "많은 귀신"이란 표현에서 단수형태 대신 복수를 사용한다. 예수 시대에는 이름을 부르는 것은 매우 영향력 있는 행동이었다. 또 어떤 능력이 누구의 이름에서 비롯되는 것인지를 아는 것이 매우 중요했기 때문에 초대교회 그리스도인들은 "예수 그리스도의 이름으로" 축귀를 행하였다. 이와 아울러 축출해야 할 대상의 이름에 대고 권세를 행사하는 것도 중요했으며 바로 이런 이유에서 예수는 그의 이름을 물으신 것이다.

정신 질환을 앓는 사람과 인격적으로 접촉을 나누는 것은 매우 중요하지만 그렇다고 항상 쉬운 일은 아니다. 그동안 익숙하게 알고 지내던 사람이 그 자리에 더는 "존재하지 않는다"거나 최소한 예전과 같지 않다는 사실 때문에 주변의 가족들이나 친구들은 상실감을 맛본다. 일부 환자들에게 있어서 정신장애는 그들의 삶뿐만 아니라 정체성마저 빼앗아 간다. 그래서 장애 중인 환자와 인격적인 접촉을 갖는 것은 그들에게 치유를 가져오는 계기가 될 수 있다.

31절: 무저갱은 원래 귀신이 나오는 장소를 가리키는 용어이며[24], "죽은 자들이나 악령들이 머무르도록 지정된 깊은 구덩이"를 가리킨다.[25]

32절: 군대귀신은 무저갱으로 다시 들어가고 싶지 않아서 근처의 돼지 떼에게 들어가도록 해 달라고 요청하였다. 이방인 지역에서 여러 마리의 돼지들을 보는 것은 전혀 드문 일은 아니다. 하지만 돼지들이 무리를 지어 움직이지 않기 때문에 군대 귀신이 다 들어가기 위해서는 많은 돼지 떼가 필요했다. 그래서 본문에 나타나는 여러 마리의 돼지와 돼지 떼들은 한 장소가 아니라 여러 곳에 흩어져 있었을 수도 있다. 그동안 아마도 여러 사람들이 지나가면서 무덤에 사는 이 남자를 만나곤 했을 것이다.

33절: 귀신들이 돼지 떼에게로 들어가자 돼지 떼는 벼랑 끝으로 내리달려 가서 모두 바다에 빠져 죽고 말았다. 어떤 이들은 살아 있는 돼지 떼를 모두 죽이는 예수의 권리에 대해서 의문을 제기하기도 하도 또 어떤 이들은 죄 없는 돼지를 굳이 죽일 필요가 있었는지 의문을 제기하기도 하지만, 그러나 누가복음의 원래 독자들 편에서는 그 귀신들이 이 남자에게서 떠나갔을 뿐만 아니라 모두가 완전히 멸망당했음을 확인하는 것이 중요하다. 이 남자에게서 나온 귀신들이 여기저기를 돌아다닌다는 것은 도저히 용납할 수 없었다. 왜냐하면 당시 사람들은 귀신은 무언가 속에 머무르기를 좋아한다고 생각했기 때문이다.[26] 귀신들이 머무르는 장소를 그저 한 사람에게서 돼지들 속으로 바꾸는 것으로는 충분하지 않았다. 왜냐하면 돼지들이 다 몰살하지 않는다면 그 귀신들린 돼지들은 여전히 그 지역에 남아 있을 것이고, 그러면 당시 사람들은 돼지에게 들어 있는 귀신들이 언젠가 갑자기 다른 사람에게 들어와서 다시 이들의 삶을 통제할 수 있을 것으로 믿었기 때문이다. 하지만 누가는 돼지 떼가 모두 물에 빠져 죽었다고 보고함으로써 당시 사람들의 근심을 완전히 해소시킨다. 왜냐하면 물은 귀신을 멸망시키기에 가장 확실한 방편으로 여겨졌기 때문이다.

돼지들은 보통 떼로 움직이지 않으며 그룹을 지어 일사불란하게 움직이기보다는 많은 돼지 떼가 정신없이 소란스럽게 흩어지는 편이기 때문에 "무려 2천 마리나 무리를 지어서 벼랑 끝으로 돌진하여 빠져 죽은 모습은 그대로 기적적인 사건이었다."[27] 그래서 돼지를 치던 자들의 눈에 보기에 이 비범한 사건은 그대로 초자연적인 사건으로서, 많은 돼지 떼가 무언가에 홀렸거나 귀신에게 사로잡혔거나 마법에 홀린 증거나 다름없었다.[28] 돼지들의 기이한 행동은, 이 남자에게 들어왔던 귀신들이 정말로 사라졌으며 이제 더는 "그를 사로잡지" 않을 것이라는 분명한 시각적인 승거였다.

정신 질환에서 해방되는 것이 이렇게 쉽다면 얼마나 좋을까! 동물들의 권리에 관한 논의와는 별도로, 한 사람이 정신 질환의 고통과 아픔으로부터 자유롭게 된다면 돼지 떼의 희생은 그럴만한 가치가 있다. 그러나 사실 정신 질환에 대처하는 것은 매우 느리고도 힘든 과정이다. 또 그 과정을 혼자 감당하면 이는 훨씬 더 길고도 어려워진다. 환자를 위한 강력한 지원 체계들, 예를 들어 치료에 필요한 시간과 에너지를 가진 가족들과 친구들, 의료 보험, 훈련된 의사와 치료 전문가들, 그리고 강력한 믿음이 구비될 때 치유 과정은 그만큼 빨라진다. 소위 "귀신"을 예수의 이름으로 쫓아 내버리는 것만으로는 충분하지 않을 때가 많다. 약물 처방이 중요한 역할을 차지할 때가 많다. 이 외에도 용납해주고 지원해주는 믿음의 공동체도 치유 과정에서는 매우 중요하다.

34절: 돼지를 치던 자들은 방금 일어난 사건을 목격하고 마을로 달려와서 동네 사람들에게 이 소식을 알렸다. 돼지 치던 자들은 이 사건에 놀라고 충격을 받았지만 돼지들이 몰살한 일 때문에 자신들이 비난받지 않기를 원했을 것이다. 이들은 분명 이 사건에 대해서 즐거워할 기분이 아니었다. 예수께서 이 남자에게 행한 일에 대해서 기뻐하고 감사할 기분과는 전혀 거리가 멀었다.

35절: 마을 사람들은 돼지 치던 자들이 말한 내용을 자기들 눈으로 직접 확인하러 왔다. 이들이 도착했을 때 이들의 눈앞에는 귀신들렸던 남자가 정신이 온전하여 옷을 바르게 차려 입고 예수의 발아래 앉아 있었다. "예수의 발아래 앉는다"는 구절은 제자도를 의미한다. 예수의 추종자가 되어서 그의 가르침과 교훈을 따르는 사람들에게 적용되는 표현이다. 이 남자는 현실과 올바른 사회 규범에 대한 판단 능력을 회복하였으며 그래서 의복을 올바로 입었다. 35절에는 또 "정신이 온전하여졌다"는 내용도 나온다. *sophronounta*(솝흐로노운타)라는 헬라어 단어는 "냉정하고 분명한 시각" 을 의미한다.[29]

이 남자의 회복에도 불구하고 마을 사람들은 두려운 생각이 들었다. 이들은 이 남자의 인생이 긍정적으로 뒤바뀐 것에 대하여 기뻐하거나 경외감으로 반응하지 않고 두려움에 빠졌다. 그들은 자신들이 목격하였지만 전혀 이해할 수 없는 사건에 대해서 두려운 생각이 들었다.

오늘날에도 두려움은 일반 사람들이 정신질환자들을 멀리하고 기피하는 한 가지 이유이다. 그런 두려움은 합리적인 근거가 없을 때가 많으며, "이상한" 행동이나 말과 같이 이해할 수 없는 것에 대한 반응이다. 사람들은 어떤 무주택 남자가 혼잣말을 하면서 거리를 배회하는 것을 보게 되거나 또는 어떤 여인이 제자리를 빙글빙글 돌거나 보이지 않는 물체를 찰싹 때리는 모습을 보게 되면 두려운 생각이 든다. 이런 두려움은 정확한 지식에 근거한 것이 아니라 그저 잘 알 수 없는 사람 때문에 또는 잘 알려지지 않은 사람 때문에 생기는 것뿐이다.

36절: "이것을 본 자들"이란 말은 이 남자가 어떻게 "치유"를 받았는지를 말한다. 여기에서 누가는 헬라어 단어 *sozo*를 사용하는데 이 단어는 마가에 의해서도 종종 사용되며 "구원받다"는 의미를 담고 있다.

37절: 누가에 따르면 거라사 지방의 모든 백성들이 "큰 두려움에 사로잡혀서" 예수께 떠나달라고 요청했다고 한다. 이 남자를 "사로잡아서" 비이성적인 행동을 하도록 이끈 것은 바로 귀신이었다. 그런데 이제 "두려움"이라 불리는 귀신이 모든 사람들을 사로잡아서 비이성적인 행동, 즉 예수를 쫓아내도록 이들을 자극하고 있다. 마을 사람들과 이 남자 사이에는 아무런 대화도 찾아볼 수 없고 이 남자에게 아무런 축하의 인사도 없다. 엄청난 공포가 이들을 사로잡아서 무지 속에서 예수께 떠나달라고 간청하고 있다. 동네 사람들의 두려움은 미신 때문일 수도 있다. 하지만 무슨 이유에서건 자기들 눈에 보인 이 권능은 자신들의 이해 범위를 완전히 넘는 사건이어서 이들은 그 내막을 알아보려고도 하지 않았다.

그 다음에 누가는 예수께서 사람들이 요청하는 대로 처신했음을 알려준다. 예수는 배에 올라 돌아가셨다. 하지만 이 이야기는 여기에서 끝나지 않고 이 남자와 예수의 마지막 대화를 하나 더 들려준다.

38절: 이 남자는 예수와 함께 지낼 수 있도록 허락해 달라고 간청하는데 아마도 이는 예수를 따라서 그의 제자가 되려는 뜻일 것이다. 당시에는 도움을 받은 사람은 도움을 베푼 사람이 의사나 치료자라면 그에게 의지하여 종속되는 사람이 되곤 하였다. 자신이 누구인지 그리고 무엇을 할 수 있고 또 무엇은 할 수 없는지에 대한 나름의 평가를 가지고 있는 예전의 공동체로 되돌아가는 것보다는, 치유 과정에서 병마와 투쟁했던 그를 용납해주고 믿어주며 그런 자신을 도와주고 이제 얼마나 나아졌는지를 잘 아는 사람들과 함께 지내는 것이 훨씬 나을 것이다. 그러나 예수는 이 남자가 자기와 함께 머물거나 물질적으로 자기에게 의존하도록 하지 않고 그를 본래 공동체 속으로 돌려보내면서 새로운 삶을 시작하도록 한다.

39절: 이 남자는 오랫동안 자기 집에서 살지 않았지만 그러나 예수는 "집으로 돌아가 하나님이 네게 어떻게 큰 일 행하신 것을 일일이 고하라"고 말씀하신다. 예수는 이 남자를 그가 본래 속했던 공동체로 되돌려 보내실 뿐만 아니라, 그에게 중요한 사명도 함께 위임한다. 이때 예수는 분명히 이 남자의 치유의 공적을 하나님께 돌리면서 이방인들도 하나님의 은혜와 사랑을 믿는 자들이 되기를 원했다. 그런데 이 남자는 예수의 명령대로 본래 살던 곳으로 돌아가서 온 도시 전역에 메시지를 선포했으나 하나님께서 자기에게 행한 것을 선포하지 않고 예수께서 자기에게 행한 것을 선포하였다. 이러한 변화를 통해서 누가는 하나님께서 예수 안에서 일하고 계신다는 자신의 믿음을 선포하고 있다.

kerysso(케륏소)라는 헬라어 단어는 "사도적인 설교에 대한 표준적인 동

사"이다.[30] 그동안 무덤에서 오랫동안 살았던 사람이 예수의 제자뿐만 아니라 설교자도 되었다. 그는 자기가 속한 민족을 위한 선교사이다. 지금으로부터 2천 년 전에 벌써 예수는 선교 사역 현장에서 원주민을 활용하는 것의 중요성을 잘 알고 있었다. 원주민이 쉽게 이해할 수 있는 방식으로 이들보다 더 잘 의사소통할 수 있는 사람이 누가 있겠는가? 하나님께서 예수를 통해서 베푸시는 은혜와 사랑을 직접 경험한 사람보다 누가 더 효과적으로 이들의 두려움을 무너뜨릴 수 있겠는가? 하지만 이 남자를 고향으로 돌려보낸 예수는 "내가 진실로 너희에게 이르노니 선지자가 고향에서 환영을 받는 자가 없느니라"고 말씀하시지 않았는가?(눅 4:24) 자기 고향 사람들에게 설교하는 것처럼 힘든 일도 없지만 이 남자는 예수의 명령과 책임을 수락하였으며 그렇게 새로운 인생을 다시 시작하였다.

(2) 전통적인 설교

이 본문은 여러 이미지들과 흥미로운 사건들로 가득 차 있기 때문에 그동안 교회 내에서 여러 방식으로 설교되어 왔다. 악을 이기는 예수의 권능은 분명 저자가 이 본문에서 강조하는 핵심 주제들 중의 하나이다. 그러나 정신 질환을 무조건 악과 동일시하는 것은 분명 잘못이다.

물론 외상후 스트레스 장애처럼 폭력적인 행동을 목격하거나 피해를 당한 것 때문에 초래되는 정신 질환도 있다. 이런 경우에는 정신 질환의 원인이 되는 폭행은 분명 악으로 비난받아 마땅하다. 하지만 뇌에 화학적인 불균형으로 인하여 야기되는 정신 질환도 있다. 또는 자기 몸이나 마음, 또는 자기 자신에게서 분리되거나 배신당한 것 같은 느낌에서 비롯되는 정신 질환도 있다. 정신 질환을 앓는 어떤 사람들 중에는 질병과 자신을 서로 분리시켜서 질병으로 말미암은 부정적인 파장 때문에 그 질병 자체를 "악한 것"으로 규정할 수 있는 경우도 있다. 그러나 상당수의 정신 질환 환자들에게는 질병과 자신을 서로 나누는 경계선이 희미하거나 그런 경계선마저 존재하지 않으며, 질병을 악하다고 규정하는 것은 곧 자신을 악하다고 규정하는 것이나 다름없는 경우도 많이 있다. 그래서 질병과 악을 기계적으로 동일시하지 않도록 주의해야 한다.

이 구절에 대해서 종종 설교하는 또 다른 일반적인 주제는 복음전도나 "집에서부터 시작되는 선교 사역"에 관한 것이다.[31] 어떤 설교자들은 마을 사람들이 예수가 빨리 동네를 떠나 주기를 원했음에도 불구하고, 예수는 이 내러티브의 "마지막 말씀"에서 이 남자를 다시 마을 사람들에게 돌려보냈다고 강조하기도 한다.[32] 하지만 오늘날 이런 메시지는 예수가 의도했던 동정과 사랑보다는 강압적이고 제국주의적인 메시지처럼 들려질 수 있다.

또 일부 설교자들은 귀신과 축귀의 필요성에 대해서 초점을 맞추기도 하고 또 일부는 귀신들림을 "죄의 굴레"와 결부시키는 경우도 있다.[33] 하지만 신약성경에서 귀신들림은 그 사람의 죄와 기계적으로 연결되지 않는다. 그보다는 귀신들림은 악한 영들의 부당하고 사악하며 즉흥적인 행동으로 여겨졌다.

또 다른 설교자들은 이 본문의 심리적인 측면을 강조하기도 한다. 이들은 인간이 처한 비참한 상황에 초점을 맞추고 "고난에는 치유와 구원이 뒤따를 것"이라고 역설하는가 하면, "인간의 비극을 정직하게 받아들이고 완전히 이해하려고 하기 보다는 여기서부터 '도망하려는 것'"이 더 쉽다는 식으로 설교하기도 한다.[34] 이런 메시지가 어떤 사람들에게는 틀린 말은 아니겠지만, 심각한 정신 질환을 앓는 사람들에게는 강력한 희망을 가져다주는 메시지가 되지 못할 뿐 아니라, 그 고통을 피하지 못하고 힘들게 투쟁하는 사람들을 은연중에 비난하는 말이 될 수 있다.

일부 학자들에 제기하는 정치적인 탄압의 주제도 이 본문을 설교하는 또 다른 흥미로운 방법이 될 수 있다. 외국 군대로부터 박해와 탄압을 경험한 나라나 문명은 이 본문의 역동성을 잘 이해할 수 있다. 미국에 사는 아프리카계 미국인들의 역사는 자기들을 사로잡아 속박한 외국의 "군대"로부터 박해받은 사람들의 이야기를 잘 말해 준다. 또 한국인들도 다른 나라에 의해서 고국이 점령되는 비극이 어떠한지를 잘 알고 있다. 한국 역사는 일본군

이 한국 여성 위안부들에게 자행한 잔학행위를 말해주고 있다. 이 본문에 등장하는 남자는 외부로부터 침입한 악으로부터 탄압받은 공동체와 그 공동체의 정체성에게 가한 끔찍한 손상을 나타내는 상징이다. 그리고 예수는 악한 귀신들을 돼지 떼 속으로 보내서 벼랑 끝으로 보내 바다에 빠져 죽게 한 주인공이다. 이런 메시지는 그동안 박해받은 많은 사람들에게 희망의 메시지이다. 하지만 이런 관점의 해석에서는 폭력과 전쟁이 정당화될 수 있는 때가 과연 언제인지에 대한 질문도 제기된다.

(3) 치유 설교

설교 메시지가 청중석에 앉아 있는 정신 질환자들에게 희망의 메시지와 치유의 접촉으로 들려지려면 어떻게 해야 할까? 자신의 생각과 행동, 그리고 심지어 정체성마저 다른 힘에 의해서 통제되고 있다는 느낌이 드는 것은 참으로 두려운 일이다. 정신 질환자들의 가족들도 그 사랑하는 이의 고통에 대해서 걱정하지만, 치료 과정에서 이들의 인격적이며 재정적인, 그리고 심리적인 자원도 함께 위축되었기 때문에 이들 역시 질병으로부터의 휴식이 필요하다. 이들의 삶에 더 많은 죄책감을 안겨주는 것은 전혀 도움이 되지도 않을 뿐더러 희망이나 치유의 메시지와도 무관하다.

복음서의 여러 치유 내러티브에서 공통적으로 발견되는 요소는, "인간적인 절망의 한계점"에 다다른 자들과 사회의 변방 경계선에 밀려난 자들에 대한 예수의 깊은 동정심과 아울러, 예수께서 어떻게 이들을 본래 속했던 가정과 공동체 내에서의 그들의 정당한 지위와 관계로 회복시키는가 하는 것이다.[35] 예수는 사회적으로 소외당한 자들과 집이 없이 방황하는 자들, 그리고 깊은 절망의 심연에 빠진 자들에게 다가가서 이들의 인격을 존중해주며 소속감을 회복시켜 준다.

우리 인생을 향한 하나님의 뜻은 우리가 한 "가족"에 속하여 의복을 갖추어 입고 올바른 정신을 가지고 살아가는 것이다. 예수는 무덤이나 이방 지역으로 나가는 것을 금하는 세상의 정결 규례와 사회적인 관습을 타파하셨다. 또 희망이 사라진 것처럼 보이는 남자에게도 다가가셨다. 그래서 이 남자가 자기 힘으로 인생을 다시 꾸려갈 수 있도록 하셨으며, 고향으로 돌려보내면서 그곳에 가서 복된 소식을 전하라는 책임도 함께 지워주셨다. 그 남자에게 책임을 지워주는 것은 예수의 입장에서는 그의 인격에 대한 강력한 존중의 표시이다. 이는 그 남자의 인생에 목적과 의미를 부여하는 것이다. 그는 본래 속해 있던 공동체로 돌아가서 무언가를 공헌할 수 있게 되었고, 다른 사람에게 전적으로 의존하기보다는 전체의 일부분으로서 서로 의지하고 돕는 상호의존적인 존재가 되었다. 이 과정은 정신 질환을 앓는 사람들을 위한 치유 과정에서도 매우 중요한 부분이다. 그 과정은 비록 더딜지라도 그들에게 적절한 책임을 부여해야 하며, 공동체 안에서는 일방적으로 도움을 주거나 받기만 하는 것이 아니라 모두가 다 상호의존적인 존재이기 때문에 환자라도 공동체 안에서 하나의 상호의존적인 존재로서 자기 인생의 올바른 의미를 발견하도록 해야 한다.

그런데 본문에 등장하는 이 남자는 자기 질병을 즉각 "고침 받았지만", 심각한 정신 질환을 앓는 사람들 대부분에게는 이런 경험이 일반적이지 않다는 점을 강조할 필요가 있다. 이 본문은 우리에게 매우 중요한 교훈 하나를 말하고 있다. 그것은 예수는 이 남자가 물리적으로 예수 곁에 계속 머무르는 것을 허락하지 않았다는 점이다. 예수는 이 남자를 자기가 속한 마을 사람들에게 일종의 선교사로 파송하였다. 예수의 제자가 된다는 의미는 우리가 속한 시대와 장소에서 예수를 위하여 희망과 치유의 손과 발과 메시지가 되어야 한다는 뜻이다. 예수 시대의 제자들처럼 오늘날 우리에게도, 마치 자신이 외부의 다른 힘에 의해서 통제받고 있다는 느낌 때문에 고통당하는 사람들을 돌보고 그들을 이해하며 그들과 의사소통을 나누는 임무가 우리에게 주어졌다. 우리는 이들을 돕고 치유하는 존재로 이들의 순례 과정에 함께 동참하는 것이다.

안수받은 목회자이든 또는 헌신적인 평신도이든 우리는 오늘날 정신과 의사들이나 일반 의사들이 예수를 대신하여 질병을 앓는 사람들을 돌보고 이들을 치유하는 데 필요한 것이 무엇인지를 올바로 이해하는 사람들이라는 사실을 인정할 필요가 있다. 하지만 그렇다고 해서 지역 교회는 전체 치유 과정을 의료 기관에 모두 일임해야 한다는 뜻은 결코 아니다. 강력한 믿음과 든든한 지원망을 갖춘 공동체가 정신 질환을 앓고 있는 사람들과 그 가족들에게 제공해야 할 것은 의료적인 도움 이외에도 많이 있다. 또 정신 질환을 앓는 사람들이 교회의 다양한 사역에 기여할 수 있는 것도 많이 있다. 그러나 온전한 치유와 참여가 일어나기 위해서는 교회와 사회는 자신들이 이해할 수 없는 일들이 벌어질 때 무언가에 "사로잡힌 것 같은 두려움"을 먼저 극복해야 한다. 두려움은 치유가 필요한 사람에게나 치유의 손길을 베풀어야 하는 사람들 모두에게 치유를 방해하는 가장 큰 장애물이다. 이 본문에서 마을 사람들을 비이성적으로 행동하여 예수를 쫓아 보내도록 자극한 것도 두려움이었다. 예수는 사납게 날뛰는 폭풍우와 맹렬하게 날뛰는 바다와 이 남자를 사로잡아 그 행동을 제 멋대로 다스린 "군대"를 모두 통제하고 다스렸지만, 마을 사람들을 사로잡은 두려움은 그냥 내버려 두셨다. 우리는 정신 질환을 앓는 사람들의 삶 속에 치유의 손길로 함께 하고자 하면 우리에게는 비이성적인 두려움이 없는지를 확인하고 이 두려움부터 먼저 극복해야 한다.

| 제8장 |

치유 설교학

이 책의 마지막 장에 이른 시점에서, 성서일과에 따라 설교하는 설교자라면 앞에서 살펴보았던 복음서의 치유 내러티브들 중의 하나를 설교해야 하는 주일이면 이 본문을 피하고 그 대신 다른 구약성경이나 서신서를 선택할까 고민하면서 약간 당황스러운 느낌이 들 수도 있다. 하지만 실망하지 말라. 장애를 가진 사람들에게 힘이 되고 치유가 되는 방식으로 이런 본문들을 설교하기 위해 노력하다보면 어느덧 우리는 교회 안과 밖의 사회 속에서 장애인들과 환자들을 환영하고 존중하는 태도를 형성하는 데 공헌할 수 있다.

그렇다면 이런 본문들을 정직하게 다루면서도 오늘날 장애를 가지고 살아가는 사람들을 억압하지 않는 방식으로 설교를 준비하려면 어떻게 해야 할까? 복음서의 치유 내러티브에 묘사된 것과 비슷한 질병을 앓는 사람들에게 도움이 되고 치유가 되는 방식으로 오늘날 이런 본문을 설교한다는 것은 무슨 뜻일까? 이 책에서 나는 이런 본문에 대한 설교는 반드시 장애를 앓는 사람들만을 대상으로 선포되어야 한다고 주장하는가? 결코 그렇지 않다. 그러면 나는 이런 본문들에 대한 설교를 준비할 때 설교자들은 이 본문에 언급된 질병과 유사한 질병을 앓는 사람들의 경험과 현실을 세심하게 고려해야 한다는 점을 주장하는가? 절대적으로 그렇다. 설교자가 만일 그렇게 하지 않으면 예수께서 치유하시고 하나님의 가족 안으로 기꺼이 맞이하였던 바로 그 사람들은 오늘날 믿음의 공동체로부터 배척당하고 추방당할 수밖에 없을 것이다.

오늘날 장애를 가진 사람들이 직면하여 살아가는 현실은 목회자들로 하여금 장애와 고난에 대한 분명한 신학적 입장을 제시할 것을 요청하고 있다. 장애를 가진 사람들은 축복을 받은 것인가 아니면 저주를 받은 것인가? 이들은 천사인가 악마인가? 그들의 삶 속에서 과연 하나님의 역할은 무엇일까? "왜 이런 일이 나에게 일어났습니까?"라고 묻는 사람들에게 우리는 뭐라고 답해주어야 할까? 어떤 신학적 견해를 가지고 있는가 하는 신학적 지향점은 치유 내러티브를 설교할 때 그대로 영향을 미친다. 설교자는 자신의 신학적 입장에 대해서 분명하게 이해하고 있어야 한다. 그래야만 설교자는 자기도 믿지 않는 내용을 설교하는 실수를 범하지 않는다.

복음서의 치유 내러티브에 대한 문자적 해석은, 종종 명시적으로든 아니면 암시적으로든 장애나 불구는 그 환자 본인의 죄 때문이거나 믿음의 부족 때문이라는 편협한 메시지를 전달할 수 있다. 그러나 이런 본문을 좀 더 자세히 살펴보면 예수께서 병자를 치유하기 이전에 선행조건으로 믿음을 요구하지 않은 경우도 많으며, 요한복음 9장은 장애의 원인이 죄 때문이라는 입장을 단호히 부정하고 있다. 이런 본문에 대한 은유적 해석은 문자적 해석에 비하여 그 접근 방식이나 해석의 저변에 깔린 신학적 입장도 분명 다르지만 문자적 해석과 동일한 결과를 가져오는 경우가 많다. "하나님의 음성에 귀가 먹었다"거나 "하나님의 뜻에 대해서 눈이 멀어 보지 못한다"는 식으로 신체적인 장애를 은유적으로 표현하는 어투도 은연중에 그러한 장애를 실제로 갖고 살아가는 사람들을 믿음이 부족하다거나 하나님과의 관계가 끊어졌다거나 또는 죄인과 동일시하는 것과 다름없다. 그래서 복음서의 치유 내러티브에 대한 편협한 문자적 해석이나 은유적인 해석은, 하나님에 대한 믿음을 더욱 북돋아주기 보다는 믿음의 여정에 오히려 장애물을 설치하는 결과를 가져올 수 있다. 그 믿음은 사실 장애를 안고 살을 꾸려가는 사람들에게는 매우 중요한 원동력이다. 간질을 앓는 젊은 청년은 귀신들렸다는 말을 들어서는 안 된다. 그에게 필요한 것은 하나님께서 그에게 조금도 굴하지 않는 불굴의 정신력을 허락하셨음을 깨달을 수 있도록 격려하는 일이다.

오늘날 전 세계에는 여러 가지 다양한 신체적 및 정신적 장애를 가지고 살아가는 사람들이 수도 없이 많이 있다. 여러 질병과 심리적인 질환은 **치료**가 가능하지만 그러나 복음서에 등장하는 장애 중에 오늘날 즉각적으로 **치료**될 수 있는 경우는 그리 많지 않다. 그렇다고 해서 이런 장애를 가지고 살아가는 사람들에게 **치유**가 전혀 가능하지 않다는 뜻은 아니다. 우리가 명심해야 할 점은 **치료**와 **치유**의 차이를 염두에 두어야 한다는 것과 그래서 두 단어를 같은 의미로 쓰지는 말아야 한다는 점이다. **치료**는 거의 대부분이 치유를 의미하지만 그 반대는 사실이 아니다. **치유**는 **치료**를 뜻하지 않을 때도 있다는 말이다. 치유되었다고 해서 반드시 치료가 된 것은 아니다. 치유는 한 사람의 인생에 여러 측면에서 매우 다양한 방식으로 일어난다. 신체적인 청각장애나 시각장애, 중풍 마비, 한센병, 그리고 정신 질환을 앓는 환자의 삶에도 다양한 의학적 처방과 기술적인 수단을 통해서 그리고 특정 질병에 잘 대처할 수 있도록 안내를 받음으로써 적절한 치유가 일어날 수 있다. 또 사랑하는 사람이 함께 있어 줌으로써도 치유가 일어날 수 있다.

오늘날 주류 개신교의 여러 교회 안에서 치유 예배가 강조되면서 이 예배에서 복음서의 치유 기사들이 설교에 자주 활용되기 때문에 이 점에 대해서 잠깐 논의하고자 한다. 치유 예배가 여러 사람들에게 매우 중요한 역할을 차지하고 있지만 이 예배나 설교의 강조점이 **치유**보다는 **치료**에 집중되면 잘 낫지 않고 불치의 질병을 앓고 있는 사람들에게는 그 예배가 매우 부담스러울 수밖에 없다. 그렇다고 기도의 능력이나 기적의 가능성을 부인하는 뜻은 아니지만, 시각장애인이나 청각장애인, 또는 지체장애인들을 위한 (치료만을 강조하는) 치유 예배는 현재 있는 모습 그대로는 용납할 수 없다는 뜻을 암시한다. 즉 이들에게는 무언가 잘못된 것이 있거나 그들의 형편이나 모습에는 무언가 "악하거나" "불운한 것"이 있다는 것과, 오직 육체적으로 "온전한 사람"만이 거룩한 장소에 용납될 수 있다는 암시를 준다. 그러나 공동체 내에서나 삶 속에서 중요한 사람들과의 깨어진 관계나 소외로부터의 **치유**에 집중하는 치유 예배는 이들에게 매우 중요한 전환점을 제공할 수 있다. 예배 참여자의 자존감을 회복시키며 문제에 대처할 수 있는 내적인 능력을 강화하는 예배야말로 이들에게는 진정한 **치유**의 예배이다.

성경의 치유 기사들을 설교하고자 할 때 우리가 물어야 할 질문은 "오늘날 장애를 가진 사람들에게 필요한 치유는 정작 무엇인가?"이다. 이는 설교학적인 질문일 뿐만 아니라 목회상담의 문제이며 어느 정도는 신학적인 난제이기도 하다.

대체적으로 말해서 치유가 절실히 필요한 부분은 육체적인 장애 자체가 아니다. "누군가 나를 고쳐줬다면 좋았겠지만 지금은 필요없다"는 말은 영구적인 장애를 가진 많은 사람들이 생각하는 입장을 잘 말해 준다. 육체적인 장애 때문에 뒤따르는 여러 제약을 안고 살지 않았더라면 더 좋았겠지만, 이들을 더 힘들게 하는 것은 육체적인 장애 자체가 아니라 이들을 짓누르는 사회적인 고립과 차별이다. 이들 대부분은 제한된 에너지와 재정을 치료에 쏟아 붓는 것보다는 공동체 안에서 의미 있는 상호의존의 인간관계를 계발시키면서 살아가려고 할 것이다. 그래서 설교를 통해서 장애를 가진 환자들을 공동체 내에서 소외시키기 보다는 이들 사이에 화해와 치유의 관계를 촉진시키고자 한다면, 좀 더 새롭고 치유적인 설교를 발전시켜야 한다. 그 출발점에서 나는 다음 다섯 가지를 제안하고자 한다.

1. 치유에 관한 본문을 설교할 때 청중과 죄의 연관성을 설교할 수 있지만 되도록이면 신체적인 질병을 죄와 직접 결부시켜서 표현하지 않도록 주의해야 한다. 예를 들어 하나님의 뜻에 대하여 눈이 멀고, 귀가 먹었으며, 말하지 못한다거나, 지체가 마비되었다고 표현하는 대신에 "우리는 예수가 누

구인지를 이해하지 못한다"거나 "우리를 향한 하나님의 뜻을 무시한다"거나 "이 세상 속에 임재하시는 하나님의 현존을 증언하지 않는다"거나 "우리는 하나님 편에 서서 행동하기를 거부한다"는 식으로 표현하는 것이다. 최근에 소개되는 설교학 도서들 중에는 은유에는 그 의미가 매우 풍부하다는 이유로 은유적 표현을 강조하는 경향이 있다. 하지만 이런 표현으로 정작 피해를 보는 사람들은 누구일까? **검정색**과 **흰색**을 은유적인 입장에서 사용하는 것(**검정색**은 악하고 **흰색**은 순결하다)이 결국 흑인들에 대하여 부정적인 태도를 조장할 우려가 있다는 사실을 잘 알고 있다. 이와 마찬가지로 **소경**이나 **귀머거리**처럼 신체적인 장애를 비하하는 표현을 사용하여 죄를 표현하면, 공동체 내에 그런 장애를 안고 살아가는 사람들에 대하여 부정적인 태도가 형성될 우려가 있다. 따라서 강단에서는 신체적인 장애의 특성을 부정적이고 "악한" 행동과 문자적으로 동일시하지 않도록 주의해야 한다.

2. 성경의 치유 기사를 설교할 때 신체적인 장애의 특징을 직접 언급하지 않으면서 설교할 수 있는 방법은, 본문에 등장하는 환자가 처한 역사적 및 공동체적인 정황을 자세히 살펴보는 것이다. 본문에 등장하는 환자들 대부분은 이들이 저지른 어떤 악한 행동 때문이 아니라 자신들이 처한 사회적인 위치와 지위 때문에 당시의 공동체로부터 차별당하고 있다. 그래서 성경 본문에 등장하는 인물들을 오늘의 상황으로 가져오려면 본문 앞에서 이런 질문들을 던져보는 것이 중요하다. 오늘날과 같이 다원적이고 다문화적인 사회에서 "우리가 어떤 행동 때문이 아니라 우리 자신의 본래 모습과 존재 때문에 공동체로부터 차별을 당하고 소외된 적은 언제인가?", "타인에 대한 막연한 두려움 때문에 이들과 가까이 지내기를 거부하고 이들을 차별시키고 소외시킨 적은 없는가?"

3. 복음서의 치유 기사들을 접한 1세기의 청중과 독자들이 느꼈을 충격적인 사실은, 예수께서는 당시의 문화적이고 종교적인 장벽을 거리낌 없이 뛰어넘으셨다는 사실이다. 나병 환자를 만지시면서 예수는 당시의 정결 규례를 파기하셨다. 이로써 예수는 제의적으로는 스스로 부정한 자가 되었지만,

그 덕분에 나병 환자는 더는 사회로부터 소외받지 않고 본래의 가족과 공동체로 돌아갈 수 있었다. 12년간 혈루증을 앓던 여인에 관한 본문에서 예수는 가던 길을 멈추고 그 여인이 자기 겉옷에 손을 댄 것을 알아챘다. 당시 여자들은 공적인 장소에서 남자가 동행해야만 했었는데도 불구하고 이 여인은 공공장소에 혼자 나타났으며 게다가 접촉하는 모든 것이 다 부정해지기 때문에 스스로 "부정하다"고 소리치면서 주위 사람들과 거리를 유지해야만 했다. 그럼에도 불구하고 이 여인이 겉옷을 만졌을 때 예수는 길을 멈추고 이 여인의 행동을 인정해 주고 또 "딸"이라고 부르며 받아주었다.

  오늘날 우리 사회에는 명문화된 정결 규례 같은 것은 더는 존재하지 않겠지만, 교회나 사회 속에는 아직도 누구는 받아들일 수 있고 또 누구는 받아들일 수 없는지에 대한 암묵적이며 불문율의 정결 규례가 분명 존재한다. 보통 이런 장벽들은 경제적이고 인종적인 차이를 따라서 형성되거나 또는 거룩한 곳에서는 무엇이 용납되고 무엇이 용납될 수 없는지에 대한 몇몇 사람들의 생각에 따라서 만들어지기도 한다. 집이 없이 떠도는 사람들이나 정신 질환 때문에 행동이 달라 보이는 사람들, 또는 신체적인 외모가 마음에 들지 않아 보이는 사람들 모두가 우리가 정해 놓은 정결 규례에 의해서 차별당하고 소외당하고 있다. 우리 교회 안에는 어떤 불문율의 정결 규례가 구성원들에게 영향을 미치고 있는가? 우리 공동체 내에는 부정한 자라고 간주되는 자들을 배제시키기 위하여 어떤 장벽을 설치해 두고 있는가?

  4. 성경의 치유 기사를 설교할 때 그 본문에 등장하는 환자들과 장애인들의 행동도 함께 강조되어야 한다. 예를 들어 바디매오나 혈루증을 앓는 여인이나 나병 환자, 그리고 수로보니게 여인 모두는 사회에서 소외된 약자로서 수동적인 입장에 있을 수밖에 없었고 사람들의 시야에도 잘 보이지 않았으며 사회적인 관심의 대상도 되지 못했기에 자기 문제를 자기 손으로 직접 해결할 수밖에 없었다. 이들은 모두가 대담했고 능동적이었으며 행복으로 가는 길에서 직접 주도권을 행사하였다. 군중들은 조용히 하라고 윽박질렀지만 바디매오는 더욱 소리를 높였다. 예수께서도 "자녀로 먼저 배불리 먹

게 할지니 자녀의 떡을 취하여 개들에게 던짐이 마땅치 아니하니라"고 말씀하시면서 수로보니게 여인의 요청을 묵살하려고 하였다. 하지만 끈질긴 인내와 담대함 덕분에 이들은 결국 치유로 보답을 받았다. 그러면 사회적인 약자들은 주도권을 행사하지 않고 그저 가만히 침묵해 주기를 바라는 분위기 속에서 우리는 설교자로서 이들이 더 나은 행복을 찾아갈 수 있도록 어떻게 도와 줄 수 있을까?

5. 성경의 치유 내러티브를 올바로 설교하는 또 다른 방법은 본문에서 군중들의 반응에 집중하는 것이다. 경련을 일으키는 소년에 관한 본문에서 군중들은 주변에 모여 그저 멍하니 바라보고만 있었다. 일부는 왜 제자들은 이 소년을 고치지 못하는지 궁금해 하거나, 다른 이들은 소년의 유별난 행동에 깜짝 놀라 서 있거나, 또 다른 이들은 마지막에 가서 예수의 능력에 그저 놀랄 뿐이었다. 또 무덤에서 살던 남자에 관한 이야기에서 군중들은 예수의 행한 일 때문에 "군대"라는 두려움에 사로잡혀서 결국 예수더러 그곳을 떠나달라고 요청하였다.

바디매오 주변에 있던 군중들은 바디매오에게 조용히 하라고 윽박질렀으며 가만히 앉아서 얌전한 시각장애인 거지처럼 행동해 주기만을 원했다. 하지만 이러한 군중들의 태도도 한 명의 존경받는 지도자에 의해서 일순간 뒤바뀐다. 바로 예수가 가던 길을 멈추고 바디매오를 부르자 군중들의 태도 역시 일순간 뒤바뀐다. 교회의 지도자로서 우리는 우리와 다른 이상한 사람들이나 익숙지 않은 사람들에 대해서 어떻게 반응하고 있는가? 이들을 두려움으로 바라보는가? "소리쳐 쫓아버리려고" 하지 않는가? 우리와 다른 자들을 그저 잠잠하게 하려고 애쓰고 있지는 않는가? 우리보다 덜 중요하다고 생각되는 이들에 대해서 사람들의 시선과 관심으로부터 떨어지도록 하고 그들이 수동적으로 머물러 주기만을 바라고 있지는 않는가? 아니면 그저 호기심 많은 구경꾼으로만 서 있지는 않는가? 가던 길을 멈추고 서서 사회적인 약자들에 대하여 기꺼이 관심을 쏟고 존중해 주려는 지도자들은 오늘날 어디에 있는가?

기도와 연구를 통해서 성경의 치유 기사들을 설교할 수 있는 더 많은 가능성을 발견할 수 있을 것이다. 이 책에서 나는 무슨 이유에서건 하나님께서 질병과 장애를 가져다 주셨다는 입장을 부인하는 신학적 견해를 제시하려고 하였다. 내 자신의 장애나 혹은 다른 누구의 장애든 나는 그것이 하나님의 뜻이라고 믿지는 않는다. 하지만 나는 우리가 가는 길에 그 어떤 시련이 닥치든지 하나님은 이것을 잘 감당할 수 있는 힘과 은혜와 사랑을 우리에게 불어넣어 주신다고 분명히 믿는다. 하나님은 삶 속에서 매순간 우리 각자가 행복한 삶을 살기를 바라신다. 이와 동시에 우리 모두는 서로에 대해서 그리고 이 자연에 대해서 상호 의존적인 관계를 맺고 있다. 우리가 영원한 사랑과 돌보시는 은혜로 우리를 보호하시는 하나님에게 의존하는 것과 마찬가지로, 하나님 역시 세상을 치유하는 대리인의 자격을 우리에게 위임하셨다.

나는 이 책의 서두에서 시그라는 한 청년의 불행한 죽음에 관한 이야기를 소개하였다. 이제 또 다른 이야기로 이 책을 마치고자 한다.

> 작은 소녀가 학교에서 늦게 집으로 돌아오고 있었다. 저녁때가 가까워오자 그녀의 엄마는 점점 더 걱정이 되었다. 소녀가 드디어 집에 도착하자 엄마가 물었다. "그동안 어디에 있었니? 너 때문에 얼마나 걱정했는지 아니?" 작은 소녀가 대답했다. "집에 거의 다 왔는데, 길에 앉아서 울고 있는 수지를 만났어요. 그 아이 인형이 망가졌어요." 그러자 엄마가 다시 물었다. "오, 저런! 그래서 네가 그 인형을 고쳐주었구나?" 그러자 이 작은 소녀는 이렇게 대답했다. "아니요. 길에 앉아서 나도 수지랑 같이 울어주었어요."[1]

우리가 삶 속에서 시련을 만날 때면 하나님께서는 우리 곁에 앉아서 우리와 함께 울어주신다. 성경의 치유 본문에 대한 우리의 설교를 통해서 상처 난 이 세상에서 장애를 안고 살아가는 사람들과 시련을 당한 사람들의 삶에 하나님의 치유하시는 은혜가 선포되고 치유의 손길이 임할 수 있기를 바란다.

미주

서론

1) 최근에 페미니스트 공동체들의 자극을 계기로 치유 예배에 변화가 일어나고 있다. 이혼이나 유산(流産), 유방암, 또는 폐경기를 겪는 다양한 계층의 여성들을 위한 치유 예배도 계발되고 있다. 그리고 이러한 유형의 치유 예배는 이제 주류 교회 속으로 점차 파급되고 있다.

제1장 치유와 신정론

1) Nancy Eielsland, *The Disabled God* (Nashville: Abingdon, 1994)를 참고하라. 여기에서 Eielsland는 이 주제를 심층적으로 다루고 있다. 그녀는 "장애(혹은 불구)는 축복의 의미로든 저주의 의미로든 하나님과의 이상한 관계를 암시한다"(70).
2) David A. Pailin, *A Gentle Touch* (London: Society for Promoting Christian Knowledge, 1992), 71.

제2장 해석의 위험

1) John J. Pilch, "Understanding Healing in the Social World of Early Christianity", *Biblical Theology Bulletin* 22, no. 1 (Spring 1992): 27-30.
2) Ibid., 28.
3) John J. Pilch, "Healing in Mark: A Social Science Analysis", *Biblical*

Theology Bulletin 11, no. 4 (Oct, 1981): 143.

4) Ibid.

5) Ibid.

6) John J. Pilch, "The Health Care System in Matthew: A Social Science Analysis", *Biblical Theology Bulletin* 16, no. 3 (July 1986): 102.

7) 정결 규례에 대한 좀 더 자세한 내용은 6장을 참고하라.

8) John J. Pilch, "Sickness and Healing in Luke-Acts", in *The Social World of Luke-Acts,* ed. Jerome Neyrey (Peabody, Mass: Hendrikson, 1991), 206.

9) Pilcy, "Healing in Mark: A Social Science Analysis," 143, paraphrasing Arthur Kleinman, *Patients and Healers in the Context of Culture* (Berkeley: UCLA Press, 1980), 82.

10) Pilch, "Sickness and Healing in Luke-Acts," 207.

11) See Reginald H. Fuller, *Interpreting the Miracles* (Philadelphia: Westminster, 1963), 125.

12) 아프리카계 미국인들은 이와 비슷한 문제점의 하나로 "흰색"과 "검정색"을 은유적인 의미로 사용하는 문제점을 지적한다. "검정색"은 부정적이고 사악하고 비난받을 만한 요소들을 은유적으로 표현하는데 사용되는 반면에 "흰색"은 순결과 선을 의미하는 데 배타적으로 사용된다는 것이다. 언어를 사용하는 것은 상징적인 행동이다. 그래서 특정한 사람들에 대한 언어와 상징이 항상 부정적인 입장으로 사용되면, 예를 들어 시각장애나 검은 피부를 자기 정체성의 핵심적인 요소로 갖고 있는 사람들에 대한 기존 사회의 태도와 입장 역시 부정적인 방향으로 형성되기 쉽다는 것이다. 이런 이유로 최근에 페미니스트 그리스도인들 사이에는 성차별적이지 않고 포괄적인 언어 구사를 위한 운동이 전개되고 있다.

13) Halford E. Luccock, exposition to "The Gospel According to St.

Mark," in *The Interpreter's Bible* (Nashville: Abingdon, 1951), 7:820.
14) Eduart Schweizer, *The Good News According to Mark* (Atlanta: John Knox, 1977), 58.
15) Luccock, exposition to "Mark," 757.

제3장 시각장애

1) See Raymond E. Brown, *The Anchor Bible: The Gospel According to John (i-xii)* (Garden City, N. Y.: Doubleday, 1966), 378.
2) Marian Soards, Thomas Dozeman, and Kendall McCabe, *Preaching the Revised Common Lectionary: Year A - Lent/Easter* (Nashville: Abingdon, 1992), 69.
3) Reginald H. Fuller, *Preaching the New Lectionary* (Collegeville, Minn.: Liturgical Press, 1971), 158.
4) See J. Louis Martyn, *History and Theology in the Fourth* Gospel, rev. ed. (Nashville: Abingdon, 1979), 24-36.
5) Brown, *John*, 379.
6) Soard, Dozeman, and McCabe, *Preaching the Revised Common Lectionary: Year A - Lent/Easter*, 70.
7) Arthur John Gossip, exposition to "The Gospel According to St. John," in *The Interpreter's Bible* (Nashville: Abingdon, 1952), 8:613.
8) Ibid., 612.
9) Robert M. Price, "Illness Theodicies in the New Testament," *Journal of Religion and Health* 25, no. 4 (winter 1986): 314.
10) Gossip, exposition to "John," 8:614.
11) Brown, *John*, 380.
12) Fuller, *Preaching the New Lectionary*, 159.
13) See Brown, *John*, 380.
14) Ibid., 375.

15) William Barclay, *The Gospel of John*, rev. ed. (Philadelphia: Westminster, 1975), 2:50.

16) F. B. Craddock, et al., *Preaching the New Common Lectionary: Year A – Lent, Holy Week, Easter* (Nashville, Abingdon, 1986), 60.

17) Gossip, exposition to "John," 8:612.

18) Brown, *John*, 380.

19) Ibid., 381.

20) Paul Achtemeier, "And He Fellowed Him: Miracles and Discipleship in Mark 10:46–52," *Semeia* 11 (1978):122.

21) Antoinette Clark Wire, "The Structure of the Gospel Miracle Stories and Their Tellers," *Semeia* 11(1978): 84.

22) Ibid., 100.

23) Reginald H. Fuller, *Interpreting the Miracles* (Philadelphia: Westminster, 1963), 35.

24) 일부 학자들은 바디매오의 치유 사건이 사실은 예수와 제자들이 유월절이 아니라 장막절을 지키러 예루살렘으로 가는 도중에 일어났다고 믿기도 한다. Fred Craddock and Leander Keck, *Proclamation: Pentecost 3 – Series B* (Philadelphia: Fortress, 1976), 26.

25) Achtemeier, "And He Followed Him," 128.

26) Fuller, *Preaching the New Lectionary*.

27) Perry H. Biddle, *Preaching the Lectionary: A Workbook for Year B* (Louisville, Ky.: Westminster/John Knox, 1990), 313.

28) Halford E. Luccock, exposition to "The Gospel According to St. Mark," in *The Interpreter's Bible* (Nashville: Abingdon, 1951), 7:820.

29) Ched Myers, *Binding the Strong Man: A Political Reading of Mark's Story of Jesus* (Maryknoll, N.Y.: Orbis, 1988), 282.

30) Achtemeier, "And He Followed Him," 120.

31) Wire, "Structure," 101.
32) Craddock and Keck, *Proclamation: Pentecost 3 - Series B*, 23.
33) Achtemeier, "And He Followed Him," 134.
34) Earl S. Johnson, "Mark 10:46-52: Blind Bartimaeus," *Catholic Biblical Quarterly* 40 (1978): 201.
35) K. C. Hanson, *Proclamation 4: Series B, Pentecost 3* (Minneapolis: Augsburg Fortress, 1991), 35.
36) Fuller, *Preaching the New Lectionary*, 441.
37) Craddock and Keck, *Proclamation: Pentecost 3 - Series B*, 24.
38) Biddle, *Preaching the Lectionary: A Workbook for Year B*, 314.
39) Craddock and Keck, *Proclamation: Pentecost 3 - Series B*, 24.
40) Myers, *Binding the Strong Man*, 282.
41) William Barclay, *The Gospel of Mark*, rev. ed. (Philadelphia: Westminster, 1975), 261.
42) Johnson, "Mark 10:46-52: Blind Bartimaeus," 201.

제4장 청각장애와 청력상실

1) 경련을 일으키는 소년에 대한 마가복음의 기록(막 9:17ff)(9:17ff)은 더러운 귀신 때문에 이 소년은 말할 수도 없었고 들을 수도 없었음을 암시한다. 하지만 무의식적인 상태는 강직-간대 발작(tonic-clonic seizures, 정신을 잃은 상태에서 전신이 굳어지거나 사지가 힘이 들어 갔다가 풀렸다가 하는 모양이 반복되며 대발작이라고도 한다-역주)의 한 증세이며 따라서 이 소년은 반응이 느릴 수밖에 없었다. 이 무의식상태는 이 소년이 문자 그대로 청각 장애나 언어장애였다는 뜻은 아니다.
2) 일반적으로 장애를 가진 대부분의 사람들은 장애 여부와 관계없이 먼저는 한 인간으로서 다른 사람들과 차별 없이 동등하게 인정받기를 원한다. 하지만 '청각장애인의 문화'에서는 약간 다르다. 청각장애인 문화에 속한 사람들은 자신들을 장애를 가진 사람보다는 언어적 및 문화적 소수계층의 한

일원으로 여기는 쪽을 더 선호한다. 이들은 나름대로 자신들의 문화와 언어, 그리고 정체성에 대해서 자부심을 느끼고 있다. 또 "청각장애인"(혹은 농아, 聾啞, the deaf)이나 "농아인"(deaf person)이란 용어는 이들의 공동체 내에서 매우 보편적인 용어이기 때문에 본인도 이 책에서 이런 용어를 그대로 사용할 것이다.

3) 청각장애인 공동체는 청력상실이 경증에서부터 중증까지 다양한 수준의 청각상실자들로 구성되어 있으며 수화나 구화를 포함한 다양한 방식의 의사소통을 사용한다. 다양한 유형의 청각장애인들로 구성된 이 커다란 공동체 내에는 자신들을 소위 "청각장애인 문화"의 일부분으로 여기는 사람들이 많이 있다. 이들은 보통 청각장애인 부모에게서 태어났으며 이들이 처음 배운 언어도 미국식 수화(American Sign Language)이고 청각장애인 문화에서 존중하는 가치와 세계관에 따라서 양육되었다. 이 집단에 속한 사람들과 후천적으로 청력상실을 앓는 사람들을 서로 구분하기 위하여 대문자 D로 시작되는 "청각장애인 문화"(the Deaf Culture)는 선천성 청각장애인들을 가리키는 용어로 사용되며 소문자 d로 시작되는 용어는 다양한 수준의 언어와 의사소통 방식, 및 문화적 관심사를 가진 청각장애인 공동체(the deaf community)를 가리키는 용어로 사용된다. "청각장애인 문화"(the Deaf Culture)와 "청각장애인 공동체"(the deaf community)에 대한 좀 더 자세한 논의를 위해서는 다음을 참고하라. Paddon and Tom Humphries, *Deaf in American: Voices from a Culture* (Cambridge, Mass.: Harvard University Press, 1988).

4) 이번 장에서 나는 보편적인 구어체 언어의 한 사례로 "영어"를 사용하고자 한다. 구화(oralism)는 스페인어나 한국어 통가어나 그 밖의 전 세계의 어떤 구어체 언어에도 그대로 적용될 수 있다. 그리고 미국에 속한 청각장애인 공동체의 토착 언어로서 미국식 수화(American Sign Language)가 사용되는 것과 마찬가지로, 각각의 나라에서는 그 나라만의 고유한 수화를 사용하고 있다.

5) Reginald H. Fuller, *Interpreting the Miracles* (Philadelphia:

Westminster, 1963), 55.
6) Ibid., 34.
7) Ibid., 423.
8) William Hendrickson, *New Testament Commentary: Exposition on the Gospel According to Mark* (Grand Rapids, Mich.: Baker Book House, 1975). See also Perry H. Biddle, *Preaching the Lectionary: A Workbook for Year B* (Louisville, Ky.: Westminster/John Knox, 1990).
9) Harlan Lane, *When the Mind Hears: A History of the Deaf* (New York: Random House, 1984), 393.
10) Ibid., 392-94.
11) William Yount, *Be Opened* (Nashville: Broadman, 1976).
12) William Barklay, *The Gospel of Mark*, rev. ed. (Philadelphia: Westminster, 1975), 181.
13) Eduard Schweizer, *The Good News According to Mark* (Atlanta: John Knox, 1977), 154.
14) Barclay, *The Gospel of Mark*, 181.
15) Ched Myers, *Binding the Strong Man* (Maryknoll, N.Y.: Orbis, 1988), 205.
16) Ibid.
17) John Killinger, *Day By Day with Jesus: 365 Meditations on the Gospels* (Nashville: Abingdon, 1994), 136.
18) Ibid.
19) Perry H. Biddle, *Preaching the Lectionary: A Workbook for Year B* (Louisville, Ky.: Westsminster/ John Knox, 1990), 277.
20) 이 남자의 청각장애가 귀신들림 때문이라는 믿음은 본문에 근거를 두고 있다. 일부 학자들은 35절에 "혀의 맺힌 것이 곧 풀려"라는 구절은 "원래는 귀신들림과 속박에 대한 입장을 암시하는 표현"이라고 믿는다.

Schweizer, *The Good News According to Mark*, 154. 이 해석에 따르면 이 남자의 치료는 축귀가 아니라 치유로 간주되어야 한다. Fuller, *Interpreting the Miracles*, 423.
21) Leslie C. Mitton, *The Gospel According to St. Mark* (London: Epworth, 1957), 59.
22) Eduard Riegert and Richard H. Hiers, *Proclamation: Pentecost 2 – Series B* (Philadelphia: Fortress, 1975), 37.
23) Biddle, *Preaching the Lectionary: A Workbook for Year B*, 278.
24) Mitton, *The Gospel According to St. Mark*, 58.
25) Henry Wilson Steward, *The Speaking God: Luther's Theology of Preaching* (Ann Arbor, Mich.: University Microfilms International, 1977), 121.
26) J. C. Amman, *Dissertatio de Loquelo* (Amsterdam: J. Wolters, 1700). English translation: *A Dissertation on Speech* (1873; reprint, Amsterdam: North Holland, 1965). Quoted in Lane, *When the Mind Hears*, 101.
27) Fred Craddock, *As One Without Authority: Essays on Inductive Preaching* (Nashville: Abingdon, 1979), 31.
28) David G. Buttrick, *Homiletical Moves and Structures* (Philadelphia: Fortress, 1987), 211.
29) Walter Brueggemann, *Finally Comes the Poet: Daring Speech for Proclamation* (Minneapolis: Fortress, 1989), 49.
30) Biddle, *Preaching the Lectionary: A Workbook for Year B*, 278.
31) 설교가 구어(口語)와 청각(聽覺)을 지나치게 강조하는 현상에 대한 좀 더 자세한 논의는 다음을 참고하라. Kathleen Black, "Beyond the Spoken Word," *Quarterly Review* (Fall, 1994): 279-93.
32) Riegert and Hiers, *Proclamation: Pentecost 2 – Series B*, 40.
33) Halford E. Luccock, exposition to "The Gospel According to St.

Mark," in *The Interpreter's Bible* (Nashville: Abingdon, 1951), 7:756-757.
34) Ibid., 757.

제5장 중풍병

1) 일부 학자들은 중풍병자의 치유를 묘사하는 또 다른 본문으로 요한복음 5:1-18에 주목한다. 하지만 요한복음 5장의 이 남자의 중풍병은 부분적이었을 것으로 추정된다. 그 이유는 8절에서 "'내가 가는 동안'에 다른 사람이 먼저 내려가나이다"라고 말하기 때문이다. Peder Borgen, "Miracles of Healing in the New Testament," *Studia Theologica* 35, no. 2:103.
2) Murray M. Freed, "Traumatic and Congenital Lesions of the Spinal Cord," in *Krusen's Handbook of Physical Medicine and Rehabilitation*, ed. F. J. Kottke and J. F. Lehmann (Philadelphia: W. B. Saunders, 1990), 721.
3) Ibid., 731.
4) Ibid., 718.
5) Ibid.
6) Donald E. Gowan, "Salvation as Healing," *Ex Auditu* 5 (1989): 11.
7) Ibid.
8) See Reginald H. Fuller, *Interpreting the Miracles* (Philadelphia: Westminster, 1963), 50; F. B. Craddock, et al., *Preaching the New Common Lectionary: Year B - Advent, Christmas, Epiphany* (Nashville: Abingdon, 1984), 169; Eduard Schweizer, *The Good News According to Mark* (Atlanta: John Knox, 1977), 60; Halford E. Luccock, exposition to "The Gospel According to Mark," in *The Interpreter's Bible* (Nashville: Abingdon., 1951) 7:668.
9) Gowan, "Salvation as Healing," 2.
10) Ibid., 12.

11) Ched Myers, *Binding the Strong Man: A Political Reading of Mark's Story of Jesus* (Maryknoll, N. Y.: Orbis, 1988), 155.
12) Ibid.
13) Schweizer, *The Good News According to Mark*, 61.
14) Myers, *Binding the Strong Man*, 154.
15) Fuller, *Interpreting the Miracles*, 50.
16) Schweizer, *The Good News According to Mark*, 61.
17) Luccock, "Mark," 7:671.
18) Schweizer, *The Good News According to Mark*, 61.
19) Craddock, et al., *Preaching the New Common Lectionary: Year - Advent, Christmas, Epiphany*, 169.
20) Luccock, "Mark," 7:671.
21) Fuller, *Interpreting the Miracles*, 51.
22) Perry H. Biddle, *Preaching the Lectionary: A Workbook for Year B* (Louisville, Ky.: Westminster/John Knox, 1990), 92.
23) Marian Soards, Thomas Dozeman, and Kendall McCabe, *Preaching the Revised Common Lectionary: Year B - Advent / Christmas / Epiphany* (Nashville: Abingdon, 1993), 163.
24) William Barclay, *The Gospel of Mark*, rev. ed. (Philadelphia; Westminster, 1975), 47.
25) Allison Fitzsimons and Werner Kelber, *Proclamation: Epiphany - Series B* (Philadelphia: Fortress, 1975), 42.
26) Craddock et al., *Preaching the New Common Lectionary: Year B - Advent, Christmas, Epiphany*, 169.
27) Ibid., 170.
28) Schweizer, *The Good News According to Mark*, 61.
29) Luccock, "Mark," 7:670.
30) Biddle, *Preaching the Lectionary: A Workbook for Year B*, 93.

31) Reginald H. Fuller, *Preaching the New Lectionary* (Collegeville, Minn.: Liturgical Press, 1971), 324.
32) Myers, *Binding the Strong Man*, 156.

제6장 나병과 만성질환

1) 귀신들림에 대해서는 다음 장에서 다룰 예정이다.
2) Donald E. Gowan, "Salvation as Healing," *Ex Auditu* 5 (1989):12.
3) 성서일과에서는 혈루증을 앓는 여인에 관한 이야기는 이보다 더 큰 단락(막 5:21-43)에 속해 있으며 여기에는 야이로의 딸을 다시 살려내는 내용도 포함되어 있다. 그런데 야이로의 딸은 장애를 가지고 있지 않고 죽었던 것으로 간주되기 때문에 이 책에서는 혈루증을 앓던 여인의 치유 이야기와 관련되는 한도 내에서만 야이로의 딸에 대하여 논의하고자 한다.
4) Hans Hubner, "Unclean and Clean," in *The Anchor Bible Dictionary* (New York: Doubleday, 1992), 6:729.
5) Cecil Roth, ed. "Purity and Impurity, Ritual," *Encyclopaedia Judaica Jerusalem* (New York: Macmillan, 1971), 13:1405.
6) Ibid., 1414.
7) Ibid.
8) John J. Pilch, "Biblical Leprosy and Body Symbolism," *Biblical Theology Bulletin* 11, no. 4(Oct. 1981): 111.
9) David P. Wright and Richard N. Jones, "Leprosy," in *The Anchor Bible Dictionary* (New York: Doubleday, 1992), 4:281.
10) Roth, "Purity and Impurity, Ritual," 1405.
11) Max Sussman, "Sickness and Disease," in *The Anchor Bible Dictionary* (New York: Doubleday, 1992), 6:738.
12) Ibid., 737.
13) Roth, "Purity and Impurity, Ritual," 1406.
14) Ibid.

15) Ibid., 1405.
16) 예수는 상당 시간 동안 쿰란 공동체와 교류하였을 것이다. 복음서와는 별도의 예수의 어록을 모아놓은 "Q 자료"는 쿰란 공동체와 밀접히 연관되어 있다.
17) Sussman, "Sickness and Disease," 742.
18) Pilch, "Biblical Leprosy and Body Symbolism." 108.
19) Harvey B. Simon, "Leprosy," *Scientific American Medicine* 8, no. 7 (New York: Scientific American, 1994), 18.
20) Kazmierski는 여기에 동의하지 않는다. 그는 이렇게 말한다. "이 단락은 예수에 관한 이야기가 아니라 나병 환자에 관한 이야기이다. 플롯이 잠깐 예수에게 집중하다가 다시 나병 환자에게로 전환한다. 이 나병 환자는 이제 깨끗해진 새로운 존재로 복음의 설교자가 되었다." Kazmierski는 또한 45절의 주제도 예수가 아니라 나병 환자라고 생각한다. 다시 말해서 더 이상 동네에 공개적으로 돌아다닐 수 없고 동네 바깥에 머물러 있어야만 했던 사람은 바로 나병 환자라는 것이다. 자세한 내용은 다음을 참고하라. Carl R. Kazmieski, "Evangelist and Leper: A Socio-Cultural Study of Mark 1:40-45," *New Testament Studies* 38 (1992): 39-50.
21) C. H. Cave에 따르면 "갈릴리 사람들은 정결 규례를 잘 지키지 않았기 때문에 유대의 정통 바리세인들의 조롱거리였다고 한다." Cave, "The Leper: Mark 1:40-45," *New Testament Studies* 25 (1979): 245.
22) Ched Myers, *Binding the Strong Man: A Political Reading of Mark's Story of Jesus* (Maryknoll, N. Y.: Orbis, 1988), 153.
23) Allison and Kelber, *Proclamation: Epiphany – Series B*, 37.
24) Halford E. Luccock, exposition to "The Gospel According to St. Mark," in *The Interpreter's Bible* (Nashville: Abingdon, 1951), 7:666.
25) Eduard Schweizer, *The Good News According to Mark* (Atlanta: John Knox, 1977), 58.

26) Michal Wojciechowski, "The Touching of the Leper (Mark 1:40-45)," *Biblische Zeitschrift* 33, no. 1 (April 1988): 115.
27) Schweizer, *The Good News According to Mark*, 58.
28) Kazmierski, "Evangelist and Leper," 45.
29) Ibid., 46.
30) Myers, *Binding the Strong Man*, 153.
31) See Biddle, *Preaching the Lectionary : A Workbook for Year B*, 88.
32) Reginald H. Fuller, *Preaching the New Lectionary* (Collegeville, Minn.: Liturgical Press, 1971), 322.
33) Allison and Kelber, *Proclamation: Epiphany – Series B*, 38.
34) Ibid., 36.
35) Biddle, *Preaching the Lectionary:A Workbook for Year B*, 88.
36) David Rhoads, *Proclamation 5 :Series B – Epiphany* (Minneapolis: Augsburg Fortress, 1993), 43-44.
37) Pilch, "Understanding Biblical Healing," 60.
38) Joseph A. Fitzmyer, *The Anchor Bible: The Gospel According to Luke X-XXIV* (Garden City, N. Y.: Doubleday, 1983), 1150.
39) Ibid.
40) Fuller, *Interpreting the Miracles*, 66.
41) Pilch, "Biblical Leprosy and Body Symbolism," 112.
42) Roth, "Purity and Impurity, Ritual," 1408.
43) Pilch, "Understanding Biblical Healing: Selecting an Appropriate Model," 64.
44) Walter Russell Bowie et al., exposition to "The Gospel According to St. Luke," in *The Interpreter's Bible* (Nashville: Abingdon, 1952), 8:298.
45) Marian Soards, Thomas Dozeman, and Kendal McCabe,

Preaching the Revised Common Lectionary: Year A, After Pentecost 2 (Nashville: Abingdon, 1992), 173.
46) David G. Buttrick, *Proclamation 4: Pentecost 3-Series C* (Philadelphia: Fortress, 1988), 18.
47) Toba Schwaber Kerson and Lawrence A. Kerson, *Understanding Chronic Illness: The Medical and Psychological Dimensions of Nine Diseases* (New York: The Free Press, 1985), 2.
48) Ibid., 280-281.
49) Ibid., 279.
50) Ibid.
51) Martin E. Marty, *A Cry of Absence: Reflections for the Winter of the Heart* (San Francisco: Harper & Row, 1983), 143.
52) Kerson and Kerson, *Understanding Chronic Illness*, 278.
53) Ibid., 282.
54) Marla J. Schierling Selvidge, "Mark 5:25-34 and Leviticus 15:19-20: A Reaction to Restrictive Purity Regulations," *Journal of Biblical Literature* 103 (Dec. 1984): 619.
55) Vernon K. Robbins, "The Woman Who Touched Jesus' Garment: Socio-Rhetorical Analysis of the Synoptic Accounts," *New Testament Studies* 33, no 4 (1987): 511.
56) Mary Ann Tolbert, "The Woman with the Hemorrhage," in *The Women's Bible Commentary*, ed. by Carol A. Newsom and Sharon H. Ringe (Louisville: Westminster/John Knox, 1992), 267.
57) Myers, *Binding the Strong Man*, 199.
58) Tolbert, "The Woman with the Hemorrhage," 268.
59) Robbins, "The Woman Who Touched Jesus' Garment," 504.
60) Ibid., 510, 513.
61) Ibid., 510.

62) Marian Soards, Thomas Dozeman, and Kendall McCabe, *Preaching the Revised Common Lectionary: After Pentecost 1* (Nashville: Abingdon, 1993), 84.
63) Luccock, exposition to "Mark," 720.

제7장 정신질환

1) Harold S. Songer, "Demon Possession and Mental Illness," *Religion in Life* 36, no. 1 (spring 1967): 120.
2) Ibid., 121.
3) Ibid., 124.
4) Howard, "New Testament Exorcism and its Significance Today," *Expository Times* 96 (Jan. 1985): 108.
5) Antoinette Clark Wire, "The Structure of the Gospel Miracle Stories and Their Tellers," *Semeia* 11 (1978): 91.
6) Ibid., 109.
7) 1994년에 the Reverend Meredyth Bellows 목사가 자신의 아들 Einar Sigtier Bellows에 관하여 작성한 편지로부터.
8) S. Vernon McCasland, *By the Finger of God* (New York: Macmillan, 1951), 26.
9) American Psychiatric Association, *Diagnostic and Statistical Manual of Mental Disorders*, 3d rev. ed (Washington, D. C.: American Psychiatric Association, 1987), xxiii.
10) Howard, "New Testament Exorcism and Its Significance Today," 108.
11) 긴박하게 전개되는 경제적인 환경들 때문에 통계가 매일 바뀐다.
12) 이 본문은 처음에 아람어로 진행된 대화를 담고 있는 얼마 되지 않은 본문 중의 하나이다. Reginald H. Fuller, *Interpreting the Miracles* (Philadelphia: Westminster, 1963), 34.

13) J. Duncan Derrett, "Contribution to the Study of the Gerasene Demoniac," *Journal for the Study of the New Testament* 3 (1979): 13.
14) William Hendricksen, *New Testament Commentary: Exposition on the Gospel According to Luke* (Grand Rapids, Mich.: Baker Book House, 1975), 450.
15) David L. Tiede, *Augsburg Commentary on the New Testament: Luke* (Minneapolis: Augsburg, 1988), 172.
16) Ched Myers, *Binding the Strong Man: A Political Reading of Mark's Story of Jesus* (Maryknoll, N. Y.: Orbis, 1988), 191.
17) Ibid., 194.
18) Barclay, *The Gospel of Luke*, 108.
19) Myers, *Binding the Strong Man*, 192, 193. See also Paul Hollenbach, "Jesus, Demoniacs, and Public Authorities: A Socio-Historical Study," *The Journal of the American Academy of Religion* 49, no. 4 (1981) 567-88; and Frantz Fanon, *The Wretched of the Earth* (New York: Ballantine, 1963).
20) See Joseph A. Fitzmyer, *The Anchor Bible: The Gospel According to Luke I-IX* (Garden Grove, N.Y.: Doubleday, 1983), 733.
21) Frederick W. Danker, *Jesus and the New Age: A Commentary on Luke's Gospel* (Philadelphia: Fortress, 1988), 181.
22) Myers, *Binding the Strong Man*, 191.
23) Hendrickson, *The New Testament Commentary: Exposition on the Gospel According to Luke*, 446.
24) Johnson, *The Gospel of Luke*, 137.
25) Danker, *Jesus and the New Age*, 183.
26) Ibid.
27) Derrett, "Contributions to the Study of the Gerasene Demoniac," 5.
28) Ibid.

29) Johnson, *The Gospel of Luke*, 137.
30) Danker, *Jesus and the New Age*, 184.
31) Hendrickson, *New Testament Commentary: Exposition on the Gospel According to Luke*, 450.
32) Danker, *Jesus and the New Age*, 184.
33) Howard, "New Testament Exorcism and Its Significance Today," 109.
34) Walter Russell Bowie, et al., exposition to "The Gospel According to St. Luke," in *The Interpreter's Bible* (Nashville, Abingdon, 1952), 8:157.
35) Songer, "Demon Possession and Mental Illness," 122.

제8장 치유 설교학

1) 1995년 6월에 Deborah Lerner 목사가 작성한 설교문에서 발췌하였다. 그녀는 애리조나 주의 피닉스에 위치한 제일연합감리교회의 DeWane Zimmerman 목사의 설교 중에 들었던 예화로 이 내용을 소개하였다.

치유 설교학

A Healing Homiletic *(Preaching and disability)*

2008년 5월 25일 초판 발행

지은이 | 캐시 블랙
옮긴이 | 이 승 진

펴낸곳 | 사) 기독교문서선교회
등록 | 제16~25호(1980. 1. 18)
주소 | 서울시 서초구 방배동 983-2
전화 | 02) 586-8761~3(본사) 031) 923-8762~3(영업부)
팩스 | 02) 523-0131(본사) 031) 923-8761(영업부)
홈페이지 | www.clcbook.com
이메일 | clc@clcbook.com
온라인 | 기업은행 073-000308-04-020, 국민은행 043-01-0379-646
　　　　　예금주: 사)기독교문서선교회

ISBN 978-89-341-1003-3(93230)

* 낙장·파본은 교환해 드립니다.